JN087677

貧困の諸相

貧困の諸相（'23）

装丁デザイン：牧野剛士
本文デザイン：畑中　猛

o-35

まえがき

21世紀の最初の四半世紀を振り返ると，金融危機，新型コロナ，ロシアのウクライナ侵攻といった世界的な大きな事件が続いた。特に日本は東日本大震災といった深刻な自然災害も経験した。この一方で，社会経済は常に変化を続けている。今後は急激なデジタル技術の発展が私たちの生活を大きく変えることになるであろう。

このように現代社会は，変動（Volatility）が大きく，不確実（Uncertainty）であり，諸要因が複雑（Complexity）に関連し，先行き不透明で曖昧（Ambiguity）な時代，4つのイニシャルをとってすなわちVUCA（ブーカ）の時代とも呼ばれている。

そして，現在直面している地球規模の長期課題として，地球温暖化・異常気象，資源の枯渇，生物多様性の喪失などの環境問題がより深刻になっている。すでに人口増加率は低下しているものの，世界人口は当面は増加を続け，2080年頃にはピークを迎えると見込まれている。

その一方で，途上国では，深刻な貧困問題（絶対的な貧困）が依然として残っており，先進国では，1980年以降の「小さな政府」路線，グローバリゼーションの影響を受け，相対的な貧困，格差の問題の広がり社会経済・政治の不安定要因になっている。

日本に目を向けると急激な高齢化，人口減少社会に突入し，経済成長は鈍化し，貧困・格差は拡大傾向にある。人々の社会に対する閉塞感，不安・不満も高まっている。

こうしたVUCAの時代では，1980年代から続く「小さな政府」，「自己責任」の考えを転換しなければ人類は進歩を続けることはできないであろう。

これからの政府，公共部門の役割は，社会経済変動から人々の生活を守り，社会経済における想定外の出来事，不確実性の不安から，複雑で曖昧な問題がもたらす悩みや不条理から人々を解放し，人々のウェルビーイングを高め，人類の持続的な進歩に押し進める役割を果たすべきである。この問題に関わる学問領域を，「新しい社会政策」と呼びたい。

ここで簡単に「社会政策」という用語に解説を加えておこう。日本では，社会政策を労働力の創出，再生産と位置づけた歴史があり，研究のテーマを労働問題と捉える傾向がある。

これに対して，本書では，労働問題そして社会保障制度や社会福祉に限定されず，人々の生活に影響を及ぼす様々な社会経済問題を克服する研究領域として，英国の「ソーシャルポリシー」に近い考え方で社会政策を捉えている*。

また社会政策は，本来，方法論的に学際的な研究領域である。本書では，貧困を中心に様々な社会経済問題が，人々のウェルビーイングに与える影響について，心理学や認知科学といった研究領域の蓄積も参考にした。

人類の歴史を振り返っても，そして現代においても，貧困は非常に大きな社会経済問題である。貧困の克服には，経済成長とその果実の公正な分配が不可欠であるとされた。しかし，これからは，環境問題すなわち「惑星の限界」という経済成長に対する新しい課題が加わったため，より公正な富の分配の必要性が高まっている。この点から社会政策と環境政策の連携がますます重要になる。

本書の日本語タイトルは「貧困の諸相」としたが，英文タイトルは“Poverty, Inequality, and the Future of Social Policy”とした。この理由は，従来の社会政策の発想や対象を超えたアプローチ，「新しい社会政策」が必要であるという意味を含めている。

＊社会政策の定義については，駒村康平他著（2015）『社会政策—福祉と労働の経済学』有斐閣を参照。

本書でも議論したように，21世紀の社会経済システムは従来のような経済成長を追求するものから，人々のウェルビーイングを高め，人類の進歩を続けることができるようなものへと変えていく必要がある。読者，受講者と一緒に，今後の人類の進歩のあり方について考えていきたい。

2023年３月
著者を代表して
駒村康平

目次

1　はじめに―貧困を考える

駒村　康平

《目標＆ポイント》 本講義の全体の総論として，「貧困」について，多様な貧困概念，多元的・一元的な貧困尺度，測定方法，所得に基づく絶対的貧困，相対的貧困などを理解した上で，貧困が人々の生活，社会にもたらす様々な問題を学び，講義全体の考え方，流れを受講者と共有する。
《キーワード》 貧困の定義，貧困の尺度，多元的貧困指標，一元的貧困指標，絶対的貧困，相対的貧困

1．貧困の概念について

（1） 貧困とはどういうものか

貧困という言葉から何をイメージするだろうか。「貧困」の類似語としては，「貧乏」，「困窮」などがあるが，その違いやイメージは時代によって異なるであろう[1]。

本講義は，貧困の意味するもの，貧困と社会との関係について，貧困が社会にもたらすもの，貧困に関わる政策について多面的に考えていくこととする。

1）貧困の概念，定義と貧困のもたらす課題

本講義で貧困の議論に入る前に，まず「貧困」とはどういうことなのか，その概念，定義を確認し，その多面的な性格を理解する必要がある。

貧困とはなにか，その定義は難しい。貧困の定義において，何に注目すべきかは様々ある。政治的，倫理的，宗教的，経済的に捉えるのか，さらに法学，経済学など学問的な捉え方も様々である。

1　本書では，「困窮」は「貧困」より広い意味合いを持つと考える。第９章の生活困窮者自立支援制度でも議論するように，困窮は経済的問題以外に，生活上の多様な問題を含んでいる。

一般的に貧困とは，「資源（所得など）が不足して，生活が苦しく，その結果，生命や健康に影響を与える」状態と考えるかもしれない。この見方は，暗黙裏に，貧困を経済面から把握するという一元的なものの捉え方である。

次に貧困のもたらす問題を考慮すると，貧困とは「生活の基礎をなす財貨を得られないがゆえの人間の自由と潜在力の膨大な損失」，「健康が脅かされ，寿命は短く，栄養不良のために仕事への努力が弱まり，子供のその後の能力と生産性に取り返しがつかない打撃が生じる」を意味する[2]。

貧困とその放置は，日本では憲法の定める「健康で文化的な生活」の保障，生存権の保障という点から許容されるべきものではない。問題は，個人の生存権にとどまらない。貧困者が可能性と将来展望を失うことは，本人以外の社会にも大きな問題をもたらす。ジェファーソン（2021）は「貧困は，社会という布地における汚れです。貧困が広い範囲にわたって持続すると，不満の種がまかれます。この不満は，尊厳の喪失にもとづいたもので，社会から排除されるという感情と結びついています。屈辱，阻害，軽視・尊重されないことによってうみだされた感情は，犯罪や大規模の民衆の抗議だけではなく，テロリズムにもつながりかねない過激派のイデオロギーを刺激する可能性があります」と指摘し，貧困は個人の問題にとどまらず，社会の問題であるとしている。

２）貧困の原因を巡る議論

貧困はなぜ発生するのであろうか。なぜ貧困な人がいる一方で，豊かな人もいるのであろうか。本章の第２章，第３章でも紹介するように貧困の原因は，社会経済の構造とともに変化してきた。特に欧州では産業革命以降は，貧困を個人の怠惰，個人の責任であるという見方が強まった。しかし，貧困の原因には，社会経済の制度の機能不全，差別，社会

2　ラヴァリオン（2018）p.6 参照。

的排除，社会階層，地域問題，景気変動，不健康，文化，家族に関する規範，技術進歩，グローバル経済，ソーシャルキャピタルやヒューマンキャピタルの低さ，社会保障制度の結果など様々な社会的要因があることを強く認識する必要がある[3]。

3）貧困の多元的指標と一元的指標

貧困の定義は多様であるため，その測定方法（指標）も多様である。ここでは，多元的指標と一元的指標，そして一元的指標における主観的な測定方法と客観的測定方法について考えてみよう。

まず，所得，消費，資産などのいずれかの客観的単一の指標で貧困を把握することを客観的な一元的指標という。他方で，主観的な捉え方とは，人によっては，貧困とは自分の感じている生活水準であり，例えば「食うか食えぬか」，「生活がカツカツ，ギリギリ」とはどのような所得水準かというようにいくらで貧困線を引くのかというのは回答者の主観的な考え方によって異なるであろう[4]。

ただし主観であろうが，客観であろうが，一元的な測定方法として経済力，購買力すなわち所得を用いると，貧困の把握とその指標化は容易になる。他方，「多元的貧困指数」[5]は，貧困の多面性を反映したものである。所得，経済状況といった物質的な状態だけで貧困状態を評価するのは正しい評価とはいえないだろう。人間の生活全体は数多くの要素から構成されており，そうした要素の欠如が貧困を招く可能性もある。このように所得以外の貧困を非所得貧困（Non-income poverty）と呼ぶ。さらに教育，衛生，医療，ケア，水などのライフラインの確保，交通機関，電力，道路といった社会インフラ・公共財，人間の幸福に必要な天然資源にアクセスできない状況を「剥奪（デプリベーション）アプローチ」として把握する方法もある。

3　ジェファーソン（2021）p.21参照。

4　市民が議論して，最低所得ラインを設定する仕組みとしてMIS（Minimum Income Standard）という手法がある。岩田正美・岩永理恵（2012）参照。山田・駒村・四方・田中・丸山（2018）が関連する研究を網羅的にカバーしている。

5　Multidimensional Poverty Index（MPI）については，第11章で詳しく扱う。

スピッカー（2008）は図１-１のように貧困の多様性を説明するために「物質的状態」，「経済的境遇」，「社会的地位」の３群で整理しているが，それぞれの中心には「容認できない辛苦」として貧困を把握している。

所得以外の多様な要素から貧困を把握する，特に社会との関わり，「社会的貧困」を考えることは，後述する相対的貧困の意義を考える点からも重要である。つまり，社会的貧困に関連する経済的アプローチは，所属や生産問題およびサービスへのアクセスの問題で他の人々は制限されていないのにアクセスを制限されていた人がいるという点で，相対的貧困の意義が出てくる。

また社会的貧困として「社会的排除（Social Exclusion）」の概念もあ

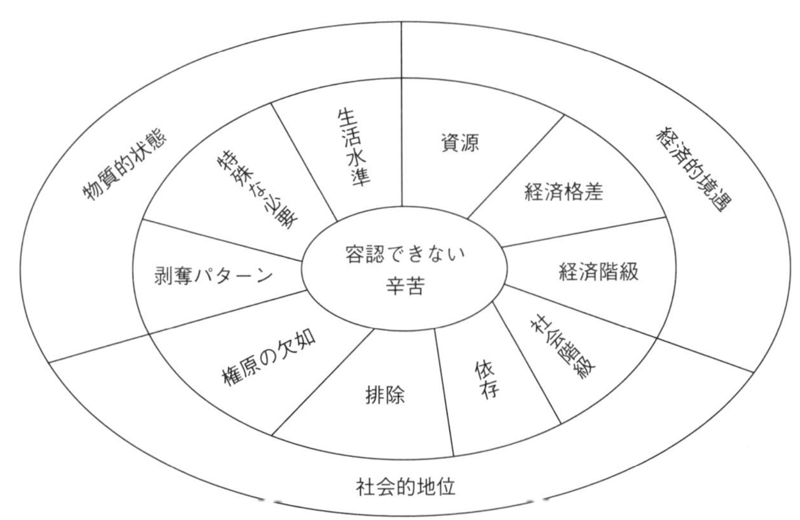

図１-１　貧困の多様性と家族的類似図（Spicker,P.）
出典：スピッカー（2008）

る。社会的排除は貧困者や世帯が雇用機会，適切な住宅（アフォータビリティー），教育，医療などの社会サービスにアクセスできない状況である。社会的排除は，個人が社会に完全な参加を妨げかねない様々な状態を表す。

人間は社会的な生き物であり，ひとりでは生きていけない。家族，友人，仲間，地域などの良好な人間関係のなかで，いろいろなことを相談でき，助け合い，励ましあいながら幸せを感じることができる。しかし，こうした人間関係を築けなかったり，あるいは何らかの原因で社会から排除されたりして，孤立していくことがある。現在，注目されている「孤独・孤立の問題」は，「人間関係の貧困」とみることもできる。孤独・孤立した人は精神的にも，健康的にも課題を持つことが知られている。また孤独・孤立した人の増加は社会の不安定要素にもなる。社会的貧困，人間関係の貧困の原因は様々あり，経済的な貧困ばかりがその原因ではない。しかし，経済的な貧困は人間関係の貧困につながる大きな要因になる。そして貧困の放置は，貧困な人の生命・健康に関わるだけではなく，社会全体の不安定さ，政治不安の原因にもなるという点を理解しないといけない。

4）貧困の統計的把握の意義と限界

貧困を道徳的，神学的，政治的な方法ではなく，統計的・実証的に把握できるようにした貧困の定義と把握は，政策評価や国際比較においても重要であり，その代表的な尺度が所得となる。ただし，所得，そして消費，資産といった経済的な貧困の定義に関連し，①貧困状態は動態的，相対的，つまり時代と国・地域の状況で異なること，②客観的な基準でわかりやすいが，一方で異なる状況の人をどのように取り扱うか，例えば，同じ消費額でも成人と乳児のニーズに応えるために必要なものは異なるという点で留意も必要である。

(2)　経済問題から捉えた貧困

以上，整理したように貧困の概念は多様である。そのなかで，問題点はあるものの，時代や国を超えて政策評価，国際比較において，統計的にも把握しやすいのが，所得などの経済的な意味での貧困である。経済的な意味での「貧困」とは，所得が不十分で，「生活に必要なもの（生活必需財)」や「ほしいもの」を購入できない状況である（コラム参照)。すでに述べてきたように，経済的な貧困といっても，途上国と先進国では，あるいは時代によってその意味や水準は異なる。例えば，荒廃した戦後直後の日本と豊かな現代社会では貧困の意味は異なってくる。

もちろん基本的な衣食住もままならず，生命，健康に危険が及ぶような経済状況を貧困と考えることは，世界中どこでも共通であるし，そして今も昔も変わらないであろう。

そこで生命や健康的な生活を維持するために十分な物資や収入に欠けた状態を「絶対的貧困（あるいは極貧)」(赤貧，極貧，極度の欠乏）と呼び，そのボーダーラインのことを「絶対的貧困線」と呼ぶ。絶対的貧困とは生存や健康の維持に必要なカロリーや栄養を欠くような経済状況であり，世界銀行は，貧困の国際比較のために，発展途上国には1.9ドルの絶対的貧困線を設定している。

世界全体でみたときには，絶対的貧困者は現代でも10億人いるが，19世紀初めも21世紀の現在でもほぼ同数の人が絶対的貧困の下で生活している[6]。では貧困者は減少していないのかというとそうではない。19世紀の絶対的貧困者は世界の全人口の80％を占めたが，現在では20％程度

6　「1820年には，80％の人々が今日の最貧20％と同等と考えられる生活水準にあった。今日では極度の貧困は発展途上と呼ばれる地域のみに存在する。実質購買力につきデータで確認できる限り，今日では豊かな地域での200年前の絶対貧困率は，今日の貧しい地域での水準に匹敵した。しかし，今日では，貧しい地域で用いられる「貧困」の定義に当てはまる人は，豊かな地域にはほとんど存在しない」（ラヴァリオン（2018）p.16およびp.782参照。

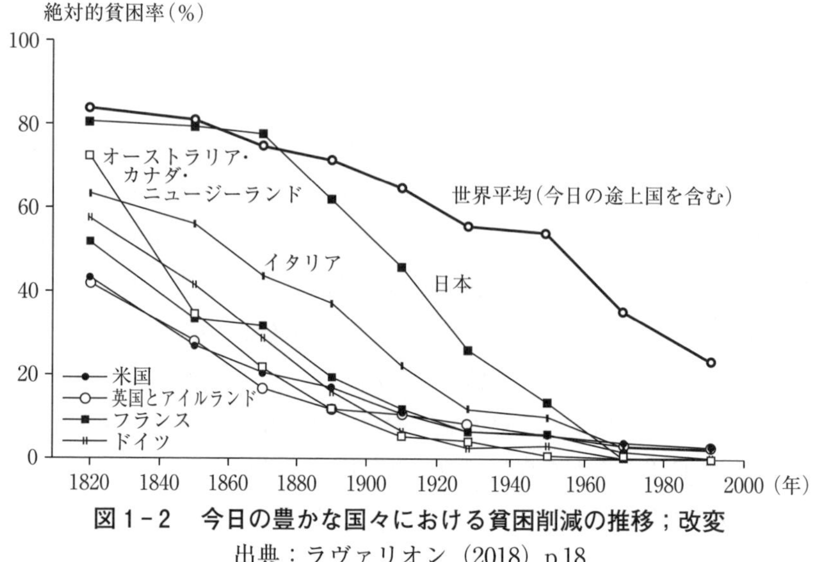

図1-2 今日の豊かな国々における貧困削減の推移;改変

出典:ラヴァリオン(2018)p.18

である[7]。

このように途上国では絶対的貧困の問題は,依然として課題であるが,他方で,図1-2でみるように先進国では絶対的貧困の問題はほぼ克服されており,先進国間で貧困率の比較を行う場合,第7章でみるように中位所得の一定割合を貧困ラインの目安にした相対的貧困率の推計が使われることが多い。

2. 絶対的貧困と相対的貧困

では日本のような豊かな社会では,貧困は問題ではないのであろうか?貧困とはその人が生きている社会文脈・状況のなかで相対的に判断される必要があるという見方が重要である。極端な場合,餓死のように生命や健康に直接危険が及ばなくとも,現代社会で誰もが持っており,

7 ラヴァリオン(2018)p.4「過去200年を振り返ると,極端な貧困にある人の絶対数はたいして減ってこないが,その世界人口に対する比率はかなり減少した。」

それがなければ社会のなかで，他者と交わり，健康で文化的な生活を過ごすことができない状況も「貧困」とみなすことができる。このように社会全体の豊かさのなかから相対的に判断される貧困を「相対的貧困」と呼ぶ。今日，先進国における貧困はこの相対的貧困を指す[8]。

相対的貧困線は，国際比較などで統計的には把握する場合，等価可処分所得中位値の２分の１と設定されることが多い。また政策的に貧困を規定している生活保護制度の生活扶助基準も３人標準世帯の平均的な基礎的支出の６割から７割と設定しており，相対的貧困の考えをとっている。生活保護制度については，第９章で詳しく議論する[9]。

3. 貧困観の世代間ギャップ

戦後直後の厳しい食糧事情を経験した年配の世代は，貧困を絶対的貧困のイメージとして強く持っているであろう。当時は，国民みんなが飢えており，相対的貧困率は高くないが，絶対的貧困率が著しく高い時代であった[10]。

こうした時代を経験した世代にとっては，相対的貧困は一種の所得格差に過ぎず，それほど大きな問題とは捉えないかもしれない。しかし，本当にそうなのだろうか。貧困には「望ましくない」という価値判断があるが，絶対的貧困は「望ましくなく」，相対的貧困の存在はそのよう

8　絶対的貧困か否かの境界線の所得になるのが，絶対貧困線であり，人口（世帯）に占める絶対的貧困者（世帯）の割合を占める統計が絶対貧困率である。同様の定義で，相対貧困線，相対貧困率という数値，統計がある。なお貧困の定義，尺度については，第７章で詳しく紹介する。

9　貧困率の国際比較については，第８章で詳しく議論する。所得額を世帯の人数を調整した上（世帯人数が多いほど世帯収入は大きくなる。世帯人数を調整することが必要になり，通常，世帯の合計所得を√家族人数で割ることで算出される。これを「世帯人数調整済みの所得」という）で，世帯人数調整済み所得を低い順から並べていって，ちょうど真ん中の順位になる「中位所得」の50%を相対的貧困ラインと設定する場合が多い。

10　終戦の1945年は有史以来の大凶作であり，コメの収穫量は平年の３分の１に落ち込み，1000万人の餓死者の恐れもあった（中村 2007）。戦後の貧困率の変遷については，第４章で詳しくみる。

に判断されないのだろうか，相対的貧困もまた人々に生命，健康に大きな影響を与え，社会の不安定要因になりうることが，本講義の全体を通じて重要なポイントになる。

4．相対的貧困，格差，不平等

ここで相対的貧困，格差，不平等という概念についても考えよう。すでに述べたように貧困には「望ましくない」という価値判断があるが，格差はどうだろうか。所得でみた格差とは，所得分布のばらつきの大きさということができるだろう。低所得層から高所得層に並べて，各層が社会全体所得のどの程度の割合を保有しているのかみて，それが上位に集中しているほど格差は大きくなる。そして，その所得が中間層や低所得層に分配されれば格差は縮小する。この格差は通常「ジニ係数」で把握される。ジニ係数は社会経済の全体動向を表現する統計指標とみることができるのに対し，不平等は，格差を望ましくないという価値判断が入った社会的評価といえよう。

社会経済の中位所得水準の2分の1の水準を貧困線（＝相対的貧困線）として，それ以下の世帯や個人の割合を数える相対貧困率と所得格差（ジニ係数）には一定の相関性があり，所得格差と相対的貧困は統計的には同じような動きをすることもある[11]。

ただし，ジニ係数は貧困線以下の構成比が増えなくても（相対的貧困率が上昇しなくても），中間層や上位層の所得分布の変化によって変動することがあるので，社会全体の動きを把握するのに適している。他方，相対的貧困（率）は，相対的貧困線以下の所得層の増減という部分を把握できるという点に違いがある。

さて，相対的貧困の意味するところは，「所得の不足」が「その時代

11　OECD各国間では相対的貧困率とジニ係数は相関が強いことが確認できる。他方で，国際機関で開発された様々な多元的貧困指数とジニ係数の相関は弱い。OECD加盟国における多様な貧困・格差指標を用いた国際比較研究として，OECD（2008）が参考になる。また日本で最近行われた一連の最低生活費研究の簡潔なレビューとして，阿部（2006）を参照。

の最低限度の生活にふさわしい様々な資源，社会・文化活動，人間関係へのアクセス」を難しくし，その社会における「最低限の生活スタイル」から排除されることとなる。そして，これは強調したい点であるが，絶対的貧困のみならず，相対的貧困もまた，１）精神，心理面なども通じて人の生命や健康に深刻な影響を与えること，２）貧困状態が長期化することで，世代を超えて特定の家族のなかで貧困が連鎖していく[12]。

さらに貧困状態の継続性，つまり一時的な貧困なのか，恒常的な貧困なのかという区別も重要である。例えば，多くの人が学生の頃に，親からの仕送りやアルバイト代を無計画に使ってしまい，次の仕送りやアルバイト代が入るまで節約生活をした経験もあるだろう。こうした一時的な貧困は大きな問題ではないかもしれない。他方で，苦学生でそもそも仕送りやアルバイト代が少ない場合は，恒常的な貧困状態といえよう。貧困で特に問題になるのが恒常的な貧困である。そして，それが子どもの可能性に影響を与えることで，貧困状態が世代間で連鎖する「貧困の世代連鎖」も問題になる。（貧困の世代間連鎖は第13章，第14章で詳しく議論する）。

5. 貧困（者）観の変化

社会のなかで貧困あるいは貧困者がどのように位置づけられてきたかは，時代によって異なっている。貧困観はその時代の社会システムや社会観，宗教観などが深く関わっている。特に産業革命以降，貧困の原因を個人責任，本人の怠惰，愚かさに求める風潮が強まり，現代でも強く残っている[13]。

これに対して第２章でみるように社会政策（労働問題，社会保障，社会福祉，社会問題）の研究者は，貧困は社会構造，経済構造に起因する

12　この点から貧困はその率のみならず，その深刻さ（貧困の程度），そして継続性そして社会全体への影響も考える必要がある。

13　第５章では，救貧法の成立とそれを巡る問題を扱っている。また近代社会前後における日本社会における貧困観の変遷と貧困者の権利については，冨江（2018）を参照。

ことを明らかにしてきた[14]。しかし，それでも現代社会では，貧困には自己責任の意味合いがつよく出ており，蔑む，侮蔑するなどのレッテル，すなわち「スティグマ」をもたらすような貧困観が根強くある。

コラム：ラウントリーの副次的貧困

第６章でも扱うが19世紀末から20世紀にかけて，近代社会における初めての貧困の調査を英国で行った。ラウントリー（シーボーム・ラウントリー）は調査において「基本的貧困」と「副次的貧困」という区別を行った。まず基本的な貧困は，最低水準に達しない生活の状態をいい，「副次的貧困」は，消費が適切であれば最低収入を維持できる所得がある場合を指す。次に副次的貧困では，所得の不足ではなく，お金の使い方や生活習慣など道徳的欠陥が原因の貧困であることを意味し，適切な支出を行えば，最低限の必需品は購入可能な収入がありながら，資源の浪費が原因で惨めな生活をしている人々であるとした。その代表的なものはアルコールなどの浪費であり，下手な家計管理に起因する。この「副次的貧困」の考え方は，貧困の原因を「個人の欠陥だ」とする説を補強したが，現在ではほとんど使われない。「副次的貧困」は，個人が直面する困窮や地域社会の様々な要因がもたらす状況とみるべきであろう。第10章でみるように，困窮が人々の家計管理に関する知識や選択に大きな影響を与えていることも確認されている。第10章で紹介する生活困窮者自立支援制度の家計相談支援における実例では，確かに十分な収入がありながら，計画的に支出管理ができず，月の後半には生活費に困る世帯もある。こうした世帯については，狭い意味での家計管理の相談のみならず，どうして計画的な支出ができないのか，その背後にある諸問題も含めて解消するような支援が望まれる。

14　社会政策とは，労働，貧困・困窮，社会保障・社会福祉，住宅問題ほか広く社会に関わる諸課題を研究する学問領域である。社会政策については詳しくは駒村他著（2015）を参照。

学習課題

1．貧困の多面性とは何か，考えてみよう。
2．絶対的貧困と相対的貧困が貧困者本人に与える影響について比較してみよう。

参考文献

●配列は50音順，アルファベット順

1．阿部彩（2006）「相対的剥奪の実態と分析：日本のマイクロデータを用いた実証研究」『社会政策学会誌』（16），pp.251-275
2．岩田正美・岩永理恵（2012）「ミニマム・インカム・スタンダード（MIS法）を用いた日本の最低生活費試算」『社会政策』4（1），pp.61-70
3．駒村康平他著（2015）『社会政策―福祉と労働の経済学』有斐閣
4．冨江直子（2018）「貧困と生存権―近世から近代初期における社会意識と実践」駒村康平編著『福祉＋αシリーズ　貧困』ミネルヴァ書房
5．中村隆英（2007）『昭和経済史（岩波現代文庫）文庫』岩波書店
6．フィリップ・ジェファーソン（2021）『14歳から考えたい　貧困』（神林邦明翻訳）すばる舎
7．ポール・スピッカー（2008）『貧困の概念―理解と応答のために』圷洋一監訳，生活書院
8．マーティン・ラヴァリオン（2018）『貧困の経済学（上）』，柳原透監訳，日本評論社
9．マーティン・ラヴァリオン（2018）『貧困の経済学（下）』，柳原透監訳，日本評論社
10．山田篤裕・駒村康平・四方理人・田中聡一郎・丸山桂（2018）『最低生活保障の実証分析―生活保護制度の課題と将来構想』有斐閣
11．OECD（2008）『格差は拡大しているか』小島克久・金子能宏訳，明石書店

2 貧困と救済の歴史―貧困対策の変容

駒村　康平

《目標＆ポイント》 自然災害や戦乱に伴う飢饉や出身階層，不幸によって貧困が生み出される古代，中世，近世における貧困問題と律令国家などによる限定的な社会的な救済を考える。
《キーワード》 飢饉，自助・共助・公助，相互扶助，社会治安

人類の歴史は，貧困と切り離すことはできない。古代においては，貧困イコール飢餓であった。旱魃，洪水などの自然災害，疫病や戦乱に伴う飢饉[1]，そして出身階層，病気，障害など様々な不幸によって貧困が

[1] 飢饉と飢餓の違いはセン（2017）が議論している。飢饉は，自然条件や戦争・紛争により，地域の農作物が収穫できなくなり，一時的にその地域の大多数の人々が食糧不足に陥ることである。他方，類似の言葉であるが，飢餓は長時間にわたって食糧が不足し，健康状態が悪化，発育が阻害され，最悪の場合は，人々の生命も危うくなる状態である。第3章で紹介するように19世紀のアイルランドで発生した「ジャガイモ飢饉」では多くの餓死者を出したが，実はジャガイモの不作のなかでもアイルランドはジャガイモを輸出しており，飢饉ではなく，次に述べるように分配の問題で飢餓が発生したという見方がある。

センン（2000）は，人々の飢餓（食糧不足に直面する）と貧困の問題について，東ベンガルの食糧不足を例に，飢饉が発生したとしても，それが直ちに個々の人々の飢餓をもたらすわけではなく，食糧の「分配」にこそ問題があるとした。ここで「権限（エンタイトルメント）」という概念が重要になる。権限とは「ある財の集まりを手に入れ，もしくは自由に用いることができる能力・資格」を意味する。

センは，個人の食糧へのアクセスを1）所得に基づくエンタイトルメント（所得があれば食糧を購入できる），2）供与や助成金のエンタイトルメント，3）直接的生産のエンタイトルメント，で説明している。特に1）について説明すると，飢饉が発生すると，食糧の価格が上昇し貧困者は購入できなくなり，飢餓に陥る。ここに貧困者の脆弱性，すなわち貧困と飢餓の関係性がある。食糧供給の問題と貧困については，第15章で再論する。

生み出された。貧困に対する社会の対応は，社会経済システムの変化によって時代や国，地域ごとに変化してきたが，社会治安の維持が貧困対策の目的でもあった。

中世以降は社会経済システムが貧困を生み出した。封建社会とその崩壊，資本主義とその移行期における貧困観の変化，近世において出てきた現代における貧困の自己責任論につながるような貧困観など，古代，中世，近世，近代，現代における貧困とその原因，貧困への対応の考え方を紹介する。

1．貧困の社会経済史

人類の歴史の大半は，飢餓との戦いであった。食糧がなく生命を脅かされる状態を貧困と考えると，長期にわたって貧困の克服こそが人類の課題であったといえる。

古代における貧困は，天災（天候不順）による飢饉，疾病（伝染病），戦乱，重税，疾病・障害，社会経済問題（所有構造，労働条件，流通，失業，インフレ）など，様々なものによってもたらされた。

古代における貧困に関する正確な記録はほとんどない。古代都市国家では，階層分化が発生し，健康状態，衣服などが出身階級の目印になった。そのような社会では多くの人は最低基準以下の生活で暮らしていた。貧困とそれに伴う死は日常的な出来事であり，人生の一部でもあるため，特段記録もされなかった。

貧困や窮乏は一般的であり，長期にわたって貧困が放置され，政府や親族や地域社会（コミュニティ）における救済がないと貧困イコール死を意味することにもなった[2]。

2　吉田（1984）p.5は，「それぞれの時代に30％を下らない貧困者が存在していたはずである」としている。

2. 社会治安確保としての貧困救済

古代において，貧困は，社会秩序への脅威にならない限り社会問題にならなかった[3]。そして，政府は飢餓のような社会を不安定にする一時的な貧困に対応する以上の役割を果たさなかった[4]。しかし，それでも古代に典型的な天災，疾病（伝染病）や戦争による貧困，特に食糧不足は暴動や住民の逃走などを誘発し，社会不安をもたらした[5]。古代ギリシャの哲学者アリストテレスは「貧困は革命と犯罪の親である」という言葉を残している。政府がなんら貧困の救済，解決をしないで，治安の乱れ，犯罪を放置すると，社会不安は際限なく広がって行った。為政者・支配者にとっては，貧困の放置，そして浮浪は社会秩序を乱す要因であり，その範囲での貧困への対応が必要となった[6]。

また当時の政府は無差別に貧困者を救済したわけでない。特に中世になると，一般的に労働不能で貧困者については，救済をするが，労働可能な者の物乞いや放浪は厳しく取り締まった。

何故，貧困が社会経済の秩序を揺がすのだろうか。貧困のため，生死を前にして，人が貧困を自力で解消する方法としての「窃盗[7]」がある。

3　中世の思想家トマス・アクィナスも最低限の保障を国家の役割とは考えていなかった。

4　ラヴァリオン（2018）p.25参照。

5　産業革命以前は，農業社会では人間の生活水準は自然環境に直接左右された。特に気温の変動は農作物に大きな影響を与え，社会経済状況に大きな影響を与えた。産業革命後は，そのような影響を受けにくくなったが，逆に産業が地球の持続可能性を左右するようになっている。この点については，第11章のSDGsと貧困を議論する。

6　不平等が経済成長を阻害することは，財産権の保障と契約履行に関係する。不平等が大きい国ほど，権利の履行が不十分であるからである。ラヴァリオン（2018）p.549参照。

7　窃盗などが自由に行われる社会を想像してみよう。農業を例にしてみると，農家は，時間と費用をかけて，農地を開墾し，農産物を生産，収穫する。しかし，窃盗が自由に行われれば，誰も農業をやろうとは思わないであろう。その結果，その社会には全く農作物が存在しなくなる。政府が窃盗を取り締まるのは，私的所有権という経済システムを守り，社会全体の生産物を増やすためである。

しかし，窃盗が横行すると「私的財産権」が不安定になる。

経済システムの安定性，経済発展の条件，市場メカニズムが機能する前提として「私的財産権」とその保護はきわめて重要である。経済システムが有効に機能するためには，政府はいかなる状況でも私的財産権を守らなければならない。

ところが旧約聖書には，「飢えた人は満たされるまで他人のぶどうを食べてよいが，一粒たりとも持ち去ってはならない」と記されている（トーマス・セドラチェック 2015)。これは餓死するような状況ならば，私的財産権を無視してもよいように理解できる。そこで，私的財産権を守り，社会治安，社会秩序を守るために貧困者を救済する必要が出てくる。

貧困者の救済は，「社会の安定性」，「社会治安」を確保することにより，長期的に社会全体に利益をもたらす。これを貧困者救済の「外部効果」と呼ぶこともできる[8]。福祉国家成立以前の貧困者の救済は，人々の生存や尊厳を守るためではなく，社会治安，社会秩序の維持，社会統制を目的とするものであった。

例えば，フランス革命からナポレオン戦争の間，革命の機運がドーバー海峡をわたり英国にも大きな影響をもたらすようになった。しかし，革命の伝播を防いだのが，旧救貧法による貧困者の救済であった[9]。

このように近代以前の貧困者の救済は，貧困者の生命，健康のためだけではなく，むしろ社会経済システムの安定性，社会秩序を確保する点

8　社会治安を１つの「公共財」とみることもできる。社会全体の所得の上昇とともに多くの人々は治安を求め，治安への需要が高まる。しかし，平均的な所得が大きくなっても，不平等が大きいと社会全体の治安への意識が低く，犯罪率が増加する。不平等を解消することによって，豊かな社会が望む治安というサービスが提供できるようになる。

9　ラヴァリオン（2018）p.47は，旧救貧法が社会の安定性を確保したと評価している。貧困対策を社会秩序の維持とみる発想は，決して過去のものでなく，現代の貧困対策の隠された目的を理解するためにも重要である。この点は，第12章の「新型コロナと貧困」で考えたい。

も重視されていた[10]。

もちろん，社会の安定性や社会治安の維持により，本当に不平等を縮小したのか，むしろ旧救貧法により結果的には貧困者を搾取する制度が維持されただけではないかという批判も可能である。

貧困者の救済の根拠を社会治安，社会秩序の維持とみるのは，前近代的な考え方である。福祉国家成立後は，貧困者の救済の根拠は人権，生存権，尊厳の確保，幸福追求の権利に求められている。しかし，実際の貧困者の救済には，依然として社会治安，秩序の維持を目的とした部分もあるということも受け止める必要がある[11]。

3. 日本における貧困救済

（1） 律令国家の慈善による貧困救済

東洋でも，仏教，儒教など様々な宗教で貧困者の救済の必要性が教え

10　貧困が社会経済全体に悪影響を与えるのは，治安維持や疫病防止，社会秩序だけではない。失業保険を例にあげよう。現代社会は，相互の経済活動は密接に関連している。失業の増加により，社会全体の消費，総需要が減少し，さらに企業は雇用を削減し，不況が加速する。失業給付は，失業者の生存を保障するだけではなく，失業者の生活費の保障を通じて，経済の需要を下支えし，不況のさらなる拡大を回避することで，経済システムを回復することを目的としている。

11　貧困救済，貧困者の支援については，社会治安・秩序の維持，生存権などの実現以外に，経済・社会保障制度への貢献という視点もある。関連する議論としては，困窮する子どもや若者支援の根拠でも議論される。岡部（2018）は，困窮した子どもや若者へ支援の根拠を，将来の労働力の確保，社会への貢献，社会保障制度の持続可能性の維持という「経済の論理」と人間として尊厳の尊重，諸権利の実現という「福祉の論理」があると整理している。原（2022）は，経済の論理では，経済に貢献しない人は対象外になるため，当然，福祉の論理に立つべきとしている。たしかに「経済の論理」では，「経済に貢献する人（子ども・若年者）を助ける＝生産性のない人（障がい者や高齢者の困窮）は助けない」という生産性に基づく排除の問題につながってしまう。その一方で，貧困救済には，社会保障給付や財政負担が不可欠であり，政治的に多くの人のコンセンサスを得る必要がある。その際には，「社会秩序の維持」，「経済の論理」が強い説得力を持つことになる。価値感が異なる多くの人から貧困者の救済に理解を得るためには，「福祉の論理」と「社会秩序の維持」，「経済の論理」の使い分けが必要になる。

られていた。日本が始めて国家の姿を整えた律令国家においては，厳格な身分制度のもと貧困層が存在した[12]。古代日本社会では恒常的な貧困層のみならず多くの人にとって，天災や戦争，伝染病，疾病，障害や課税（租庸調）は，貧困のリスクを高めた。

大陸からもたらされた仏教や儒教の影響を受けた律令国家は限定的ながらも救貧制度を用意した[13]。令義解の戸令「鰥・寡・孤・独・貧窮・老・廃疾」は，「寡夫・寡婦，孤児，老齢，疾病，障害」といった理由による貧困への「保護」は法定化されていた。こうした保護政策の根幹は，やはり社会秩序の維持にあった[14]。

また律令国家は戸籍に登録されたものに対しては，たびたびおそってくる飢饉に対して，賑恤，義倉など非常時の救済のみを用意した。しかし，こうした保護も繰り返し襲ってくる飢饉，伝染病に対してはほとんど実効性がなかった。

その後，古代の社会経済システムである公地公民は次第に変質していき，墾田永年私財法により土地の私有が認められると，荘園と呼ばれる私田が広がり，律令国家は崩壊していた[15]。

12　吉田（1984）p.27によると，当時の社会階層は「貴族，公民，古代賤民」から成り立っている。

13　これは論語（儒教）の影響を受けた保守主義的な貧困対策の思想である。儒教の考える5つの不幸とは，「早死，病気，惨めさ，醜い容姿，虚弱」であり，儒教は社会秩序のためのこの視点からの貧困対策を必要とした。当時の中国では，漢以来，貧窮した病弱者，老人，孤児向けの収容施設が作られ，凶作に備えては，賑済倉が設けられ，宋代に常平倉・社倉・義倉のいわゆる三倉として整備された。

14　720年の養老律令では，親族扶養原則が示されていた。稲葉（1996），高橋・尾崎（1997）参照。なお律令国家は，公地公民制（口分田，班田収授法）による土地と人民の管理に力を入れ，計帳（「庚午年籍」）を作成し，年齢，性別，課税，身体の特徴を記録し，人民を管理した。

15　租庸調の負担に耐えかねて人民が逃走・逃散あるいは戸籍の届け出を怠った。農民が土地を捨てて，逃亡するということを防ぐために「捕亡律（ほもうりつ）」が作られた。

(2) 繰り返される飢饉

奈良時代には，天然痘などの伝染病が流行し，加えて天候不順による飢饉，戦争も相次ぎ社会不安が高まっている。社会不安を克服するために仏教に帰依し，奈良の東大寺大仏（盧舎那仏）[16]を創建した聖武天皇の皇后の光明皇后の救貧施設である「施薬院」，「悲田院」が有名であるが，これら古代の貧困者の救済はいずれも支配者の恩恵的な性質を持っていた[17]。

農業経済が中心の社会では，人々の生活は自然の影響を受けやすい[18]。飛鳥時代は寒冷期であったが，奈良時代に入ると温暖化し，平安時代は暖かい安定した時代で，農業生産力は上昇し，人口も増加した。しかし，平安末期から鎌倉時代にはいると，気温が低下し，室町時代，江戸時代と寒冷期となった。特に鎌倉時代から室町時代には，寒冷期が続き，洪水，旱魃，異常気象，地震などにより何度も大飢饉が発生し，飢饉に伴い伝染病も発生した。また繰り返される戦乱も人々の生活を苦しめた[19]。そして，江戸時代に入っても天候不順の影響により飢饉が何度も発生した[20]。

16　聖武天皇の盧舎那仏造顕の詔で示された経典「華厳経」のエッセンスである「動植ことごとく栄えむとす（人間だけではない。その他の動物も植物も，みんなが栄える世にしたい。）」という考え方は，惑星の限界，生物多様性の確保など重要になっている今日のSDGsにもつながる考え方である。

17　僧行基による貧民救済活動は，日本最初の社会事業とされる。

18　古代における貧困，困窮の状況について，山上憶良「貧窮問答」，菅原道真「寒早十首」などが有名である。

19　記録に残る飢饉として，「養和の飢饉（1181年平安末期）」，「寛喜の飢饉（1230年－1231年鎌倉）」，「正嘉の飢饉（1258年－1259年鎌倉）」，「長禄・寛正の飢饉（1459年－1461年室町）」がある。

20　江戸時代の4大飢饉，寛永飢饉（1642年－1643年），享保飢饉（1732年），天明飢饉（1782年－1787年），天保飢饉（1833年－1839年）が有名である。中島（1996）参照。

またこの間，被差別部落などの貧困層も生まれた[21]。苛烈な領主の政策，課税に対して土一揆なども頻発し，社会不安が高まった[22]。律令国家の制度としての救貧制度は消滅し，部分的には領主による御救小屋の設置，施粥の実施がされた。また戦国大名による農村保護政策として，米の貸付，課税の免除も行われた。これは，農民の保護を通じて，領国の経済力を維持する目的であった。

こうした領主からの恩恵的な救済とは別に地域での相互扶助機能が定着するようになった。荘園が崩壊し，農村が成立するなか，村落共同体のなかで相互扶助が行われた。ほかにも職種・職域集団，結あるいは宗教的な結びつきのある講が相互扶助機能[23]を持ち，今日でいう共助が広まった。

近世社会（江戸時代）にはいっても領主による貧困者・困窮者の救済は限定的であったが，各地に定着した農村内で地域相互扶助である「無尽」，「頼母子講」といった互助の仕組みが広がった。また年貢の連帯徴収の役割を持った五人組制度は相互扶助の役割も果たした[24]。

近世における貧困者の救済は，１）賑貸（困窮する前に米や金銭を貸付，拝借米（米の給付）いずれも防貧，２）賑恤（米や金銭の給付），３）養民（浮浪者の施設収容），に大別される。飢饉が起きると幕府や各藩は，御救小屋，施粥の実施，救助米給付を行った[25]。飢饉によって農村，農業は壊滅的な影響を受ける。農村を守ることは幕府や藩にとっても産業政策として重要であり，「備荒政策」は広く行われるように

21　中世封建社会での身分制度（貴族，武士，百姓，下人，被差別民）に大別される。吉田（1984）p.27参照。また古代，中世の様々な文献資料，歴史考古学，地理学や気象学（年輪の分析）などを組み合わせて資源環境が経済，人々の暮らしに与えた影響を研究したものとしては，山本（1976），西岡（2008），峰岸（2011）参照。

22　人身売買も横行した。村落から離脱した流民・身分としての貧困層として被差別部落問題，賤民問題がある。吉田（1984）p. 7 参照。

23　高橋・尾崎（1997）参照。

24　五人組は浮浪を取り締まる方策の１つであった。

25　高橋・尾崎（1997）参照。

なった[26]。

(3) 都市部における救貧制度の成立

近世では，江戸，大坂などの大都市が出現し，火災の頻発，衛生問題，物価の高騰など，都市における貧困，都市下層問題も発生した。18世紀後半になると幕府は，都市における貧困者の救済の制度化を始めた。1792年，松平定信により「七分積金」と「窮民御救起立」が制定され，近世における公的扶助のプロトタイプとなった。

江戸において，地主は，水道・火消し・木戸番などの管理費や道路の修繕費のために「町入用」という町の運営費を払う義務が課されていたが，老中松平定信はその7割を節約して基金を作り，困窮者に貸し付けて運用するする「七分積金」を制定した[27]。さらにこの積金と幕府からの下付金を加え，その半分を非常時に備えてお米を保管しておく囲籾・社倉に使い，残りの半分を困窮者保護のために給付する「窮民御救起立」を制定した。これは，一時的な救貧制度ではなく恒常的な制度であり，実際の運用は町会所による自治管理となっていた。被救助者の資格は，1）70歳以上で身よりがなく，障害あるもの，2）10歳以下の孤児で扶養者がおらず飢えているもの，3）若くても病人で扶養するものがいない者とされていた。その後，対象範囲は拡大もあったが，基本的には「不幸な良民」を救済するが，他方で浮浪するものや稼働能力のあるものは対象外としていた[28]。支給対象者は町役人などが調査の上，七分金積立のなかから，手当を給付し，その米の量も決められていた。この

---

[26] 上米の制では，各大名から一万石につき百石ずつ献上米を提出させ，そのかわり参勤交代の江戸での滞在期間を半年に縮めた。郷蔵を直轄領に建て，米・麦・雑穀を貯蔵するよう命じた。江戸前期から村民や富農が出穀貯蔵した社倉・義倉があり郷蔵が加わった。蓄穀を囲米という。飢饉救済のための穀物は，凶荒の際に貸し与えられ，年賦償還させた。囲米による窮民救済政策は，農村のみならず都市でも推し進められた。農村での郷蔵による囲米に対し，都市では七分積金（しちぶつみきん）による町会所の囲米であった。

[27] 稲葉（1996）参照。

[28] 吉田（1984）p.49参照。

ように町方の救済の仕組みに幕府が介入したことで，相互扶助から公的性格を持った仕組みが現れ，明治維新後の恤救規則の先駆けになった。この江戸時代に公的性格を持った救貧制度の出現は，英国の旧救貧法の続き，18世紀後半から19世紀半ばまでに成立したプロイセンの救貧法「ハンブルク＝エルバーフェルト制」とほぼ同時期のものであった。

（４）　現代につながる自助・共助・公助の源流

現代の社会保障制度においても，自助・共助・公助の思想は重視されている。2012年の社会保障改革国民会議でも「自助・共助・公助」が社会保障の中核的な理念として使われた。また新型コロナで困窮者の支援が重要になった時にも，菅首相（当時）は，「まず自助，次に共助，最後に公助」と役割分担を強調した。

自助・共助・公助の関係は，一般的には，自助はそれぞれが自らの貢献で生活を保障すること，次に自分だけ（自助）でできない場合，共助として地域や職場，関係する人々の間で助け合う。そしてそれでも不十分な場合，初めて政府に支援，公助を求めるという考え方である[29]。

こうした「自助，共助，公助」につながる思想は，江戸時代中期に財政破綻していた米沢藩を再建した上杉鷹山が掲げた国家経営方針である「三助の思想」が有名である[30]。自助を自己責任，共助を社会保険，公助を社会福祉・公的扶助と捉えると現代の日本における社会保障の構造とも対応している。

他方，近年，注目されるベーシックインカムは，まず公助が先にあることで，この自助・共助・公助の思想とは全く異なることがわかる。

29　これは，地方分権の発想である「補完性の原則」とも通じる部分がある。地方の行財政はまず基礎的自治体が担い，そこで対応できない場合は，広域自治体が助け，それでも対応できない場合は国が対応するという考えである。

30　「三助」は「親族，一村一郷，奉行」の順で行うとしている。またこうした思想の源流は，山鹿素行「山鹿語類第５巻『窮民を救ふを明にす』」にあるとされる。吉田（1984）p.87参照。

コラム：世界最初の公的扶助の思想

16世紀の英国の宗教家・思想家トマス・モアは，ヘンリー８世の離婚問題で対立し，処刑された。モアは，その著書「ユートピア」のなかで，当時の農業改革である「囲い込み運動」を「羊が人を喰う」と表現して，社会経済構造の変化が貧困を引き起こすと指摘し，無条件のベーシックインカムが窃盗を減らす方法として紹介している。

ファン・ルイス・ビベス（1492年－1540年）は，このモアのアイデアをもとに1526年に「貧困者への援助について」De Subventione Pauperum Sive de Humanis Necessitatibus（On Assistance To the Poor）を発表し，「貧民補助」として，貧困者の全数調査・公的責任による貧困救済や未熟練労働者の訓練や仕事の提供，国により賃金補填の必要性，市民組織による福祉サービスの提供といった社会政策・公的扶助の仕組みを，旧救貧法（エリザベス救貧法）に先駆けて提案した。この考えもまた貧困者を取り締まり，社会の秩序を守るという考え方が根底にあった[31]。

学習課題

1．古代から近代までの間で，貧困とその救済をめぐる考え方はどのように変化したのか。
2．気候変動など自然の力で人々の生活が左右される古代と産業化が進み様々な働く機会がある近代社会で，社会による貧困救済の対象とされる者はどのように変わったのか。

31　ラヴァリオン（2018）p.44参照。

参考文献

●配列は50音順，アルファベット順

1．アマルティア・セン（2017）『貧困と飢饉』黒崎卓・山崎幸治訳，岩波書店
2．稲葉光彦（1996）「高齢者福祉の歴史的展開について」『法學研究』69(1)，323-338
3．稲葉光彦（1996）「七分積金制の展開に関する一考察」『法學研究』．69(12)，181-192
4．岡部卓（2018）「わが国における子ども・若者の貧困をどのようにとらえるのか—社会福祉学からの接近」阿部彩『子ども・若者の貧困対策諸施策の効果と社会的影響に関する評価研究』
5．高橋保・尾崎毅（1997）「日本社会保障法の形成過程（一）」『創価法学』5．27(1)，1-61
6．トーマス・セドラチェック（2015）『善と悪の経済学』村井章子訳，東洋経済新報社
7．中島陽一郎著（1996）『飢饉日本史』（雄山閣出版，平成八年新装版発行）
8．西岡秀雄（2008）『寒暖　700年周期説』PHO 研究所
9．原未来（2022）『見過ごされた貧困世帯の「ひきこもり」—若者支援を問いなおす』大月書店
10．マーティン・ラヴァリオン（2018）『貧困の経済学（上）』，柳原透監訳，日本評論社
11．マーティン・ラヴァリオン（2018）『貧困の経済学（下）』，柳原透監訳，日本評論社
12．峰岸純夫（2011）『中世災害・戦乱の社会史』吉川弘文館
13．山本武夫（1976）『気候の語る日本史』そしえて文庫
14．吉田久（1984）『日本貧困史』川島書店

3　近代日本の貧困

駒村　康平

《目標&ポイント》 近代，日本社会は産業革命を経験し，資本主義，工業化社会へと移行するにつれて，社会経済問題は複雑化し，貧困の原因，態様も多様になっていた。

本章では，近代社会の到来，戦前から戦中にかけて資本主義経済のゆがみがもたらす貧困の諸問題とそれに対する社会政策の役割，繰り返される恐慌と限定的な貧困救済制度の課題，そして日本における貧困研究の系譜を考える。

《キーワード》 産業革命，公的扶助，恤救規則，資本主義，社会政策

1. 近代社会における貧困問題―社会経済問題としての貧困

(1) 複雑な貧困要因

長い人類の歴史のなかで，自然環境の変化，天候不順による不作などは貧困の主な要因であった。近代以前の農業社会では，人々の生活水準は自然環境の影響に左右された。産業革命を経験し，資本主義が広がった近代化以降は，技術進歩や流通などの経済システムの確立で，自然要因の貧困リスクは相対的に低下する一方で，恐慌，景気変動などの経済システムに内在する社会経済要因の貧困リスクが大きくなった。

こうした社会経済要因による貧困を縮小，解消するために様々な社会政策が採用された。また社会経済要因による貧困リスクを防ぐ社会保険の整備，そしてあらゆる原因の貧困を救済する救貧制度（公的扶助）の

整備などが行われた。

人類の長い歴史から貧困の原因を大まかに整理すると自然災害による不作・飢饉，伝染病の蔓延など「自然要因」，戦乱・紛争，経済変動・技術革新による「社会経済要因」，個人の失業・疾病・障害・加齢などの「個人要因」に分類することもある[1]。

もちろんこうした各要因は相互に独立しているわけではない。自然災害が経済変動を誘発し，さらなる失業や貧困を生み出すこともある[2]。19世紀の前半にアイルランドを襲ったジャガイモ飢饉は，多くの餓死者を生み，海外への人口流出を含めるとアイルランド人口を20％～25％減少させた。ジャガイモ飢饉は現代に至っても人口は回復ができないほどアイルランドにダメージを残した。きっかけはアイルランドの主食であったジャガイモの伝染病による不作であるが，被害を大きくしたのは流通，貿易政策などの社会経済システムの失敗にあった。

現在，人類が直面している新型コロナによる不況とそれに伴う失業，貧困もその原因，結果ともに複雑である。急激な経済発展が「人獣接触」の機会を増やし，新型コロナが人間に伝染するきっかけをつくり，経済のグローバル化の進展が新型コロナを世界中に急激に蔓延させた[3]。このように社会経済要因（経済発展）→自然要因（新型コロナとの接触）→社会経済要因（グローバル化）というループが発生した。そして第12章でみるようにパンデミックによる大不況は，貧困者の生活を直撃した。今後，人類の経済活動が温暖化を進める。例えば，シベリアの永久凍土が溶けて，閉じ込められていた未知のウィルスなどが大気に出て，別のパンデミックを引き起こす可能性もある。SDGs はまさにこうした

1　吉田（1984）p.331参照。生江（1926）は，貧困を「自然貧」,「個人貧」,「社会貧」に分類した。

2　災害が日本社会に与えた影響と災害の社会性については，吉田（1984）p.12参照。

3　新型コロナと貧困の問題は，第12章で考える。

人間活動が地球環境にもたらす影響を防ごうというものである[4]。

今後は，自然要因，社会要因，個人要因は単純に分類するのは難しく，ますます複雑に絡み合っていくことが予測される。

（2） 貧困の社会要因

人類にとって，近代以前は長い期間にわたって悩まされてきたのが，人類に対応が困難な自然要因がもたらす貧困・困窮であった。異常気象，地震などは一時的なものであっても，飢饉を引き起こしたり，住んでいる土地や仕事を変えたりしなければならないように，生活に長期的な影響をもたらし，人々を困窮させたりした。

近代以降は，産業革命がもたらした技術進歩による食糧保存や医療技術の進歩，流通システムといった経済システムの確立で自然要因の貧困リスクは相対的に低下した。

この一方で，近代以降は，資本主義経済のなかに内蔵する経済の不安定要因である不況などの社会要因による貧困リスクが上昇していった。また一見，個人原因にもみえる離職・失業も，そして高齢による引退，障害による就業制限などに加え，技術進歩や産業革命による技能や知識の変化などの社会要因も貧困リスクに影響を与えるようになった。

こうした社会要因による貧困を解消するための社会政策，社会要因による貧困リスクを防ぐ社会保険の整備，そして原因にかかわらず一定の貧困状態になれば救済をする公的扶助制度の確立が必要となった。

2. 近代日本社会の貧困

明治維新後から第二次世界大戦までの貧困の様相とその対策について考えてみよう。

---

4 SDGsと貧困については，第11章で考える。

（1）　近代日本の貧困と格差

第二次世界大戦以前の日本社会は先進国のなかでも所得の不平等が大きな社会であった[5]。図３－１は，上位１％の所得層に全所得の何％が集中していたか（上位１％所得シェア）をみたものであるが，戦前の日本は20％前後で推移していた。第二次世界大戦以前で，上位１％所得シェアが20％を超えていた主要な国は，日本以外に，米国，英国，スウェー

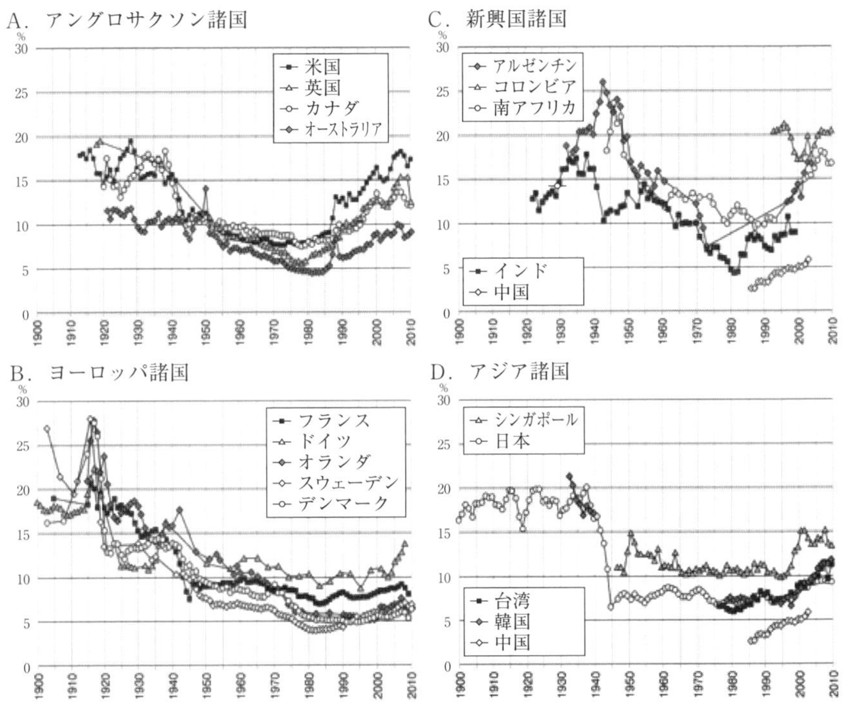

注：成人人口の上位１％の高額所得者の所得が総個人所得に占める割合を示す。所得は原則として個人の課税・公的移転前の市場所得だが，公的年金を含み資本譲渡益を含まない。
出所：World Income and Wealth Database（http://wid.world）より作成。

図３－１　世界各国における上位１％所得シェアの長期的趨勢；改変

出典：森口（2017）

5　森口（2017）参照。

デン，ドイツ，アルゼンチン，南アフリカなどである。そして，多くの国では，第二次世界大戦後，その所得シェアは急激に低下している。これは，フランスの経済学者ピケティが説明しているように，欧州，アジアを戦場にした第二次世界大戦が，工場などを破壊し，企業を破綻させたため，富裕層が保有する富（株式，債券など企業の所有権や請求権）が失われたためである。また福祉国家による所得税や社会保障による再分配の強化，日本では財閥解体，農地改革（地主への土地の集中を改め，小作農を自営農にした）などが，格差の縮小に貢献した。

次に，明治維新から第二次世界大戦までの貧困問題とその対応について考えてみよう。

（2） 貧困と産業化，都市化の影響

日本は，明治維新を経て近代社会に突入した。急激な産業化に伴い社会・経済構造が変化し，家族・地域共同体が弛緩するなかで，農村社会における地縁・血縁による相互扶助機能は低下した。日清戦争から1900年頃にかけては，産業化に伴い不安定・不熟練労働者の増加，都市部への人口集中により，都市における下層階層，貧困層の増加が大きな社会問題になった。都市部の労働者は，日雇い労働者が多く，生活水準が低かった。貧困層の都市への集中は公衆衛生，住宅問題そして健康問題を引き起こした。

加えて，欧米各国に遅れて産業化，資本主義経済に進んだ日本では，労働者保護の整備も遅れた。鉱山労働での劣悪な環境，繊維産業における女工の結核が大きな問題になった。

ようやく1911年に労働者の労働条件を整備する工場法が成立したが，その内容は年少者と女子労働者の工場労働者の就業制限，業務上の傷病死亡に対する扶助制度が中心であり，きわめて脆弱なものであった。そ

の性格も，労働者の権利ではなく，「産業の発達」，「国防」のための人的資源の維持というものであった。

欧州各国では導入が進んだ公的扶助や失業保険も，「国民を怠惰にする」という財界の強い反対で見送られた。職業紹介や失業対策の公共事業が都市部で行われたにすぎず，人々の生活は景気に大きく左右された。

明治後期になると，生産力の向上に伴い人口は急激に増加したが，国民の生活水準の改善は遅れた。この間，出生率は上昇したが，他方で乳幼児死亡率は高止まりした。

この間，日本は，日清戦争，日露戦争，第一次世界大戦と続けざまに戦争を経験し，ついに第二次世界大戦に突入していく。繰り返される戦争と軍事費の膨張で，民生費・福祉に予算を回すことはできなかった[6]。

特に第一次世界大戦の影響で1920年前後は，賃金は急上昇したが，格差も拡大した。他方，男性の兵役負担も多く，農村が労働力不足となり，生産量は低下した[7]。

3. 戦前の救貧制度，公的扶助の仕組み

劣悪な労働環境，長時間労働，年少・児童労働などによる下層階級の健康問題が大きな問題になったが，この時期の社会政策の中心は，都市の衛生確保，公衆衛生であり，本格的な所得保障制度はなく，セーフティネットを担う公的扶助も限定的な役割を果たすにすぎなかった。

第2章でみたように明治維新以前の江戸時代には天災や飢饉が起こったときに，諸藩が窮民救済をする一時的，臨時的な救済や幕府が支援した救貧制度が存在した。

本格的な明治政府による貧困者救済は，1874年の明治政府による「恤救規則」に始まる。この背景には，明治維新後の社会不安・社会治安の

6　20世紀に入った直後，平均寿命は男女とも40代前半となったが，その伸びは大きくなく，戦後不況，スペイン風邪の影響により1920年前半は寿命が短くなった時期もあった。

7　明治維新後の税制改正は農民にとっては不利なものであり，農民の小作化を促進し，農村は疲弊した。

乱れがあり，貧困者の救済は社会治安，社会秩序の確保の性格が強かった。

「恤救規則」は明治維新後に，太政官達として，府県に示された行政機関内部の通達で，近代国家が導入した最初の貧困者扶助であった。この対象者は障害者，70歳以上の老人，病人，児童，身寄りのない独身者，廃疾，重病などで働けない者とされた。その受給者数は月平均１万人程度であったとされている。

恤救規則は救貧的な性格が強く，地域共同体による隣保相扶，親族相互扶助などの私的扶養「人民相互の情誼」（＝人々の助け合い）が優先され，例外的に公的な救済措置がとられることとされた。つまり徹底した自助と共助が優先し，公助はきわめて限定的な役割をするに過ぎなかった。そこには，政府の責任や被保護者の権利性は認められていなかった。

産業社会の進展のなかで，貧困が拡大し，社会問題になるなかで，恤救規則以降，何度か本格的な公的扶助制度の導入が検討された。

そのなかでも1890年に政府が帝国議会に提出した「窮民救助法案」は，いくつかの点で，近代的な扶助制度を目指したものであった[8]。災厄のため自活の力なく飢餓に迫る者を（労働可能者も含めて）救済対象とすること，市町村に，救助の義務を負わせることといった内容であった。しかし，「窮民救助法案」は，貧困者が税金を財源にする給付で救済される権利を持つことにより，「就労や貯蓄などの意欲を失わせることになる」，「貧困の原因は本人の怠惰であり，自己責任である」などの理由から法案は否決された[9]。この後も近代的な公的扶助制度の導入の議論があったが，いずれも見送られようやく1929年に救護法が制定された。この背景には大正期の不況，農村の疲弊，治安の乱れがあり，同法は社会治安を確保する性格も持っていた。同じ年に世界恐慌が起こり，大量

[8] ドイツの公的扶助の影響を受けた窮民救助法案については，北場（2012）を参照。

[9] このような明治時代に広まっていた厳しい競争社会，自己責任社会といった社会観について，松沢（2018）は「通俗道徳の罠」と表現している。

の失業者が発生したにもかかわらず，救済費用を調達できず，ようやく1932年に競馬の政府納付金を財源に救護法は施行された。

救護法の対象者は，貧困による生活不能者のうち，65歳以上の老衰者，13歳以下の幼児，妊産婦，不具疾病，疾病，傷痍，その他精神，身体の障害により労働不能者であった。救貧制度としては，初めて市町村の扶養義務を定め，救護のための委員（方面委員）が設置された。生活扶助・医療・助産・生業扶助の４種類の給付を，居宅・施設で行うというものであり，この財源は，市町村の負担とともに，国が２分の１，府県が４分の１以内の費用を負担した。救護の方法は，居宅を原則としつつ，居宅救護のできない，または不適当な場合は，養老院，孤児院，病院などに収容するとしていた。ただし，素行不良な者，勤労を怠る者は除外するという欠格条項をもち，受給者の選挙権及び被選挙権は剝奪された。このように限定的な性格を持つ救護法の受給者は，月平均10万人程度であった。

4．昭和不況から戦時体制

近代日本は戦争の多い時代であった。戦争のたびに戦後恐慌が繰り返され，特に1920年～1930年の間，すなわち大正時代から昭和時代にかけて，1929年に世界恐慌，昭和恐慌が起こり，特に農村部の疲弊は深刻化し，過剰人口も大きくなった。失業給付や貧困対策が不十分ななかで，社会不安，不満は急激に広がっていった。こうしたなか政府・軍部は，国内の不満を外に向けるため，海外進出に力を入れ，第二次世界大戦に突入していくことになる。

1936年より実質的に戦時体制に入り，産業構造も重工業にシフトし始め，1941年には戦時統制が強化されていった。

戦時体制に突入すると，あらゆる社会・経済システムは戦争遂行のために組みなおされた。社会福祉の分野も例外ではなく，戦時下で統制が強化された。戦時下の生活不安を緩和するため，それまで個人の篤志家の創意で行っていた社会事業に規制と助成が行われた（1938年社会事業法）。

また戦時下では，国民が戦争遂行に注力できるように母子保護法，軍事救護法，軍事扶助法，医療保護法，戦時災害保護法といった制度が導入された。

相次ぐ戦争の中で増加する傷痍，あるいは戦死した軍人とその家族を貧困から守るために，1917年には，それまでの「下士兵卒家族救助令」を廃して「軍事救護法」が導入されていた。その後も，満州事変などの中国との戦争が拡大すると傷病兵や扶助を必要とする軍人家族が増大した。政府は1937年「軍事救護法」を改正し，「軍事扶助法」を施行し，これによって，傷病兵の範囲や扶助の対象となる家族，遺族の範囲が拡大した。

5. 日本の貧困研究の系譜

本章では，近代日本の貧困問題と貧困政策をみてきた。第４章では戦後の貧困対策，公的扶助政策について議論するが，本章の最後に日本の貧困研究の系譜を紹介する。

（１） 戦前の貧困調査

明治維新後に資本主義経済の広がるなかで，それ以前に比較し，貧困問題が拡大，複雑化した。貧困の実態を把握するために，戦前から様々な家計調査，社会事業調査が行われた。特に大正末期から昭和恐慌前後にかけて貧困を統計的に把握する報告，研究が数多く公表された。

まず，明治半ばになると，不安定不熟練就業層を中核とした都市下層階級の増大，広がる貧民窟（貧民の住居），公衆衛生状況の調査，報告，文献が数多く公表された。貧民・職人・労働者・小作人の生活，労働の実態，困窮状態を調査した横山源之助『日本之下層社会』（1899）はこの時代の貧困研究の代表的な文献である[10]。

日露戦争・第一次世界大戦前後（明治後期から大正1910年前後）には，戦後不況によって生み出される失業者が増加するなかで，河上肇「貧乏物語」（1917）は，国民に初めて貧困問題に目を向けさせた。また細井和喜蔵『女工哀史』（1925）は劣悪な紡績工場で働く女工，底辺労働者の窮乏の実態を明らかにした。

大正後半（1920年－1925年）になると家計調査による貧困研究の統計的な分析，調査が行われるようになった。日本初の家計調査である「東京ニ於ける職工家計調査」（1916）が高野岩三郎の主宰で行われた。

昭和恐慌前後（世界恐慌1929年，関東大震災から昭和前期）になると，貧困が健康，体力，寿命などに影響を与え，加えて児童，犯罪，精神問題にも広がるかで，内務省による「細民調査」など行政による貧困の統計調査も行われるようになった。

しかし，戦時体制（戦中）に入ると，貧困統計の発表は制限され，国民生活を労働力の再生産・生産性との関係から科学的に分析しようとした国民生活論[11]が中心になり，籠山京『国民生活の構造』（1943），安藤政吉『国民生活費の研究』（1944）などが発表された。

（２）　戦後の貧困研究と今後の貧困研究

戦後の貧困研究はどのように展開したのであろうか。阿部（2014）は，長期にわたって日本の社会保障研究をリードしてきた社会保障研究所（国立社会保障・人口問題研究所）の「社会保障研究」に1965年から2015年までに掲載された貧困，生活保護，公的扶助に関する論文の数を

10　『日本之下層社会』の序文では，明治時代の政治家であった日野資秀氏が「社会問題は何ぞ。即ち下層人民の問題なり」と述べている。横山（1985）参照。

11　古田（1984）p.13参照。

手がかりに，過去50年間の貧困等研究の動向を整理している。そこでは，過去50年間を単純に約10年毎で区切って，第１期である「1965年から1974年」では，貧困に関する論文が多く発表された。その後第２期の「1975年から1983年」には論文数は大幅に減少し，第３期「1984年から1994年」も低迷したが，第４期「1994年から2004年」から増加に転じ，第５期の「2004年から2014年」には第１期に劣らない数の論文が発表されたとしている。

こうした貧困研究の盛衰は社会経済と貧困，格差やそれに関わる状況を反映している。阿部のいう第１期の以前には，敗戦直後から治安上の観点も含めて政府，行政による貧困調査が行われた（要保護実態調査等)。こうした貧困の実態・統計調査をリードしたのが，籠山や江口である。

戦後直後の国民総絶対貧困の状態から1950年代に入ると，サンフランシスコ講和条約で独立を回復した日本は，経済は復興期から高度経済成長に入っていく。しかし，現実には大きな貧困問題に直面していた1958年の厚生白書は，「わが国の低所得階層人口のふくれ上がりの結果とする際涯は，国民生活の前進に黒々として立ちはだかつている鉄の壁—と見るよりほかに考えようがない。」として，過剰人口，産業の二重構造から生まれる貧困を指摘していた[12]。

こうしたなか籠山京『貧困と人間（1953)』，労働科学研究所『日本の生活水準（1960)』が発表され，また生活構造論を掲げた中鉢正美や貧困世帯の量的把握を江口英一らが活発に研究を開始した（中鉢正美『現代日本の生活体系（1975)』，江口英一『現代の低所得層（上・中・下）（1979，1980)』。第１期は戦後の復興のなかで貧困問題は依然として厳しいことが明らかになり，同時に，加えて生活保護の扶助基準についての研究が盛んな時代であった。

12　第４章コラム「厚生白書が描いた戦後」を参照。

しかし，第２期，第３期は高度経済成長を背景に社会保険，医療，福祉サービスの充実に社会保障の重点が移動し，貧困研究は低迷期に入った。

ところが1990年代前半にバブル経済崩壊をきっかけに長期経済低迷期に入ると，第４期に橘木俊詔「日本の経済格差―所得と資産から考える」(1998) を転換期に格差の議論が再び活発になっていく。

第５期には，非正規労働者の拡大によるワーキングプア問題，2008年リーマンショックが発生し，解雇された非正規労働者，派遣労働者の問題や子どもの貧困，貧困の世代間などが大きな問題になっていく。

この阿部 (2014) の区分でその続きを考えると，第６期にあたる2014年～2024年の貧困問題はどうなるだろうか。この時期は，中間層の崩壊が明確になり，貧困の固定化，貧困が精神的な問題や政治的な分裂を引き起こしている。そして2020年からの新型コロナ危機で，特に女性の貧困が深刻化したことや，ロシアのウクライナ侵略による物価上昇が中心になるであろう。

学習課題

1．明治維新後から第二次世界大戦以前にかけて日本の公的扶助制度はどのように発展したのか。
2．技術進歩や経済システムの発展により，貧困の原因はどのように変化したのか。

参考文献

●配列は50音順，アルファベット順

1．阿部彩（2014）「生活保護・貧困研究の50年：『季刊社会保障研究』掲載論文を中心に」『季刊社会保障研究』第50巻　第１・２号，pp.４-17
2．生江孝之（1926）『社会事業綱要』厳松堂書店
3．北場勉（2012）「 国民国家形成と救済：窮民救助法案の作成を中心に」『社会福祉学』53巻，４号，pp.３-15
4．松沢裕作（2018）『生きづらい明治社会―不安と競争の時代』岩波ジュニア新書
5．森口千晶（2017）「日本は「格差社会」になったのか：比較経済史にみる日本の所得格差―」『経済研究』Vol.68，No.2，pp.132-149
6．横山源之助（1985）『日本の下層社会』岩波文庫
7．吉田久（1984）『日本貧困史―生活者的視点による貧しさの系譜とその実態』川島書店

4　現代日本の貧困と社会保障制度

駒村　康平

《目標＆ポイント》 バブル経済と失われた10年，就職氷河期，リーマンショック，人口高齢化，単独世帯の増加，新型コロナの影響など現代の貧困の原因やワーキングプア，ホームレス，非正規・派遣労働，社会的孤立，引きこもり，80・50問題など近現代の日本の貧困問題を考える。
《キーワード》 生活保護法，捕捉率，社会保障制度，社会保障制度審議会，国民皆保険・皆年金制度，ワーキングプア

第二次世界大戦の終戦後の日本は，戦災で仕事や住宅，家族を奪われた人，海外から帰国した兵士などで貧困者が満ちあふれた。戦後直後，新しく創設された生活保護制度がこうした貧困者を救済した。その後，高度経済成長や社会保障の充実などにより，貧困者は徐々に減少し，生活保護の被保護者数も減少した。しかし，1990年代に入ると，バブル崩壊などの理由で急激に日本の社会経済システムは変化した。労働市場は正規労働者（正社員）中心型の雇用から非正規労働者（非正規社員）が急増し，若い世代の貧困者が増加した。働いているにもかかわらず，貧困な生活をおくる現役世代をワーキングプアと呼ぶようになった。また高齢化により年金額が十分でない貧困高齢者も増加している。本章では，戦後の貧困問題を考えてみたい。

1．戦後の日本と貧困

社会保障による公的な生活保障は，政府歳出の最も大きく，かつ重要な役割を果している。2022年には年金，医療，介護，雇用保険や生活保

護からなる社会保障給付費はGDPの23%に達した。しかし，今日のような社会保障制度が確立するためには長い時間を要した。戦前の日本は，年金制度や医療保険制度は存在したものの，全国民をカバーできていたわけではなく，雇用保険はなく，貧困者対策，高齢者福祉，障害者福祉，児童福祉のいずれも脆弱なものであった。

第3章でもみたように，このような脆弱な社会保障制度では，繰り返される不況などによる生活不安から人々を救済することはできず，国民の不安と不満は軍部の海外侵略，ついには第二次世界大戦とその敗戦につながった[1]。

戦後直後の日本は，敗戦により膨大な人命や資源，領土を失い，同時に海外からの帰国者によって貧困が社会にあふれていた。社会の不安・不満により戦争国家に突き進んでしまった戦前を反省して，戦後日本は，福祉国家の確立を目標とした。その議論をリードしたのが，社会保障制度審議会である。

終戦直後の社会保障制度の役割は，あくまでも非常事態，緊急対策として生活援護施策中心であり，戦争犠牲者，生活困窮者救済，劣悪な食料事情や衛生環境に対コレラなどの伝染病予防が最優先分野であった。

（1） 終戦直後の日本社会と生活保護制度の成立

第二次世界大戦により日本の受けた損害は甚大であり，終戦直後の国民所得は10年前の半分程度にまで落ち込んだ。戦災による建物の被害は250万戸で，900万人が家を失った。加えて，復員，戦地，外地からの引揚者は約700万人にものぼり，深刻な失業問題，インフレと食料危機に直面した。大量の戦災者，浮浪者に対する貧困者救済が急務の課題となった。しかし，これまでの制限的な救護法では対処しきれず，政府は1946年に生活保護法（旧生活保護法）[2]を制定した[3]。新たに制定された

1　加瀬（2011）p.204参照。

2　後述のようにこの1946年成立の生活保護法はすぐに改正されたため，旧生活保護法と記述する。

3　1946年生活保護法（旧法）の成立により，恤救規則などの救済関連規則は統合廃止された。

旧生活保護法の扶助の種類は，生活扶助，医療，助産，生業扶助，葬祭扶助の5つとされ，救護法にあった高齢者，幼児などの年齢要件を撤廃した。またその運用と費用は国家責任とされた[4]。

しかし，旧法には，保護の要否の認定が，民生委員に委ねられたために，客観性に欠けることや保護の基準が低く，国民の権利であることが明確になっていない，救護法と同様，勤労を怠る者や素行不良の者は対象者から除外されるという欠格条項があることなどの問題があった。

社会保障制度審議会は1949年に「生活保護制度の改善強化に関する件」を政府に提出し，国の保障する最低限度の水準は，国民が健康で文化的な最低限度の生活を営ませ得る水準であること，公的扶助は権利であり，不服申し立てもできること，欠格条項の明確化等を求めた。これらの指摘を受け，政府は1950年に旧生活保護法を全面改定し，現行の（新）生活保護法が施行された。

この一方，新しく制定された日本国憲法に基づき，各分野における社会保障制度の整備が進められた。1947年には，戦災孤児や浮浪児への対策を契機として児童福祉法が制定され，1949年には戦争による傷痍者への対策を契機として身体障害者福祉法が制定され，1950年の新生活保護法が設定された。ここに児童・障害・生活保護の3つの主要福祉に関する法律が整備され，いわゆる「福祉三法体制」が成立した。また1947年には失業保険法，労働者災害補償保険法が，1951年には社会福祉事業法が制定された。労働民主化も進み，労働組合法が1945年，労働関係調整法，労働基準法が1947年に成立し，労働三法が揃うことになった。

（2）　1950年代－1970年代の貧困と社会保障改革

1951年に締結されたサンフランシスコ講和条約により，日本は独立を

4　同時に救護法と軍事扶助法，さらに軍人恩給が廃止され，旧軍人・旧軍属，および家族や遺族を特別扱いしないことが求められた。軍事扶助法による給付や軍人恩給がなければ生活に困窮するのであれば，その他の生活困窮者と同様に「無差別平等」に救済すべし，ということになった。

回復した。日本国憲法の生存権を具体化し，健康で文化的な最低限度の生活を保障するために，社会保障制度の整備や生活保護制度の水準の引き上げが進むことになった[5]。

図4－1は，1950年代以降の長期の絶対的貧困率と相対的貧困率の推計値である。戦災の影響が残る独立直後の日本の絶対的貧困率は30％を超え，20％の相対的貧困率よりも高かった。すなわち多くの国民が飢えに直面していた社会であった。その後，復興，高度経済成長により，急激に絶対的貧困率は低下し，1960年代冒頭には相対的貧困率を下回った。しかし，1980年代に入ると相対的貧困率の上昇がみられるようになった。

こうした絶対的貧困率と相対的貧困率の動きは，経済成長・景気変動や社会保障制度の整備・充実，働き方や家族の変化といった社会構造の変化を反映したものであった。貧困者の一部は，生活保護を利用することになったので，貧困率の動きは，生活保護制度の役割に大きな影響を与えることになった[6]。本章では，以下，社会保障制度の整備・充実と経済の変動が貧困や生活保護制度に与えた影響について考えてみる。

1）日本経済の復興

1950年代に入ると朝鮮戦争特需などにより，日本経済は急速に復興した。1955年に始まった大型景気により，本格的な経済成長過程に入り，国民の生活水準も向上し，1974年までの約20年間に，年平均9.2％の実質経済成長率を達成した。1956年，日本経済が戦前のピークを越えたことから経済白書は「もはや戦後ではない」と主張するようになった。1968年にはGNPは世界第2位となった。こうした経済成長とともに，社会保障制度も整備・充実されていった。

5　この一方で，独立と伴い軍人恩給が復活し，全国民を対象とした普遍的な社会保障制度の発展とは異なる動きも始まった。

6　なぜ貧困状態にある人全員が生活保護制度を利用しないのかという点については，第10章で詳しく説明する。

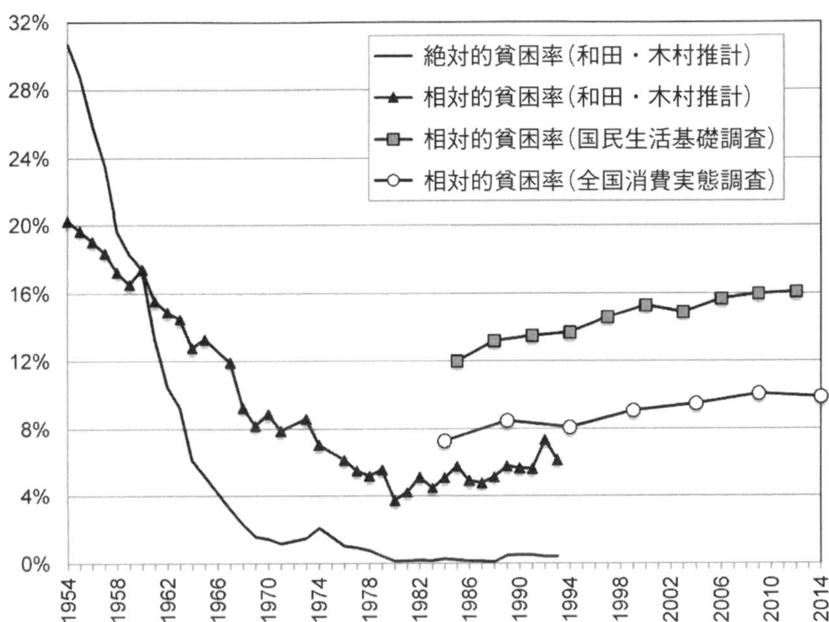

注：和田・木村推計は1960年の生活保護受給世帯の世帯人員別平均消費額（一般世帯消費額の約４割）を貧困線に設定。「国民生活基礎調査」と「全国消費実態調査」の推計はともに等価可処分所得の中央値の50％を貧困線に設定。

出所）和田・木村推計：和田・木村（1998）表５．「国民生活基礎調査」推計：1985-2009年は厚生労働省『平成22年国民生活基礎調査の概況』表16，2012年は内閣府・総務省・厚生労働省（2015）参考１．「全国消費実態調査」推計：1984-1994年は西崎・山田・安藤（1998）表２-14，1999-2014年は総務省『平成26年全国消費実態調査所得分布等に関する結果』表Ⅱ-１。

図４-１　日本における絶対的貧困率と相対的貧困率の推移

出典：森口（2017）

2）国民皆保険・皆年金制度の確立

戦前には，健康保険制度が成立しており，戦中には多くの自治体が国民健康保険を導入するなど，形式的には医療保険における国民皆保険制度は成立していたが，実質的にすべての国民をカバーするものではなかった。実際には，1950年代中頃は，健康保険の対象になる被用者ではない農業，自営業や零細企業従業員などは国民の約３分の１，約3000万人存在し，彼らは医療保険の適用を受けない無保険者であり，傷病を負うと収入の減少や医療費支払いの増加により生活保護の対象となることが多かった。こうした人々に対し医療保険による保障を行うため，被用者保険に加入していない自営業者や農業従事者等はすべて国民健康保険に加入することを義務づける国民健康保険法が1958年に制定された。

一方，年金制度は，戦前に労働者年金・厚生年金が導入されたが，これも一部の被用者が中心であった。戦前の老後の生活は，旧民法が規定するように，子どもによる高齢者扶養が前提となっていた。戦後，民法が改正され，封建的な家族主義や相続制度が改められ，扶養意識が大きく変化した。このため，自営業者や農業者などの被用者年金の対象とならない人々は老後の生活設計に大きな不安を抱いた。こうした人々の老後の所得保障のために1959年には国民年金法が制定され，所得保障の分野でも国民皆年金体制が確立され，1961年４月から全面施行された[7]。

この「国民皆保険・皆年金制度」の成立によって，被保険者が自ら保険料を支払うことにより疾病や老齢などの危険に備える，社会保険中心型の社会保障制度が確立した。

1960年代は高度経済成長の追い風もあり，医療保険の適用も広がり，また給付内容は充実が図られ，加えて診療報酬の充実により民間病院の経営も安定し，全国に医療機関が整備された。

年金制度も国民年金，厚生年金の改革が繰り返され，給付の充実が行われた。また公務員などを対象とする各種共済年金も創設された。厚生年金や共済年金の普及と充実にあわせるように，国民年金の給付額も引き上げられた。

7　国民年金が成立した1961年時点ですでに高齢であった者は，年金保険料を十分収めることができないため，財源を全額税金に求める無拠出型年金である老齢福祉年金が重要な役割を果たしていた。保険料を主な財源にした拠出制年金が高齢者の老後の経済生活の中心になるのは1985年以降になる。

（3） 1970年代の日本経済の変調

1970年代に入っても，高い経済成長を背景に医療保険，年金制度の充実が続いた。この背景には，保革伯仲という政治状況も影響を与えた。高度経済成長という追い風があるために財源，国民負担についてはあまり触れずに，選挙のたびに与野党が争うように社会保障制度の充実を主張した。

特に医療保険では，老人医療費の窓口負担の無料化が導入された（老人医療費無料化）。また年金保険制度では，継続する物価上昇に対応するため物価スライドおよび賃金スライド制の導入など，大幅な給付拡充が行われた。これらの社会保障充実政策により，1973年は「福祉元年」と呼ばれた。しかし，1973年の秋に，石油危機（オイルショック）が起きると，日本経済は急激なインフレと景気後退，失業率の上昇というスタグフレーションを経験し，高度経済成長は終焉を迎えた。

（4） オイルショックの影響と年金改革

70年代から80年代にかけて経験した二度のオイルショックに対応するため，政府が経済対策，積極的な財政支出を行ったため，日本の財政に大きな赤字が残された。財政の規律を回復するために，80年代前半より老人医療費無料化の見直しや年金制度の改革の動きが始まった。

生活保護制度と他の社会保障制度の関係に目を向けると，第9章で触れるように生活保護制度には，「他法他施策優先原則」がある。生活保護制度を利用するために，まず年金や雇用保険の給付を利用するというものである。したがって，年金制度や雇用保険の動向は生活保護制度の利用者に大きな影響を与える。ここでは，大がかりな年金改革となった1985年の年金改革についてみてみよう。

年金制度については，1985年に厚生年金，国民年金，共済年金の制度間における給付と負担の両面での公平性の確保や，年金制度の安定的運営のため，全国民共通の基礎年金制度を導入するという大改正が行われた。この背景には，サラリーマン社会のなかで自営業者が減少し，国民年金加入者の高齢化が進み，財政が不安定になったことがある。基礎年金の導入により，従来の厚生年金などの被用者年金は，基礎年金の上乗せ給付（二階部分）として位置づけられることになった。また，世代間の給付と負担の公平性を図る観点から年金の給付水準が抑制された。その一方で，専業主婦を主な対象とした国民年金第3号被保険者制度が導入され，女性の年金権が確立され，障害年金も充実された。長期的には年金の給付の引き下げを伴う改革でもあったが，女性の年金や障害者の年金の整備は，貧困者の所得水準を高め，生活保護制度の負担軽減になった。

（5） 日本型雇用慣行の変化と長期経済不振

戦後日本経済では，終身雇用，年功序列，企業別労働組合から特徴づけられる日本型雇用慣行が広まった。日本型雇用慣行のもとでは，労働者と企業は終身雇用，すなわち雇用の維持を第一優先として，景気後退期でも賃金を調整することで対応した。また年功賃金は，年齢とともに増える生活費の上昇に対応して賃金が上昇するため，夫は外で働き，妻は家で子どもや高齢者のケアを担うという性別役割分担にもつながった。

こうした日本型雇用慣行により，景気後退期でも失業率は抑制され，加えて企業内福祉があったため家族手当や住宅費の公的支援はあまり必要ではなく，他の先進国に比較して，社会保障給付費を抑制できた。

1）バブル崩壊と非正規労働者の増加

80年代までは日本型雇用は維持されたが，90年代前半に発生したバブル経済の崩壊は，日本企業の雇用政策に大きな影響を与えた。従来のような正規労働者の終身雇用を維持する余力を失った企業は，正規労働者の絞り込みを行い，非正規労働者の雇用を拡大した。派遣労働など企業が長期の雇用責任を負わない働き方も拡大し，日本型雇用慣行は縮小した。特に1997年のアジア通貨危機で金融システムにも危機が発生すると企業はより正規労働者の数や賃金を抑制し，非正規労働者の雇用を増やした。このため，90年代後半から2000年代前半にかけて学校を卒業した世代は，正規労働者の求人が減少し就職氷河期世代とも呼ばれ，非正規労働者比率が高くなった。派遣労働者，有期労働者，アルバイト，パートといった非正規労働者は正規労働者に比べて賃金は大幅に安く，雇用も安定しない。非正規で生計を立てている労働者は「ワーキングプア」と呼ばれた。

2）リーマンショックと新型コロナ危機

2000年に入っても，日本経済の停滞は続いた。2008年に世界的な金融危機，いわゆるリーマンショックが発生した。労働市場の非正規化が広まった状態での初めての大規模の不況であった。急激な景気後退により，失業率は上昇し，非正規労働者の解雇が多発した。住まいと仕事を同時に失った派遣労働者のなかには，ホームレスになる者も出て，行き場のない失業者が東京の日比谷公園に集まり，いわゆる「派遣村」の問題が注目された。この時期には，後述するように高齢者でも障がい者でも，ひとり親世帯でもない「その他世帯」の生活保護被保護者が増加した。

さらに2020年初頭からの新型コロナ感染拡大に伴う経済活動の低下による影響は大きく，女性・ひとり親世帯などの所得低下をもたらしている[8]。

（6）　賃金分布の変化―貧困世帯の増加

以上のように90年代前半バブル崩壊以降，日本経済は，30年近くにわ

8　新型コロナが貧困に与えた影響については，第12章で扱う。

たる長期の経済停滞を経験している。この結果，所得は停滞あるいは下落している。

図４－２は，1994年と2019年の25年間で比較した，全世帯の再分配前と再分配後[9]の所得分布である。再分配前も再分配後のいずれも100万円以上低下し，加えて低所得者が増加していることに注目しないといけない。もちろん，この間，高齢化が進み賃金収入が少なく，年金に依存する高齢者が増えたということも考慮すべきである。そこで，年齢階層別に25年間の所得分布（再分配前と再分配後）の変化を見たのが図４－３（再分配前）と図４－４（再分配後）である。

税や社会保障による再分配の影響は，若いほど小さく，高齢者になるとかなり大きなものになることがわかる。再分配後でみると，この25年間で高齢者は中央値が26万円低下しているが，25～34歳は54万円，35～44歳は104万円，45～54歳は184万円，55～65歳は82万円，中央値が低下していることがわかる。また所得分布をみると高齢者を除く，すべての年齢層において低所得層，そして貧困層が増えていることが確認できる。

2．生活保護制度の状況

本章では，戦後の経済動向と社会保障制度について紹介してきたが，生活保護制度は，こうした経済と社会保障の影響を大きく受ける。ここでは，経済変動と社会保障制度の整備により戦後の生活保護の被保護者数や世帯構成がどのように変化したのかをみてみる。なお最近の生活保護制度の改革などについては，第10章で詳しく触れることとする。

（1） 生活保護の受給者数などの動き

生活保護の被保護者数は，社会・経済状況の変動，人口構造，他の社会保障制度の改革に左右される。図４－５で示すように，生活保護制度

[9] 再分配前とは税金，社会保険料の負担や社会保障などの給付を受け取る前の所得であり，再分配後とは負担をし，受け取った後の所得である。

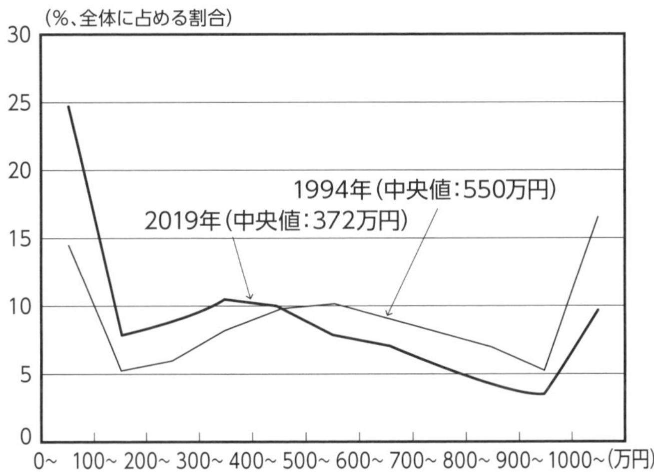

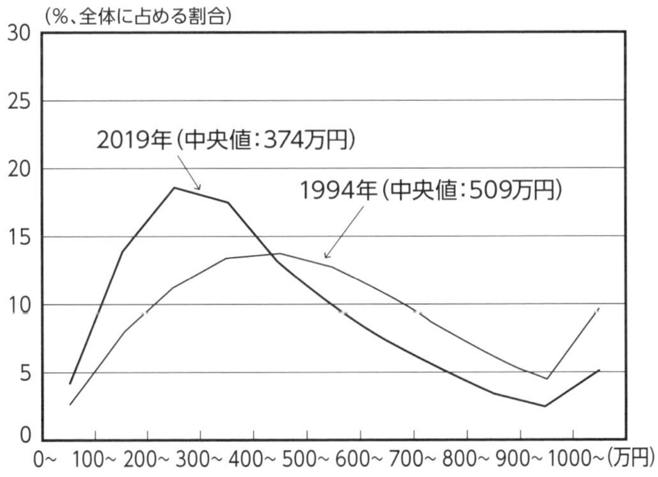

図 4 - 2　再分配前，再分配後の所得分布の変化（全世帯）；改変

出典：内閣府（2022）『我が国の所得・就業構造について』経済財政諮問会議　2022年 3 月 3 日

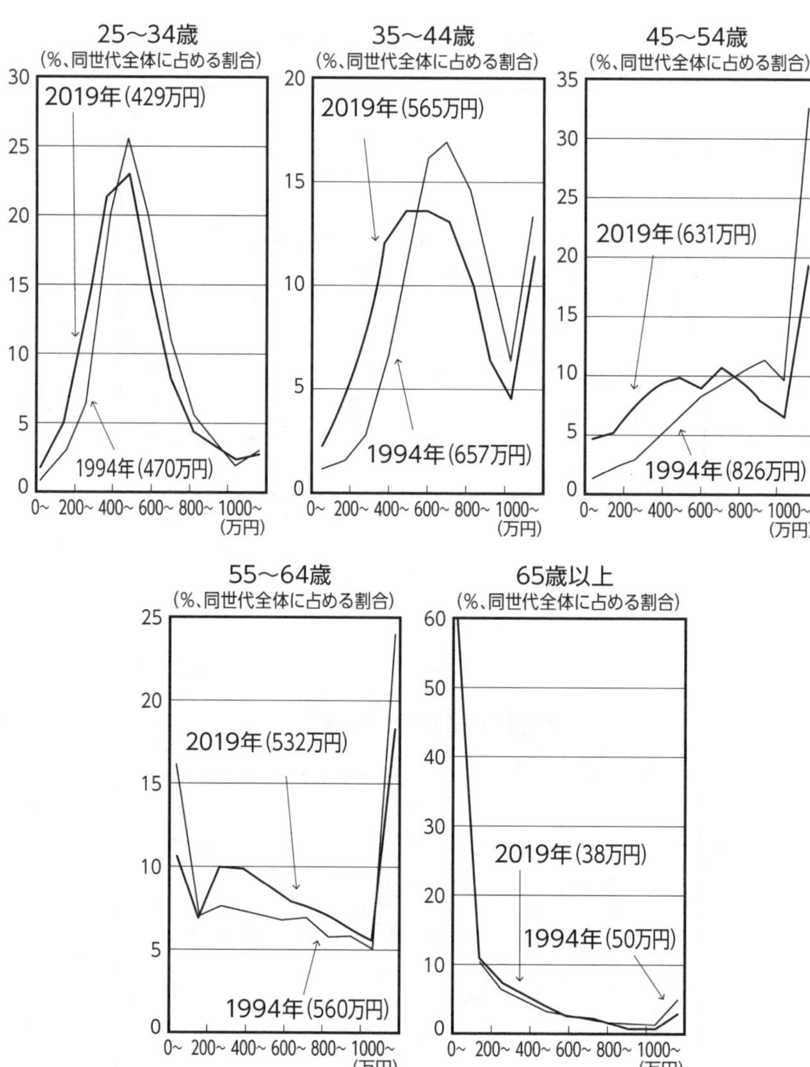

（備考）1．総務省「全国家計構造調査」「全国消費実態調査」の個票を内閣府にて集計して作成。世帯類型ごとの分布は各年齢階級全体に占める割合。1994年調査においては世帯の抽出率が一部考慮されていないため，世帯類型ごとの分布については世帯数を総務省「国勢調査」によって補正。

2．グラフの括弧内の数値は中央値。

図４－３　所得分布（再分配前）の変化（年齢別）；改変

出典：内閣府（2022）『我が国の所得・就業構造について』経済財政諮問会議　2022年３月３日

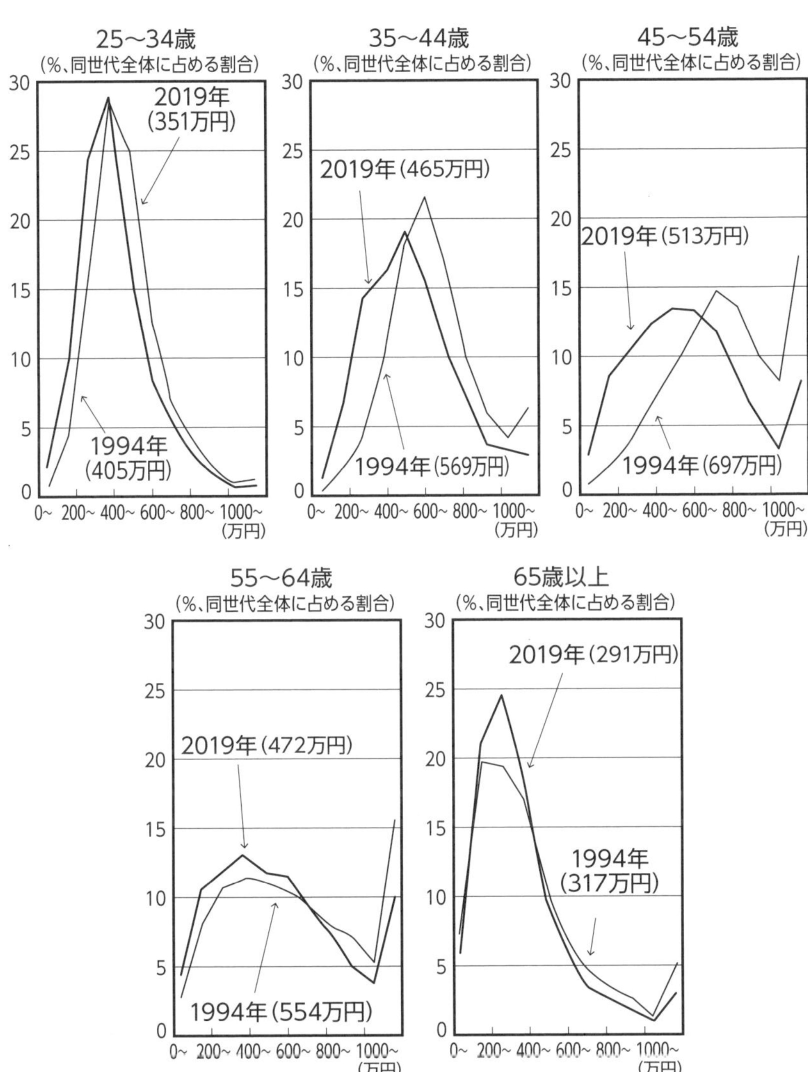

（備考）１．総務省「全国家計構造調査」「全国消費実態調査」の個票を内閣府にて集計して作成。世帯類型ごとの分布は各年齢階級全体に占める割合。1994年調査においては世帯の抽出率が一部考慮されていないため，世帯類型ごとの分布については世帯数を総務省「国勢調査」によって補正。

２．グラフの括弧内の数値は中央値。

図４－４　所得分布（再分配後）の変化（年齢別）；改変

出典：内閣府（2022）『我が国の所得・就業構造について』経済財政諮問会議　2022年３月３日

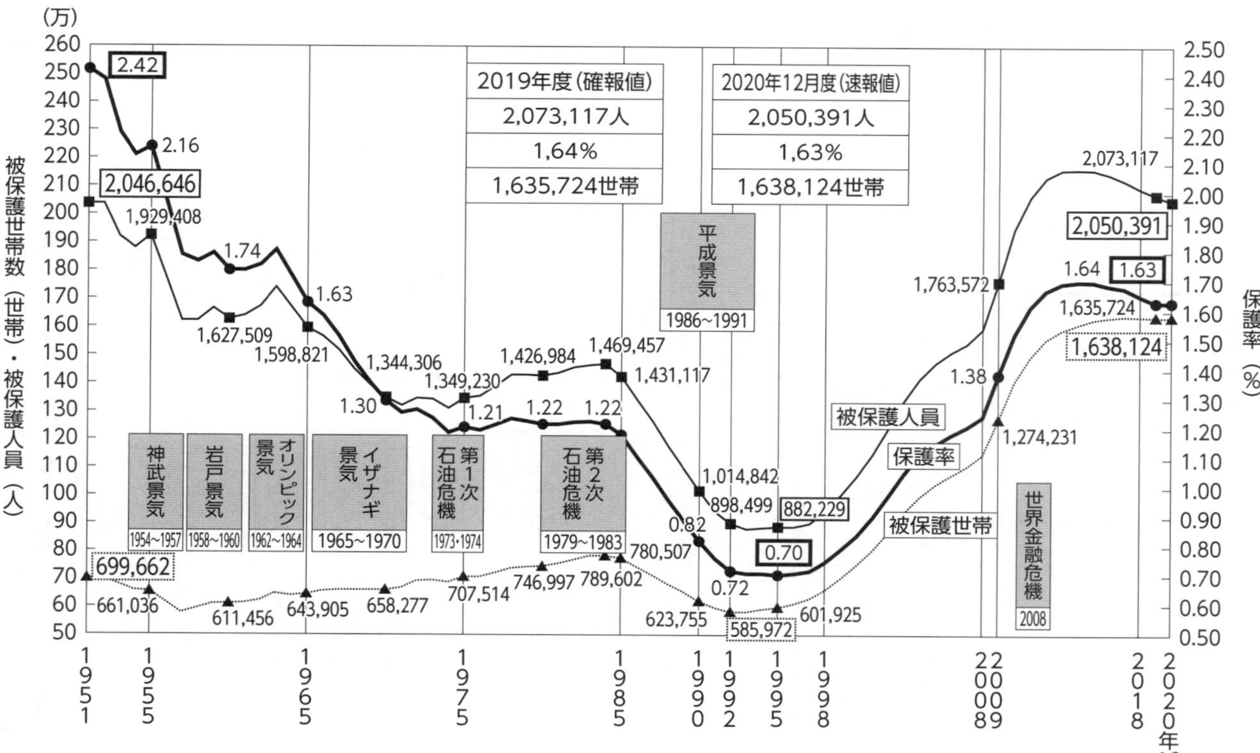

資料：被保護者調査（月次調査）（厚生労働省）（2011年度以前の数値は福祉行政報告例）

図4－5　被保護人員・保護率・被保護世帯数の年次推移；改変

の被保護者の長期的な動向をみると，戦後まもない1950年頃は，200万人を超えていたが，1965年には160万人以下にまで減少している。この背景には，神武景気や岩戸景気などの好景気の影響に加え，1970年代前半に精神薄弱者福祉法（現在の知的障害者福祉法），児童扶養手当法，老人福祉法があいついで創設され，これらの制度が高齢者，障害者，母子世帯などの所得保障の役割を果たすことになったことが大きい。

その後は，いわゆる高度経済成長期の影響で，1970年には，生活保護被保護者は130万人台にまで減少したが，1973年の石油ショック（石油危機）による不況を受け，再び被保護者は増加傾向に転じ，1984年には147万人弱となった。

1980年代後半になると，再び被保護者の数は減少傾向を示す。これには，好景気や1985年の年金改革において障害基礎年金が創設されたことも影響しているが，1981年に出された「123号通知」いわゆる「適正化」が図られたことが大きい。この頃，暴力団関係者などの不正受給が社会問題化し，資力調査が強化された。

生活保護を適切に行うためには資力調査を適切に行うことは必要であるが，いきすぎた調査が受給者に屈辱感，スティグマを与えることや，「水際作戦」と呼ばれる新規被保護者を福祉事務所で申請を取り下げるような働きかけをすることが批判を受けた。

その後，1995年には，受給者数は90万人程度にまで減少したが，1996年以降は，不況の影響で，上昇傾向に転じ，2008年のリーマンショック（世界金融危機）から派生したいわゆる「派遣村の問題」などもあり，被保護者数は急増し，2012年には過去最大人数210万人を越えた。特に90年代後半からは非正規労働者が増加し，景気動向の影響を受けやすい状況になってから，若い稼働世帯（傷病や障害，高齢などの就労阻害要因が少ない「その他世帯」）被保護者の増加率は高くなっている。その後，やや減少傾向に入ったが，新型コロナの影響によりやや増加傾向になっている。

2020年12月時点で生活保護被保護者数は約205万人，163万世帯で，保護率は1.63%となっている（図４－５）。また図４－６は，最近の世帯類型別の生活保護被保護世帯の前年同月伸び率であるが，高齢者世帯の伸び率は鈍化しつつあるが，2020年以降，新型コロナ不況の影響を受け，その他世帯の伸び率が上昇している。

資料：被保護者調査 月次調査（厚生労働省）（2012年３月以前は福祉行政報告例）（2019年４月以降は速報値）
※総数には保護停止中を含む。

図４－６　世帯類型別被保護世帯数の対前年同月伸び率の推移；改変

出典：令和３年厚生労働白書

(2) 被保護世帯の変化

世帯類型別に被保護世帯数の推移をみると，高齢者世帯が増加し，生活保護受給世帯の半数以上が，高齢者世帯となっている。三世代同居率が低下し，国民の老親扶養意識が変化するなかで，今後も増加しつづける単身高齢者の生活問題は，より一層大きな問題になるだろう。高齢者，障害者などの稼動所得を期待しにくい世帯が，生活保護被保護者世帯の多く占めるようになるにつれて，生活保護の受給期間の長期化が進んでいる。

コラム：1956年，1957年，1958年の厚生白書が描いた日本社会

1956年の経済白書は，国民の平均所得水準は戦後水準を回復し，「もはや戦後ではない」とした。しかし，この背景に過剰人口問題や産業の二重構造問題から格差，貧困の問題が発生していた。経済白書がマクロ経済や国民平均的な所得に着目したのに対し，当時の厚生省，そして厚生白書は貧困の存在に着目していた。

当時の厚生白書の記述を紹介しよう。

1956年の厚生白書は第二次世界大戦により，「国富の損失は，軍関係を除いても全体の四分の一におよび，ちょうど，昭和10年以降の蓄積のすべてを失ったことになるものと計算されている。このため，終戦直後における実質国民所得は，昭和10年当時に比して約五割近い低落ぶりを示し，国民の生活水準もほぼこれに近い低水準に落ち込んだものと推定されている。では一方，人口の方は，どうであったか。第二次大戦の直接の影響による人口の動きをあげるならば，まず，戦線と銃後において，あわせて約185万人の生命が失われた。また，終戦による人口の国外との出入りを見ると，復員と引揚げによるプラスが約625万人であって，これから外国人の国外退去約119万人のマイナスを減ずると，差引き約506万人の純増加となる。これだけ数を増した人口が，総面積の46％を失った国土に，すなわち戦前の54％にすぎない面積にひしめくことになったため，わが国の人口密度は，一平方粁当り実に241人となった（世界第三位）。」として，終戦後の国内の惨状を伝えている。

続けて，1957年の厚生白書は，最も解決しないといけない問題を次のように述べていた。「われわれがここに新しく焦点を合わせようとした問題もまた，問題の渦中にある国，個々人の手と国家的，社会的な努力の手とが結びつくのでなければ，到底解決することのできない問題であるからに他ならない。それは，国民生活における「貧困」の問題である。新しい厚生白書は，フットライトの中心に貧困の問題—国民生活における貧困の問題—を据えて，いろいろな角度から観察を試み，そこに生れた資料を国民に提供する方針をとり，かつ努めた。現在，国民が背負っている最も大きく，かつ緊急の問題といえば，何といっても貧困との対決であると断定してよいのではあるまいか。岸総理は政策の中心に暴力と汚職と貧乏の三悪追放を据え，これを広く国民に公約しているが，貧乏の追放はそれだけですでに政治の大部分を占めるものであり，また，これこそ政治の大半の目的というも過言ではないようである。社会福祉事業の分野では，従前から貧困，犯罪，疾病の三現象を社会疾患と呼んでその分析を行っているが，この場合も座の中心を占めるものは貧困の問題とされている。

さらに1958年の厚生白書では，「国土の46％を，国富の43％を失ってわが国は白旗を掲げた。昭和20年８月15日のことである。88の都市が戦禍のために焼土となり，生産力はわずかに戦前の20％を残しているに過ぎなかった。激しいインフレに見舞われたばかりか，その年の歴史的大凶作によって国民生活の窮乏は筆舌に尽せないものがあった。」と経済復興中でも深刻な貧困がまだ残っている当時の実情を繰り返し言及している。

学習課題

1．戦後，経済復興から高度経済成長のなかで絶対的貧困率と相対的貧困率がどのように変化したのか，またその背景にある社会経済について考えてみよう。
2．社会保障制度や経済変動が生活保護の被保護者数，被保護者率に与えた影響を考えてみよう。

参考文献

●配列は50音順，アルファベット順

1．加瀬和俊（2011）『失業と救済の近代史』吉川弘文館
2．厚生省（1956）『1956年厚生白書』
3．厚生省（1958）『1958年厚生白書』
4．厚生労働省（2006）『平成18年版厚生労働白書』
5．厚生労働省（2021）『令和３年厚生労働白書』
6．西崎文平・山田泰・安藤栄祐（1998）「日本の所得格差一．国際比較の視点から一」経済企画庁経済研究所『経済．分析　政策研究の視点シリーズ』No.11
7．森口千晶（2017）「小特集　日本の格差問題　日本は「格差社会」になったのか―比較経済史にみる日本の所得格差―」『経済研究』Vol.68，No.2，Apr.2017
8．和田有美子・木村光彦（1998）「戦後日本の貧困―低消費世帯の計測―」『季刊社会保障研究第34巻１号』

5　欧州と世界の貧困史―古代から現代の貧困政策

駒村　康平

《目標&ポイント》 近代国家における初めての公的扶助制度は英国で成立した救貧法である。それ以前の古代，中世の貧困への対応は教会や地域コミュニティによる慈善など限られたものであった。

ペストの流行，封建制度の崩壊，囲い込み運動・農業革命，宗教改革，国民国家の成立を背景にした救貧法の意義と役割，そして産業革命以降，資本主義勃興期の貧困問題とその対応，２回の世界大戦以降の福祉国家による救貧・防貧政策がどのように変化したのかを考える。

《キーワード》 慈善，互酬，ペスト，旧救貧法，ワークハウス，新救貧法，スピーナムランド制度，社会保険，ベヴァリッジ報告，オイルショック，小さな政府

近代国家による貧困者を救済する初めての公的制度（公的扶助制度）は，17世紀の英国で成立した救貧法である。それ以前の古代，中世の貧困者の救済は，血縁者，教会や地域コミュニティによる慈善など限られたものであった。政府によるものは，社会治安，社会秩序の維持を目的とした一時的な救済に過ぎない。

貧困の原因とその対応は社会経済システムによって変化する。中世後期のペストの流行により，封建制度は崩壊し，英国では囲い込み運動，農業革命が発生し，加えて宗教改革のなかで絶対王政が成立し，旧救貧法が成立した。そして近代では，産業革命以降，資本主義勃興期に新しい社会問題，貧困問題が発生し，新救貧法につながった。その後，２回

の世界大戦を経て，戦後に福祉国家が成立した。1970年代からの２回のオイルショックにより，世界経済システムは大きく動揺し，スタグフレーションが起きた。鈍化した先進国の経済成長を克服するために，規制緩和や福祉国家を見直し，政府の役割を小さくする市場経済への支持が高まった。この結果，国際貿易の拡大，国際的に資本や労働移動が拡大するグローバル経済が広がり，先進国内での格差や貧困が拡大した。

本章では，欧州を中心に，社会経済の変化とともに貧困や格差の問題とその対応がどのように変化したのかを考える。

1．貧困救済の歴史

第２章でも見たように人類の歴史は貧困とともにある。古代では，気候変動などの自然環境の変化，自然災害が飢餓をもたらした。また農耕社会になると，食糧の備蓄が可能になり，人々の生活への自然による影響は幾分か弱まった。定住生活，富の備蓄のなかで，社会のなかに階層が生まれ，富者と貧者にわかれるようになった。貧困者に対する救済は，宗教やコミュニティ，家族が担った。

人々の生活が自然環境に左右される時代は長く続いたが，19世紀の産業革命により，人類は自然環境が生活を左右する状態を克服したようにも見えた。しかし，人類は本当に自然環境が生活に与える影響，制約を克服したのだろうか。この自然環境と貧困の問題は第11章と第15章で考えてみたい。

本章では，社会経済の変化によって，貧困の原因とその対応の変化について議論する。

2．古代・中世と近代の救貧制度

（1）　慈善と互酬による救貧

古代における救貧は，政府によるものは例外的であり，宗教団体や血縁者，地域コミュニティにおける慈善事業として行われた。世界三大宗教のキリスト教（カトリック），仏教，イスラム教のいずれも貧民の救済，貧困者に施しを与えることを信者に奨励した。古代あるいは中世社会は，人々の生活を農業に依存していたため，人々の生活は，気候変動に脆弱であり，凶作のために飢え，もしくは栄養不良による疾病で多くの人が死亡する状態であった。

古代より社会経済システムとして，市場経済という仕組みは存在するが，社会経済の仕組みは，市場取引のみで成立しているわけではなく，社会的地位の上下関係のなかでの「慈善」や対等な関係のなかでの「相互扶助」，「互酬」という仕組みも重要な役割を果たした。特に市場取引のウエイトが低い古代では，「慈善」と「相互扶助」，「互酬」はきわめて重要であった。例えば，古代ローマで行われた貧困対策は，貧困者の福祉のためではなく，裕福な人が名声や評判を高めるための「慈善」，「喜捨」の性格が強かった。

（2） 貧困対策としての「パンとサーカス」

古代における国家による貧困対策は，限定的ながらギリシャ古代アテネやローマに存在した。古代アテネにおいては，貧困は市民すべてにとって不名誉であったため，政治家ペリクレスは大規模な公共事業に着手し，失業対策を行った。また観劇手当（テオリコン Theorica，TheoricFund）といった諸祭典の折，国家による市民に支払われた手当も存在した。

古代ローマでも紀元2世紀に，政府はホームレスの人々に対して日雇いの労働の機会を提供した。社会変化に対応した一種の社会政策として，穀物法により穀物を国庫負担で困窮者に安く分配していた。この仕組みは「パンとサーカス」として知られるようになる。この背景には，ローマにおいて前3世紀頃から中産市民が没落して無産市民になった一方で，市民として参政権を持っていたという社会状況がある。統治者は，こうした給付により，貧困・困窮による反乱を防ぐことと，民衆からの政権への支持を取り付ける手段として利用した。

（３）　貧困と宗教

古代から宗教や地域コミュニティにおける慈善による貧困者の救済は存在した。ただし，様々な宗教（ユダヤ教，キリスト教，イスラム教，ヒンドゥー教，仏教）によって，貧困をどのように評価し，扱ったのかは複雑であり，宗教の主流派の教義や社会経済によって異なる。

中世ヨーロッパ封建社会におけるキリスト教では，救貧は重要な宗教活動の一部とされ，１）自発的な貧困（清貧）は禁欲生活の一部であり，２）１）ではない貧困は罪深く，３）貧困者のための慈善，施しは最高の宗教実践であり，自身の救済に向かう機会であるとされた[1]。

特にカトリックでは，貧しいことは神に祝福されることと考えていた。そこで信者が慈善による貧民を救済することは，慈善を与える側の「魂の救済」になるとされた[2]。

このように宗教革命前のキリスト教カトリックの貧困救済は，「魂の救済」，「敬意」，「感謝」を意味する社会的要請として社会のなかに広まった[3]。教会のネットワーク（修道院，施療院，友愛団体，兄弟会〈ギルド〉）は再分配の機能を果たした[4]。他方で，救済の対象は，寡婦，孤児，身体障害者など，「援助に値する」とみなされた人々に限定され，健康

1　例えば，ローマカトリック教会により550年にミラノで孤児院が設立された。

2　これは「貧困＝怠惰＝罪」と見なした後のプロテスタントの思想とは対照的である。

3　こうした機能は，ボランティア，チャリティ，フィランソロピーそして企業の社会的責任，ソーシャルインパクトボンド，クラウドファンディングにつながる部分もある。

4　他方で「贖宥」（人間が罪を犯したことは，神に損害を与えたことであり，その賠償を行う）の変質が進んだ。日頃の善い行い（＝善行）をすることで「贖宥」ができるということなり，その善行は教会に積み立てることが可能になり，さらにそれを他人に譲ることができるようになり，ついには教会により売買が可能になり，「免罪符」，「贖宥状」という形の教会の経済システム化につながっていった。こうしたカトリック教会の変化を，宗教革命の推進者であったマルティン・ルターは堕落として批判した。徳善（2021）p.64。

で丈夫な成人は「援助に値する」とはみなされなかった。教会以外では，中世における貧困者の救済は地縁，血縁の互助が中心であった[5]。

3. 近世，近代における救済と貧困観の変化

中世の農業中心の経済では，封建制度のもとで人々は土地に縛り付けられ，領主の支配の下になった。前述のように貧困の救済は教会か地縁・血縁によるものに限定されていた。こうした状況に変化が生まれたのは，14世紀からの貨幣経済の拡大とペストである。

14世紀半ば，欧州を席巻したペストは大量の犠牲者を生み，人口・労働力が急激に減少した。特に労働者階級の死亡率は著しく高かったとされる[6]。急減した農民，労働者は高い賃金を支払う領主のもとに地域移動を開始し，封建制度が崩壊した。16世紀になると，英国では，農業革命，囲い込み運動などにより農地を失った農民が浮浪者として都市部に集まるようになった[7]。

市場経済が拡大するという，大きな社会経済変動のなかで，英国では，国家による経済規制が強化されるようになった。チューダー朝は中世封建制度における慣習法を組み合わせ，様々な制度を整理した。具体的には，労働移動を規制し，物乞いや浮浪を制限し，居住地（所属する教区）選択を規制し，貧困層を働かせ，教区を効果的な救済事業システムに組織化した。

5　同職集団ギルド，同業集団のツンフト，聖者崇拝で結ばれた兄弟会は仲間同士の互助の役割を果たした。ギルドは新規の職人の参入を制限する独占的機能を果たしたとされるが，死亡した仲間の葬祭費，薬代，治療費代を仲間同士で出し合うというある種の共済の役割も果たした。

6　エドワード・ダットン，マイケル・メニー（2021）p.198。

7　農業技術の進歩により，複数の農民が使っていた共有地の囲い込みが行われ，一人の農民による大規模農場経営に変化していった。そして最も収益性の高い羊毛を生み出す羊を飼育するために共有地が使われるようになった。囲い込み運動により荘園制度は終焉し，地主が利益を受けた。他方で，多くの農民が農地を失い，都市部に流入した。これらが後に労働者階級となっていく。囲い込み運動は産業革命につながったとされる。

このような経済的な規制は，土地の使用，労働者の訓練，雇用，借金，契約の形態など市場に関わるものすべてに及んだ。賃金は規制され，さらに生活必需品にも価格統制が及んだ。またチューダー朝の救貧システムは，ヘンリー８世の救貧制度を経てエリザベス１世の統治下で1601年に旧救貧法（エリザベス救貧法）ができあがった。旧救貧法は，国家が本格的に関わった始めの救貧政策であり，浮浪者や物乞いは社会秩序を脅かすものとして抑圧するものであった。また救貧政策の目的は，援助に値する人と援助に値しない人を区別し，援助に値しない人には強制労働に従事させた。ただし川北（2010）によると，実際の救貧法の対象者は，子どもから扶養されない高齢者が多数であったとしている。この背景には，子どもが成長し，都市部に労働者として移動した結果，核家族化が進んだことがある。その救貧法の費用と運用は地域（教区）によって担われた。さらに，宗教革命の影響もあり，労働の務めを果たしていないことへの罰（公開のむち打ち），救貧院・矯正院・労役場（ワークハウス）で長時間労働が強制された[8]。ワークハウスでは，最低限の栄養が与えられ，熟練を必要としない仕事をさせることで，仕事への態度の矯正が行われた[9]。

4. 産業革命と新救貧法

市民革命や市場経済が広まるなかで，旧救貧法の運用は変化したが，18世紀末にフランス革命が発生すると状況は一変する。穀物貿易が拡大する一方で，食糧価格が上昇し，社会不安が広がるなかで，大陸からのフランス革命の伝播を抑えるために旧救貧法は大きく変化した。まず就労可能な貧困者に対する在宅における扶助（院外救済）を可能にした1782年の「ギルバート法」を経て，1795年には，ブレッドスケール[10]の

8　カトリックと異なり勤労を重んじるプロテスタントは，貧困は怠惰の証であると批判した。

9　救貧法の変化と経済関係については，ディヴィッド・ガーランド（2021）第２章参照。

10　パンの価格と家族の数に応じて扶助額が決まる仕組みの導入。

もと，賃金補助・児童手当に近い性格の「スピーナムランド制度」に変質した。

しかし，フランス革命，ナポレオン戦争が終了し，新しい世界秩序，国民国家の確立が進むと旧救貧法をめぐる状況は変化した。

すなわち革命と戦争の終了により，革命の伝播の危険が下がると，社会秩序の維持としての救貧政策の緩和の根拠が失われ，再び厳しい貧困者を取り締まる救貧の仕組みが必要であるという主張が強まった。すなわちスピーナムランド制度による貧困者向けの所得保障となった救貧制度が，実質的に賃金補助の役割を果たし，労働者の賃金と所得を分断し，労働者の勤労意欲を低下させ，過剰人口の原因となり[11]，救貧費の増加，救貧税負担が土地保有者・農業主を圧迫するという批判が広まり，厳しい救貧の仕組みが必要とされ，1834年に新救貧法が成立した。

新救貧法は，国民国家における中央政府の強い役割のもと成立した。その内容は，働く能力がある貧困者の在宅扶助の禁止，劣等処遇（Principle of Less Eligibility）の原則，すなわち援助を受ける者は最下級の労働者と同等以上の処遇を受けないという原則，給付決定を行う地方行政への専門官吏の配置，中央政府による地方政府の監督強化が行われた。労役場の環境はウェッブ夫妻（Sidney James Webb，Beatrice Webb）から「罪なき人の牢獄」と呼ばれるほど過酷であった[12]。

その後，1905年から1909年にかけて救貧法を議論する王立委員会が設置された。王立委員会の議論は，貧困者は怠惰で自立性に欠けているとし，その救済は最低限でよいという多数派と貧困は社会経済に原因があり，扶助事業の必要性を強調する少数派（メンバーにベアトリス・ウェッブ）が対立し，改革の結論は出なかった。しかし，その後，資本主義経済の不安定性，繰り返される恐慌のなかで，社会経済的な原因で

11　マルサスは救貧制度が低所得世帯の子どもを増やすということを批判した。

12　救貧法はウェッブ夫妻（シドニー・ウェッブ，ベアトリス・ウェッブ）の見直し運動にもかかわらず国民扶助法が成立する1948年まで続いた。資本主義の矛盾を追究したウェッブ夫妻については，橘木（2018）がわかりやすく紹介している。

発生する失業の問題に焦点があたるようになると少数派の考え方が社会に影響を与えるようになり，ナショナルミニマムという発想が普及することになった。

5. 産業革命と社会政策の発展

産業革命は世の中を一変させた。新しい産業の発生だけではなく，都市化が進み，都市部の労働者が増加するなかで，長時間労働，過酷な児童労働・年少者労働，劣悪な労働条件を規制するために社会政策が必要になった。英国ではオーウェン（Robert Owen）の努力などもあり，1802年に最初の工場法が成立し，綿糸紡績業では9歳以下の子どもの雇用が禁止され，18歳以下の労働時間は12時間に制限された。

1833年には工場法の適用範囲が拡大し，児童労働者の禁止，労働時間規制，工場監督官の配置義務化が行われ，1842年に炭鉱法，1847年には10時間労働時間法が成立した。最低賃金制度は1909年に調停委員会法として成立し，1905年に失業労働法に伴い公共職業安定所が設置された。

6. 防貧としての社会保険の登場

遅れて工業化と国民国家が成立したドイツでは，ビスマルクが，1883年に社会保険3制度（疾病保険〈1883年〉・労災保険〈1884年〉・老齢年金保険法〈1889年〉）を導入し，他のヨーロッパ諸国にも影響を与えた。英国では，ウェッブ夫妻が国家による医療政策と失業保険の導入を主張し，1890年に労災保険，1908年に老齢年金，1911年に国民保険法がスタートし，新救貧法の役割は大きく変化した。スウェーデンでも1913年に国民年金が発足した。その後，欧米各国で労災，医療保険，年金，失業保険の順番で導入が進み，失業，貧困が個人の道徳的な問題ではないと捉えられるようになった。

7．世界大戦と福祉国家への道

第一次世界大戦を経て，1929年の世界恐慌を経験した米国では，ニューディール政策で，総需要のコントロールをする一方で，1935年に社会保障法をスタートさせた。

さらに1938年にニュージーランドが世界ではじめて包括的な社会保障制度を確立させた。また第一次世界大戦のベルサイユ条約の一環としてILO（国際労働機関）が1919年に設立され，社会保障・社会保険の国際的な普及を担うことになった。

第二次世界大戦後の欧米諸国の福祉国家の基礎となったのが，英国のベヴァリッジ報告（1942年）である。ドイツの「戦争国家」に対抗して「福祉国家」への道を示したベヴァリッジ報告は，「窮乏・疾病・無知・陋隘（狭く汚い）・無為」の「５つの悪の巨人」を克服するために，児童手当・完全雇用・包括的な保健医療システムの整備を前提にした所得保障の国家責任を示し，そのために職域や地域を問わない全国民による均一の保険料拠出・均一の給付という社会保険とナショナルミニマムの組み合わせを提案した。英国においてベヴァリッジ報告の多くは労働党政権によって政策として実現された。1948年には国民扶助法が成立し，300年以上続いた救貧法制度が廃止された。国民扶助法は，社会保険を補完し，最低所得を保障する機能をはたすことになった。

1944年の完全雇用，福祉国家を目標にしたILOのフィラデルフェア宣言や1950年のILO報告『社会保障への途』も最低生活の保障目標を打ち出した。

ベヴァリッジ報告は各国の社会保障制度に影響を与え，戦後の福祉国家の理論的な支柱になった。その背景には，先進国に共通した戦後復興のなかでの経済成長，完全雇用，性別役割分業の定着があった。

政府の総需要政策による完全雇用を前提にしたこの時期の福祉国家は「ケインズ－ベヴァリッジ福祉国家」と呼ばれることもある。

8. オイルショックと小さい政府

1960年代に入ると米国のベトナム戦争参戦などにより，先進国の経済成長を支えてきた米国の貿易赤字の拡大・金準備高の減少により，固定相場制という戦後の国際通貨体制（IMF・GATT 体制，ブレトンウッズ体制）が崩壊し，変動相場制に移った（1971年ニクソンショック）。さらに1973年，1979年に二度のオイルショックが発生すると，先進各国はともに経済成長が大きく鈍化し，加えて不況，失業率の上昇と高インフレの同時発生というスタグフレーションに悩まされることになった。福祉国家への国民の依存や税負担，規制が経済活力を下げたと信じられ，「福祉国家・大きな政府」への批判が広まった結果，政府の機能を縮小し，政府による規制を改め，税負担を軽減する「小さな政府」への支持が広がった。1970年代後半から，英国においてはサッチャー政権，米国においてはレーガン政権により，新古典派経済学に依拠した国営企業の民営化，公営住宅の売却，NHS（National Health Service）改革や社会保障支出の抑制が進められた。

90年代は，ソ連の崩壊やバブル経済の破綻，そしてグローバル経済の進展のなか，先進各国は厳しい失業率の上昇と財政赤字に直面した。こうしたなか，各国政府は，財政赤字を克服するために，社会保障制度の改革に着手した。

福祉国家への批判は英国ブレア労働党政権，米国クリントン民主党政権のみならず，代表的な福祉国家であるスウェーデンなどの北欧でもその例外ではなかった。

90年代以降，欧州各国で行われた社会保障改革は，「第３の道」ともいわれ，その内容は，1）所得保障制度のスリム化，2）対人社会サービスにおける地方分権化，対人サービスにおける準市場原理の導入，3）就業能力の引き上げ，ワークフェア・人的資本活性化政策等であった。

9. グローバル経済と資本主義の限界

90年代に入り，戦後，世界を覆ってきた東西冷戦が終了すると，グローバル化が加速し，国際的な資本移動が急増した。安い労働力を求め，先進国から途上国，新興国へ生産拠点が移転した。途上国，新興国は外国資本の流入により，製造業の工場や観光・商業施設の建設など近代化が進み，特に，BRICs（ブラジル・ロシア・インド・中国）が世界の工場として急成長した。その結果，大量生産・大量消費を通じて，途上国，新興国の所得は上昇した。

この状態は，図５-１で示すことができる。図の縦軸は世界の低所得者から高所得者に並べた過去20年間の実質所得成長率である。世界の低所得層，つまり途上国や中進国の人々の実質所得が上昇していることがわかる。他方，先進国内では，上位１％の所得は増える一方で，中間層，低所得層の実質所得はほとんど増加しなかった。

第15章でも再論するように，グローバル化は，途上国の経済成長を高め，世界の極貧者数を減少させる一方，途上国の競争により雇用を奪われた先進国の中間層，低所得層の所得は低下し，格差と貧困が拡大し，先進国内での社会不安，不満が広がった。

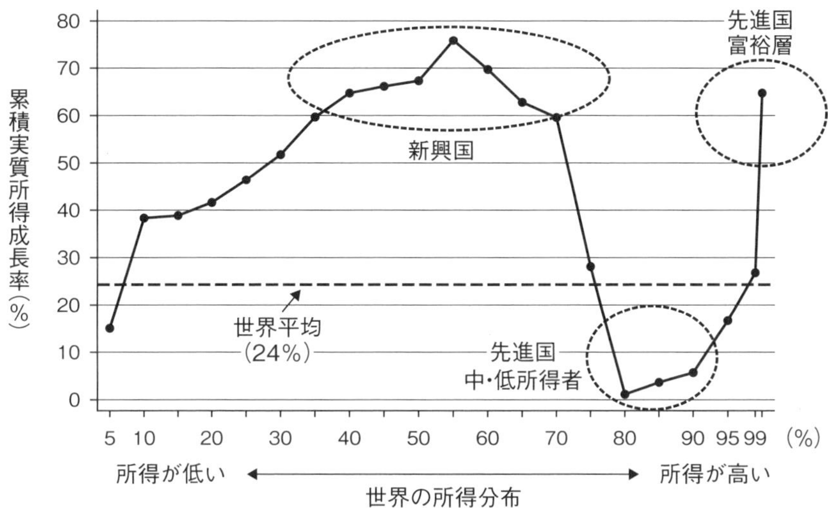

図５－１　所得階級別の１人当たりの実質所得の成長率
（世界・1988年－2008年）：改変

出所：Lakner, C., & Milanovic, B. (2013). Global income distribution from the fall of the Berlin Wall to the Great Recession. *The World Bank Economic Review*

注：2005年，PPP，ドルによる評価。

コラム：最初の公的扶助の思想

著書「ユートピア」のなかで「羊が人を喰う」と表現して，囲い込み運動などの社会経済構造変化が貧困を引き起こすと指摘したトーマス・モアは，チューダー朝のヘンリー８世と離婚問題で対立し，処刑された。しかし,「ユートピア」は1516年にラテン語で出版され，無条件のベーシックインカムが窃盗を減らす方法として紹介された。

ファン・ルイス・ビベス（1492年－1540年）は，このモアのアイデアをもとに1526年に「『貧困者への援助について』DeSubventione Pauperum Sive de Humanis Necessitatibus（On Assistance To the Poor)」を公表し「貧民補助」として，貧困者の全数調査・公的責任よる貧困救済や未熟練労働者の訓練や仕事の提供，国により賃金補填の必要性，市民組織による福祉サービスの提供といった社会政策・公的扶助の仕組みを，エリザベス救貧法に先駆けて提案した。この考えもまた貧困者を取り締まり，社会の秩序を守るという考え方であった。(ラヴァリウオン〈2018〉p.44参照)

学習課題

1．社会状況の変化により，英国における救貧制度の性格はどのように変化してきたのか。
2．産業革命以降，深刻化した資本主義の矛盾に対して，社会はどのように対応をしてきたのか。

参考文献

●配列は50音順，アルファベット順

1．エドワード・ダットン，マイケル・A・ウドリー・オブ・メニー（2021）『知能低下の人類史：忍び寄る現代文明クライシス』，蔵研也訳，春秋社
2．川北稔（2010）『イギリス近代史講義』講談社
3．橘木俊詔（2018）『福祉と格差の思想史』ミネルヴァ書房
4．ディヴィッド・ガーランド（2021）『福祉国家』，小田透訳，白水社
5．徳善義和（2021）『マルティン・ルター　ことばに生きた改革者』岩波書店
6．マーティン・ラヴァリオン（2018）『貧困の経済学（上）』，柳原透監訳，日本評論社

6　貧困の測定

渡辺　久里子

《目標＆ポイント》 貧困はどのように測ることができるのだろうか。そもそもなぜ貧困の測定が始まったのだろうか。本章では，貧困測定の歴史を概観した後に，その方法について基礎的な知識の習得を目指す。
《キーワード》 チャールズ・ブース，絶対的貧困基準，相対的貧困基準，等価尺度，剥奪

1. 貧困調査の歴史

（1） チャールズ・ブース

貧困は，複合的な問題であることから，単一の指標のみから測定することは困難である一方で，ある社会において公的な救済が必要となっている個人・世帯がどれくいらいるのか，あるいは，よりシンプルに，貧困である個人・世帯がどれくらいいるのか，どのような特徴があるのか調査し把握することは，貧困問題を議論する際の最初の一歩となる。

貧困調査の端緒となるのは，チャールズ・ブースが19世紀のロンドンにおいて実施したものである。大実業家であったブースが調査を実施した背景には，産業社会が発展することは「生産物のコストを低下させ，生産物の消費によって現実的な生活を送っている労働者（民衆）の生活水準の向上を結果としてもたらしている」とブースは理解していたが，「巨大な規模で地代，利子および利潤を生み出した産業組織は，英国の大部分の住民に対しては，適切な生計と好ましい条件を用意することに

失敗したのではないかという不安」があったとされる（阿部 1990：41）。

ブースの調査では，世帯が職業階層ごとに８つの階級に分類され，うち下位４つの階級を貧困と定義している。調査の結果，産業社会が進んだロンドンにおいて，30％超というかなりのボリュームの貧困層があることが「発見」された。

（2） B. S. ラウントリー

B. S. ラウントリーが19世紀のヨークにおいて実施した社会調査も，初期の貧困研究として代表的なものである。ラウントリーの調査は，貧困を「第一次貧困」と「第二次貧困」と定義し定量的に分析した画期的なものであった。

ラウントリーは，「収入を注意深く管理し出費を切り詰めたとしても，その収入が家族の身体的効率の必要最低限を満たすのに不十分な状態」を第一次貧困と定義し，「食物」，「家賃」，「家庭雑費」の３項目について，最低限必要とする金額を積み上げて，「身体的効率」を維持するのに最低必要な生活費を算出し，貧困線（基準）とした（武田 2014：132）。第二次貧困は，貧困線よりは収入は上回っているが，「収入と出費を注意深く管理すれば，身体的効率を維持することは可能であるが，実際には家族が貧困に苦しんでいる状態」と定義された（武田 2014：133）。調査の結果，第一次貧困が約10％，第二次貧困が約18％，合わせて30％弱の貧困世帯がいることが明らかとなった。

（3） ピーター・タウンゼント[1]

Townsend（1979）は，「所属する社会で慣習になっている，あるいは少なくとも広く奨励または是認されている種類の食事をとったり，社会的諸活動に参加したり，あるいは生活の必要諸条件や快適さを得るた

1　この項は，大津・渡辺（2019）に基づく。

めに必要な生活資源を欠いている」(Townsend 1979：31) 状態を「相対的剥奪」(relative deprivation) と定義し，1968年－1969年にイギリスにおいて，12分野60項目から構成される調査を実施した。

そして，各分野から１項目ずつ，計12項目を選定し，12項目のうちあてはまる項目数を「相対的剥奪スコア」として示した。さらに，所得が一定水準を下回るとこのスコアが急増する「閾値（しきいち）」が存在することを示した。

2. 金銭的貧困の測定方法[2]

何をもって貧困とするか，唯一絶対の普遍的な定義はなく，時代や社会によって異なる。どのように貧困を把握しうるかは，貧困研究が始まって以来の課題であるが，大きく分けて２つの考え方がある。１つは，所得や消費など，ある個人や世帯が直面している経済状況から間接的に貧困を観察する方法であり，もう１つは実際に何に困窮しているのか，例えば食事がきちんと取れているのか，必要な洋服があるのかなど，直接的に貧困を観察する方法である。本節では，まず直接的に貧困を捉える，金銭的貧困について解説する。金銭的貧困を測定する際は，①どの水準を貧困とみなすかを決める貧困基準の設定，②様々な世帯構成や人数を考慮し比較可能とする等価尺度の設定，③指標の選択，をする必要がある。第２節から第４節で，順番にこれらを解説する。

（1） 絶対的貧困・相対的貧困

ラウントリーは，「第一次貧困」と「第二次貧困」を貧困基準として貧困を調査したが，貧困を定量的に把握する上で，最も重要となるのは貧困基準の設定である。貧困基準は，ある個人・世帯が貧困状況にあるかどうかを区分するための基準であり，その基準未満にある個人・世帯

2　本節は，渡辺 (2021) に基づく。

を貧困であるとみなす。

貧困基準は，大きく分けて「絶対的基準」と「相対的基準」の２つがある。「絶対的基準」は，人間が生存するための生理的な最低限，もしくは健康を保ち通常の活動を行える程度の栄養が摂取できること（Ravallion 2012）と定義され，具体的には最低限の生活をするのに必要な消費項目を積み上げる方法などを用いて基準額を決定する。「相対的基準」は，個人の状況は他者の生活水準と比較して相対的に評価しているとの考え方に立ち（Ravallion 2012），所得分布や消費分布の中央値または平均値の一定割合を貧困基準とし，社会のなかで相対的に所得や消費が低い個人・世帯を測る。

「絶対的基準」と「相対的基準」のどちらがより優れた基準であるか，明確に示すことは難しい。「絶対的基準」は，そもそも何を最低限必要な消費項目とするか，またそれを誰が選定するのかによって変わるため，恣意性の問題がある。また，同じ社会でも経済成長などによって食生活が変化すれば基準額が上昇すること，同じ経済状況の国でも食生活・生活様式の多様さが反映されて基準額が異なってくるなど，「絶対的」な基準においても「相対的」な要素が含まれていると指摘される（Ravallion 2012）。

一方で，「相対的基準」については，貧困基準を平均値などの一定割合として設定する論拠が乏しいこと，貧困層の実質所得が高まっても相対的貧困指標が上昇する場合があること，逆に貧困層の生活の絶対水準が低くなったにもかかわらず，相対的貧困指標が低下する場合があることなどが批判される。特に，図６-１で示すように，理論的には，平均所得がゼロとなれば貧困基準もゼロとなることから，貧困の把握に限界がある。そこでRavallion and Chen（2011），Ravallion（2012，2016）では，世帯所得などに完全に比例して算出する「強い」相対基準ではなく，

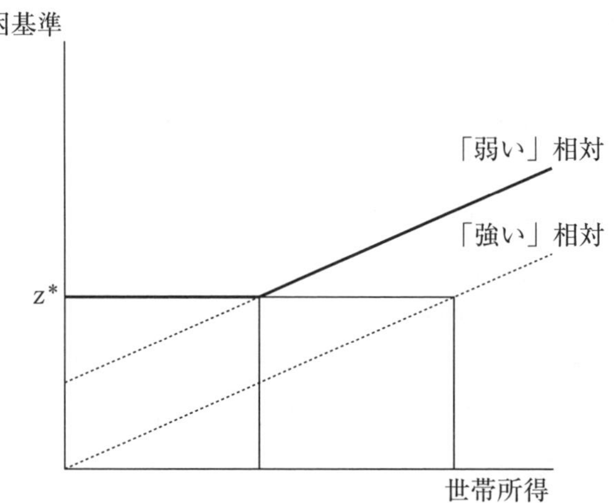

図 6 − 1　世帯所得費と相対的貧困基準の関係

出典：Ravallion（2016）をもとに，筆者翻訳・加筆

世帯所得がある一定水準になるまでは絶対的貧困基準を用い（図 6 − 1 中の z*），その後は世帯所得に比例する「弱い」相対基準を提唱している。

これまでの議論からみてわかることは，唯一絶対に正しく普遍的な貧困基準はないことである。貧困を把握する上で必要となる貧困基準は，一意には定まらない一方，どこかに設定しなければ貧困を測定することができない，という矛盾を抱える。また当然ながら，貧困基準が異なれば把握される貧困，つまり貧困率にも影響を与える。そのため，ある社会においてどのような状況を貧困と考えるか，その状況を把握するのに最も適切と思われる基準をその時々に選んでいくこととなる。

（2）　日本と諸外国における貧困基準

実際，諸外国や国際機関が用いている貧困基準は，それぞれ異なっている。先進国が中心となって加盟している OECD では，各国における等価可処分所得の中央値の50%，EUでは60%を相対的貧困基準と設定し，加盟国の貧困率を収集・公表している。

一方で，発展途上国も加盟している世界銀行では，各国共通した1日当たり1.9ドルという絶対的貧困基準を設定し，世界における極貧困層の推移を調査している。

各国においても政府が貧困基準を設定している場合がある。米国では，栄養摂取をベースとし1960年代に設定されたオーシャンスキー貧困線が，物価水準を調整しながら現代においても用いられている。デンマークでは，中位所得の60%未満である状態が3年以上続き，かつ一定以下の資産しか保有していない場合を貧困としており，所得と資産を組み合わせて貧困基準を設定している。

日本では，貧困の測定のみを目的とした貧困基準を定められていないものの，生活保護において，どの程度が日本において最低限度の生活であるか，言い換えれば，どのような水準を困窮（貧困）とみなし救済するのか，について定めている。具体的には，生活保護の最低生活費が基準となる。この最低生活費のうち，生活扶助は日常の生活を保障する核であり，その算定方法については，生活保護法が制定されて以降80年近くにわたって，常に議論され見直しがされてきた。

現在用いられている算定方法は，水準均衡方式であり，一般低所得世帯の消費水準をもとに「相対的」に定められている。生活扶助の基準は，5年に1度，厚生労働省の審議会において検証がされているが，2017年の報告書においては「一般低所得世帯との均衡のみで生活保護基準の水準を捉えていると，比較する消費水準が低下すると絶対的な水準を割ってしまう懸念があることからも，これ以上下回ってはならないという水準の設定について考える必要がある」と指摘されている。つまり，生活保護の最低生活費の在り方についても，相対的に基準を設定することへの懸念が示され，図６－１でのz*線のような，絶対的水準からの検証が必要となっている。

生活保護基準以外にも，日本の税・社会保障制度において重要な基準として，市町村民税非課税基準がある。市町村民税非課税基準とは，市町村民税のうち均等割も所得割も課税されない基準であり（田中 2013），社会保障における利用者負担や介護保険料の軽減措置に用いられていたり，特例的な給付をする際の支給対象者の選定に用いられたりする。特にコロナ禍において，低所得者や困窮者に対する支援をする際に，市町村民税非課税基準が用いられることが多かった。

市町村民税非課税基準は，生活保護のうち生活扶助基準を参照している。そのため，生活保護基準の見直しがされると，市町村民税非課税基準も変動することになる。2000年代に入って，生活保護基準は引き下げの方向にあり，したがって，これまでより低所得世帯も市町村民税が徴収される可能性がある。そのため厚生労働省は，生活保護基準の見直しが市町村民税非課税基準等に影響しないよう，関係府省等との申合せを2012年以降行っている。

3. 等価尺度

（1）「世帯規模の経済性」の調整

等価尺度とは，世帯によって異なる「世帯規模の経済性」を調整し，異なる世帯間の生活水準を比較するための尺度である。「世帯規模の経済性」とは，世帯人数が増えても同じ生活水準を達成するのに必要な追加的な消費あるいは所得は比例的には増えず，世帯人数で平均すると一人当たりの消費あるいは所得が小さくなることをいう。

一人暮らしから二人暮らしになった場合を例に考えてみよう。例えば住居は，一人暮らしのときよりも広い部屋が必要となるかもしれないが，お風呂やキッチンがそれぞれ2つある必要はなく，1つを二人で共有して使うことができる。また，冷蔵庫や電子レンジなどの電化製品も2つある必要はないだろうし，光熱水費も固定料金部分を二人分支払う必要はない。

一方で食費や被服費は，二人暮らしとなっても一人当たりの消費は，あまり変わらないだろうが，これはどのような暮らしであるのか，例えば，ファッションの好みが似ていて洋服をシェアできるのか，自炊を好むのか，などによって変わってくるだろう。

このように，世帯には共通して消費するモノやサービスがあることによって，「世帯規模の経済性」が働き，一人暮らしから二人暮らしになった際に，同じ生活水準を達成するのに必要な所得は，一人暮らしのときの倍とはならない。そのため，例えば，世帯年収が単身世帯で300万円，二人世帯で600万円であった場合，一人当たり年収はどちらも300万円であるが，二人世帯では「世帯規模の経済性」が働くので，二人世帯のほうがよりよい生活を享受できていると考えられるのである。

（2）　等価尺度の選択

ある社会における貧困を測定しようとするとき，この「世帯規模の経済性」を調整する必要がある。これは，その社会には単身で暮らしている人もいれば，子ども二人と暮らしている人もいて，多様な世帯で社会が構成されているが，それらの世帯の生活水準を比較し，誰が最も貧しくて，誰が最も豊かであるのか，順序付けしようとする際に，単純に世帯の総所得でみることも，一人当たり世帯所得でみることも，「世帯規模の経済性」が働くことを考えると，どちらも適切ではないことによる。

そこで，世帯所得を等価尺度で割ることによって，「世帯規模の経済性」の調整をする。例えば，単身世帯を基準とした場合，二人世帯の等価尺度が仮に1.4と決定されれば，二人世帯は単身世帯の140％の所得があれば同じ程度の生活水準にあると考える。

現在，一般的に用いられている等価尺度は，(1)式のうち e ＝0.5，つまり世帯人数の平方根である。

$$W = \frac{D}{S^e}, \quad e \in (0,\ 1) \qquad (1)$$

W：等価所得，D：世帯所得，S：世帯人数，S^e：等価尺度

等価尺度が変わることによって，世帯の順位付けがどのように変わるか具体的に表 6－1 からみてみよう。e ＝ 0 の場合，つまり単純に世帯所得で順位付けをすると，最も所得が低いのは単身世帯，最も所得が高いのは六人世帯となる。次に e ＝ 1 の場合，つまり世帯所得を世帯人数で除した一人当たり所得で順位付けすると，最も所得が低いのは六人世帯，最も所得が高いのは単身世帯となり e ＝ 0 のときと所得の順番は全くの逆になる。現在一般的に用いられている e ＝0.5でみると，e ＝ 0，e ＝ 1 の場合のいずれとも順番は異なり，最も所得が低いのは六人世帯，

表 6－1　等価尺度の設定

	e ＝ 0（世帯所得）		e ＝ 1（1人当たり所得）		e ＝0.5	
世帯人数	所得	順位	所得	順位	所得	順位
1人	150.0万円	6位	150.0万円	1位	150.0万円	3位
2人	200.0万円	5位	100.0万円	2位	141.1万円	6位
3人	250.0万円	4位	83.3万円	3位	144.3万円	5位
4人	300.0万円	3位	75.0万円	4位	150.0万円	3位
5人	350.0万円	2位	70.0万円	5位	156.5万円	2位
6人	400.0万円	1位	66.7万円	6位	163.3万円	1位

出典：筆者作成

最も所得が高いのは二人世帯となる。

このように，e の数値を変化させると「世帯規模の経済性」調整後の所得である等価所得が変わり，その結果，誰が最も貧しく，誰が最も豊かであるかという世帯の順序付けも変わる。同時に，等価所得の中位値も変わることから，相対的貧困基準も変わり，その選択は貧困の測定結果に大きく影響する。そのため，貧困測定において等価尺度の選択は重要となっているが，貧困基準と同様に，唯一絶対に正しく普遍的なものはない。

4. 貧困指標

(1)　金銭的貧困指標

金銭的貧困の指標に代表されるのは，headcount ratio であり，いわゆる貧困率である。Headcount ratio は，文字通り，貧困基準未満の経済状況にある者の「頭数」をカウントし，ある社会に占める割合を算出する（(2)式）。Headcount ratio は，貧困である者の状況は考慮しておらず，貧困ではあるものの，少しの支援で貧困から脱出できるのか，あるいは深刻な貧困にあるのかはわからない。

そこで，貧困の程度を考慮した指標として，貧困ギャップ率がある。貧困ギャップ率は，貧困基準額から貧困にある者の所得額を差し引き，その乖離幅が貧困基準に占める割合を平均したものである（(3)式）。しかし，貧困ギャップ率も，単純に乖離幅を平均化しているだけであることから，例えば貧困者のなかで極度の貧困者から，軽度の貧困者に所得移転があった場合でも，貧困ギャップ率は変化しない。

より深刻な貧困者，つまり貧困基準からの乖離幅が大きいと貧困指標が大きくなる指標として，2 乗貧困ギャップ率がある。2 乗貧困ギャップ率は，貧困基準額と貧困者の所得の乖離幅を 2 乗することで，深刻な貧困者によりウエイトをかける指標である（(4)式）。

その他にも，貧困指標は様々開発されているが[3]，最も一般的に用いられるのは，結局のところ Headcount ratio である。これは，直感的に理解しやすく，それゆえ解釈もしやすいことが理由として挙げられる。

$$H = \frac{q}{n} \qquad (2)$$

$$PG = \frac{1}{n}\sum_{i=1}^{q}\left(\frac{z - y_i}{z}\right) \qquad (3)$$

$$SPG = \frac{1}{n}\sum_{i=1}^{q}\left(\frac{z - y_i}{z}\right)^2 \qquad (4)$$

H：*Headcount Ratio*，PG：貧困ギャップ率，SPG：２乗貧困ギャップ率，n：人口，q：貧困者数，z：貧困線，yi：貧困者の所得

（２） 非金銭的貧困指標[4]

所得は，人々の生活水準を決定づける重要な要素であるものの，生活水準を直接的に測定するものではないため，貧困を測定する手法としては限界があり，本章第１節で紹介したように，非金銭的な貧困指標が開発された。

Mack and Lansley（1985）は，Townsend（1979）を発展させ，剥奪を「社会的に合意された必需品の強制的な欠如である」と定義した上で，一般市民の50％が「必要である」と認識している項目を「社会的必需項目」（socially perceived necessities）として選定することで，剥奪指標の項目選択における恣意性を排除した。

さらに，このアプローチでは，「社会的必需項目」の欠如が，金銭的余裕がない，すなわち「強制的な欠如」（enforced lack）のためなのか，

3　貧困指標については，橘木・浦川（2009）に詳細な説明があるので，参照されたい。

4　この項は，大津・渡辺（2019）に基づく。

それとも選好に基づいた選択の結果のためなのかを明確に区別し,「強制的な欠如」の場合のみを剥奪に含めることとされた。これ以降,「合意に基づく方法」は剥奪アプローチによる貧困測定の標準的手法として発展してきた〔Gordon and Pantazis（1997), Pantazis et al.（2006), Lansley and Mack（2015）など〕。

現在は, EU 統計局が毎年実施している EU-SILC（EU Statistics on Income and Living Condition）において, 加盟28か国における剥奪の状況が調査され, それが EU の中期成長戦略である「欧州2020戦略」（Euro 2020）の指標に採用されるなど, 国際的にもその活用が進んでいる。EU 統計局においては, ９つの項目（表６－２）のうち４つ以上剥奪されている状況を「深刻な剥奪」(severe deprivation）と定義している。

表６－２　EU 統計局における剥奪項目

９つの剥奪項目
1．家賃, 住宅ローン, 光熱水費を支払える。
2．適切な室温を保てる。
3．突発的な支出を支払える。
4．肉などのたんぱく質をきちんと摂れる。
5．旅行に行くことができる。
6．テレビがある。
7．洗濯機がある。
8．車がある。
9．電話がある。

出典：Eurostat（2021）を筆者翻訳

学習課題

1. 生活保護基準においても，「世帯規模の経済性」が調整されているが，どのような工夫がされているか考察せよ。
2. 日本においてどのような項目が社会的必要項目になるか考察せよ。

参考文献

●配列は50音順，アルファベット順

1. 阿部實（1990）「チャールズ・ブース研究—貧困の科学的解明と公的扶助制度」中央法規出版社
2. 大津唯・渡辺久里子（2019）「剥奪指標による貧困の測定—「生活と支え合いに関する調査」（2017）を用いて—」『社会保障研究』第4巻第3号，pp.275-286.
3. 武田尚子（2014）「20世紀イギリスの都市労働者と生活」ミネルヴァ書房
4. 橘木俊詔・浦川邦夫（2009）「日本の貧困研究」
5. 渡辺久里子（2021）「貧困の測定」岩崎晋也・白澤政和監修，岩永理恵・後藤広史・山田壮志郎編著『貧困に対する支援』ミネルヴァ書房
6. Eurostat（2021）Glossary: Material deprivation https://ec.europa.eu/eurostat/statistics-explained/index.php?title=Glossary:Material_deprivation)（最終閲覧日：2022年5月27日）.
7. Gordon, David, and Christina Pantazis（eds.)（1997）Breadline Britain in the 1990s, Ashgate Publishing.
8. Lansley, Stewart and Joanna Mack（2015）Breadline Britain-the rise of mass poverty. Oneworld Publications.
9. Mack, Joanna and Stewart Lansley（1985），Poor Britain, George Allen & Unwin.
10. Pantazis, Christina, David Gordon and Ruth Levitas（2006），Poverty and Social Exclusion in Britain, Bristol: The Policy Press.
11. Ravallion, Martin（2012）“Poverty Lines across the World,” P. Jefferson（ed.)

The Oxford Handbook of the Economics of Poverty, Oxford University Press.

12. Ravallion, Martin (2016) The Economics of Poverty: History, Measurement and Policy, Oxford University Press.

13. Ravallion, Martin and Shaohua Chen (2011) "Weakly Relative Poverty," The Review of Economics and Statistics, 93(4), pp.1251-1261.

7 日本における貧困

渡辺 久里子

《目標＆ポイント》 日本における貧困はどのような状況であろうか。貧困リスクが高いのはどのような人であろうか。本章では，相対的貧困基準，生活保護基準などから日本の貧困の推移を把握する。
《キーワード》 相対的貧困基準，生活保護基準，市町村民税非課税基準，当初所得，可処分所得

1．相対的貧困基準からみる貧困

（1） 所得・貧困基準の定義

第６章で概観した貧困の測定方法から，実際に日本の貧困状況をみてみよう。金銭的貧困は，所得，消費など世帯の経済状況から間接的に貧困を測定するが，先進国において最も一般的に用いられるのは，所得であり，当初所得と可処分所得の２つがある。具体的には次のとおり算出される。

当初所得＝就労収入＋財産収入＋その他収入

可処分所得＝当初所得－税・社会保険料＋社会保障給付

当初所得は再分配前所得とも呼ばれ，社会保障の受給や税・社会保険料の支払いをする前のものである。当初所得には，自営業や被用者として働いて得た収入，不動産や金融資産からの収入，仕送り収入などが含まれる。可処分所得は再分配後所得とも呼ばれ，所得税，住民税などの直接税と，年金保険，健康保険，雇用保険などの社会保険料を当初所得

から差し引き，年金給付，失業給付，児童手当，生活保護などの社会保障制度からの現金給付を足し上げて計算される。

当初所得と可処分所得の2つの所得から貧困率を測定すると，税・社会保障による再分配政策が，どの程度貧困を削減しているか，その効果を分析することができる。本章で示す相対的貧困率は，世帯人数の平方根を等価尺度，中位等価可処分所得の50%を貧困線として測定されたHeadcount ratio である。

（2） 日本の相対的貧困率の推移

図7-1は，1985年から2015年の相対的貧困率と貧困線の推移を示している。まず，再分配後の貧困率をみると，1985年から上昇していることが見て取れる。1985年において貧困率は約12%であり，2009年においては約16%と4%ポイントほど上昇し，2015年は2009年とほぼ横ばいで

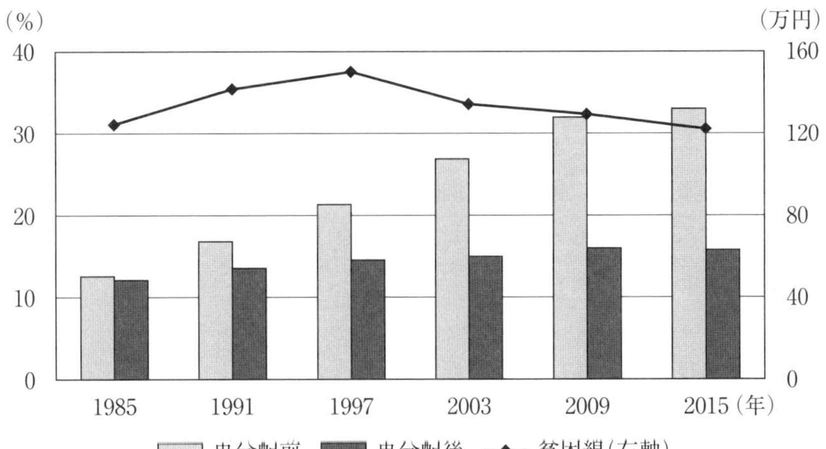

注：貧困線は，消費者物価指数を用いて2015年を基準に実質化している。

図7-1　相対的貧困率・貧困線の推移（1985年−2015年）

出典：貧困線は，厚生労働省（2020），貧困率は渡辺（2019）より作成

ある。再分配前の貧困率は，再分配前よりも上昇幅が大きく，1985年には約13％であったが，2015年には約33％と約20％ポイントも上昇している。

再分配前後の貧困率は，1985年においては約１％ポイントしか違いはないが，2015年においては約18％ポイント差があり，再分配前の貧困率が大きく上昇した一方で，再分配後の上昇幅は小さくなっている。これは，税・社会保障の再分配効果が大きくなったことを意味する。

ここで貧困線の推移をみると，1985年には約125万円であり1997年には約150万円まで上昇したが，その後貧困線は下がり続け，2015年は1985年とほぼ同程度となっている。注目すべき点は，1997年以降貧困線は下がっているにもかかわらず，再分配後の貧困率は上昇していることである。

これは，日本の世帯所得が平均的に下がったが，低所得世帯の割合は，それ以上に増えたことを意味する。2000年代に入って，貧困率の上昇幅はあまり大きくなかったが，仮に1997年の貧困線を用いて測定した場合，貧困率はより大きくなる。

第６章でも説明したように，相対的貧困線は機械的に算出され，平均的な所得が下がれば，貧困線も同時に下がることから，日本のように経済が停滞するなかにおいて，相対的貧困線に基づいて貧困を把握することに限界があることがわかる。

（３） 貧困リスクが高いのは誰か

では，日本においてどのような人々が貧困に陥っているのであろうか。仮に，貧困が人々の属性にかかわらず決まっていれば，どのグループでみても日本全体の貧困率と変わらない結果となるが，貧困がある特定の属性に偏っていれば，貧困リスクが高いグループがあり，そのグループ

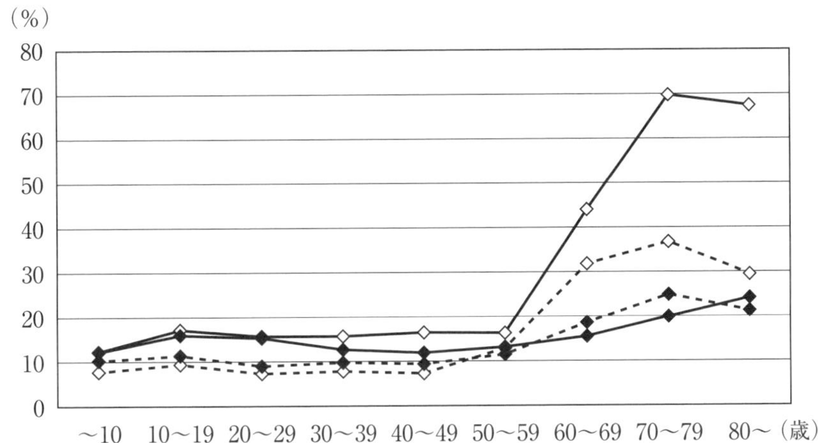

図７－２　年齢階級別貧困率の推移（1985年－2015年）

出典：渡辺（2019）より作成

により支援が必要となる。そこで，図７－２以降では年齢別や男女別など属性別に貧困率の推移をみたい。

図７－２は，年齢階級別に貧困率の推移をみたものである。まず，19歳までの子どもの貧困率をみると，1985年には再分配前が10歳までは約８％，10～19歳は約９％，再分配後はそれぞれ約10％と約11％であり，再分配前より再分配後の貧困率のほうがわずかに高い。これは，子どもや一緒に生活をしている現役世代の親向けの社会保障給付が少ない一方で，税・社会保険料の支払いはあることによって，再分配政策が子どもの貧困削減に寄与していなかったことを意味する。

2015年になると，10歳までの貧困率は再分配前も再分配後も約12％，10～19歳は再分配前が17％，再分配後は16％と，再分配後の貧困率は再分配前よりもわずかに改善している。一方で，1985年から比べると，子どもの貧困率は特に10代で上昇していることがわかる。

同様のことは，20～49歳の現役世代にも起きており，1985年は再分配前よりも再分配後の貧困率のほうが高く，また2015年にかけて再分配後の貧困率は約２％ポイント上昇している。

ところが60歳以上をみると，子どもや現役世代とは貧困率の変動が異なっている。定年を迎え，就労収入が途絶えると当初所得が大幅に減ることから，再分配前の貧困率は現役世代と比べると大きく上昇する。一方で，老齢年金の受給が始まることから，再分配後の貧困率は再分配前と比較して低位となる。

1985年の貧困率をみると，再分配前は60代では約32％，70代では約37％であり，50代と比べると20％ポイント以上も高くなっている。しかし，再分配後をみると，60代は約18％，70代は約25％と再分配前と比べて10％ポイント以上も低く，再分配政策によって大きく貧困が削減されていることがわかる。

2015年の貧困率をみると，再分配前の貧困率は60代で約44％，70代で約70％と1985年と比べて大きく上昇している。これは，この30年間に家族構成に大きく変化があり，子どもと同居する高齢者の割合が減り，高齢者のみの世帯や単身世帯が増えたことと関係している。

一方で，再分配後の貧困率は1985年よりも低下しており，60代で約16％，70代で約20％となっている。再分配前の貧困率が上昇したにもかかわらず，再分配後の貧困率が低下したのは，年金による再分配効果が高まり，防貧機能の役割を果たしていることを意味する[1]。

このように子どもや現役世代は，1985年から2015年にかけて再分配後の貧困率が上昇していたのに対し，60歳以上の高齢者については再分配後の貧困率は低下していた。しかしながら，日本において最も貧困率が高いのは高齢者，特に70歳以上の高齢者であることは，この30年間で一

1　渡辺・四方（2020）では，年金による貧困削減効果について詳細に分析している。

貫していることがわかる。

図７－３と図７－４は，さらに男女別に貧困率の推移をみている。1985年と2015年をみても，19歳までの子どもについては貧困率に男女差は見受けられない。しかし，30歳以降の現役世代については，男性よりも女性のほうが貧困率は高くなっている。これは，男女の賃金格差や正規・非正規就労率の差が影響していると考えられる。

図７－４から2015年の貧困率をみると，特に70歳以上の再分配前の貧困率は著しく高く，男女ともに約70％となっている。一方で，再分配後の貧困率は，男性は約16％であるのに対し，女性は約23％と男女で大きく差が出ている。図７－３から1985年の再分配前の貧困率をみると，70代女性は約34％，70代男性は約40％であり，再分配後の貧困率はそれぞれ約26％と約24％である。このことから，この30年間で男女ともに再分配前の貧困率は上昇したものの，再分配後の貧困率は低下したことがわかる。しかしながら，年金による再分配効果は男性の方が高く，それゆえ，再分配後の女性の貧困率は男性よりも高い状況にあることがわかる。

図７－５は，世帯人数別に貧困率の推移をみたものである。この図７－５から，世帯人数が少ないほど貧困リスクが高いことがわかる。最も貧困率が高いのは単身世帯であり，1985年の再分配前の貧困率は約48％であったが，2015年には約64％と約16％ポイント上昇している。しかし，再分配後の貧困率は，1985年が約41％であるのに対し，2015年は約35％と再分配後の貧困率は低下しており，単身世帯における再分配効果は高まっていることがわかる。

二人以上の世帯においても再分配前の貧困率は上昇しているが，再分配後の貧困率は低下もしくは横ばいとなっている。単身世帯の再分配前の貧困率が大きく上昇した背景には，高齢者の単身世帯が増えたことが影響していると考えられる。

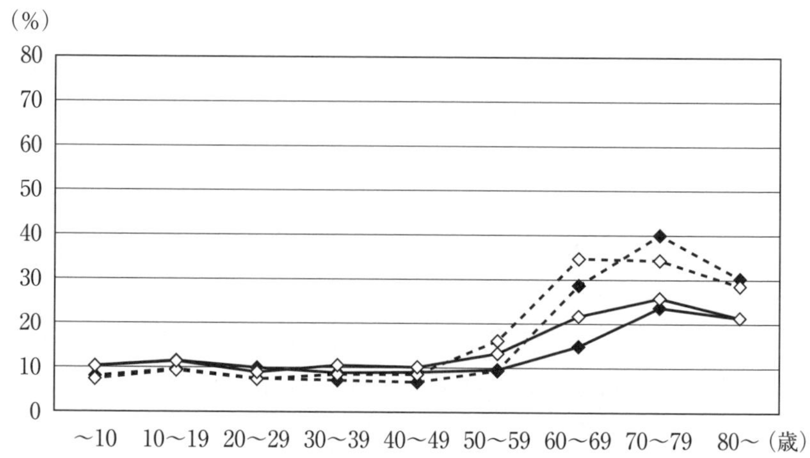

図７－３　男女別年齢階級別貧困率（1985年）

出典：渡辺（2019）より作成

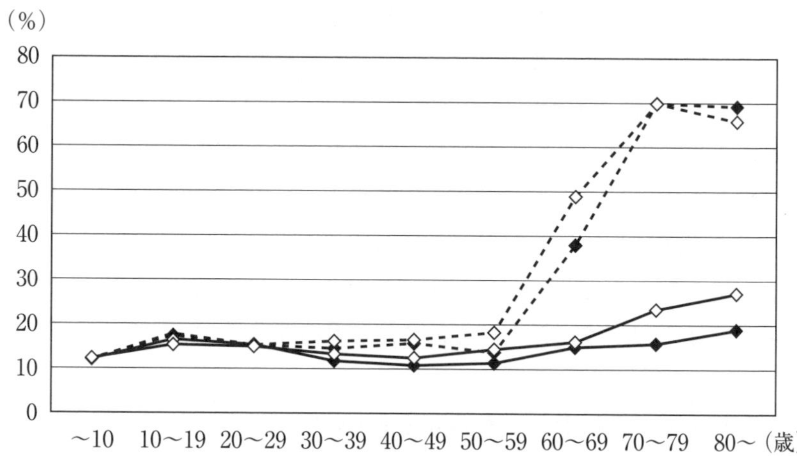

図７－４　男女別年齢階級別貧困率（2015年）

出典：渡辺（2019）より作成

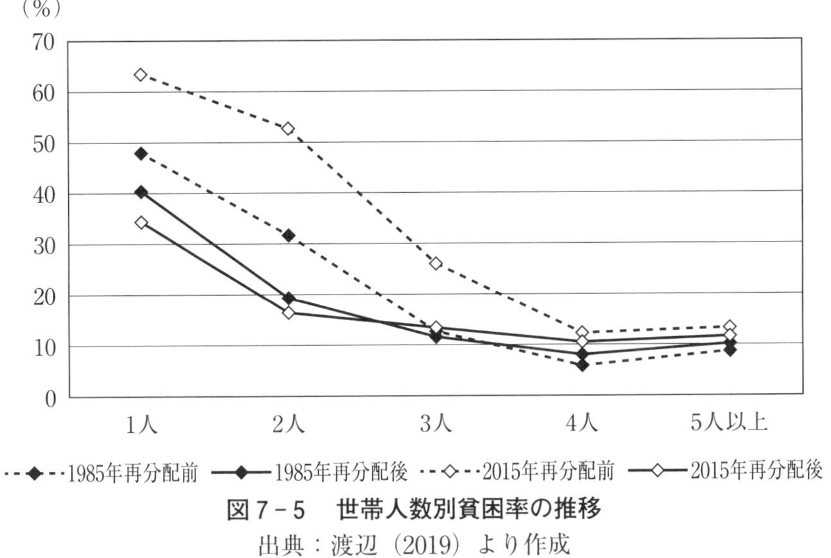

図7－5　世帯人数別貧困率の推移

出典：渡辺（2019）より作成

2. 社会保障制度の基準からみる貧困

（1）　生活保護基準

ここまで，相対的貧困基準を用いて，貧困率の推移をみてきたが，第6章で説明したように，平均的な所得が低下傾向にある場合，相対的貧困基準で貧困を把握することに限界がある。そこで，相対的貧困線とは別の基準で貧困率を測定するとどのように見えるのか，簡単に紹介したい。

日本の貧困研究において，相対的貧困基準が用いられる以前は，生活保護基準が用いられていたことから，まずは生活保護基準を貧困線とした場合の推移をみる[2]。

図7－6をみると，1990年代後半までは相対的貧困基準を用いた貧困

2　生活保護基準を用いて，貧困を測定した研究については，渡辺・四方（2019）を参照のこと。

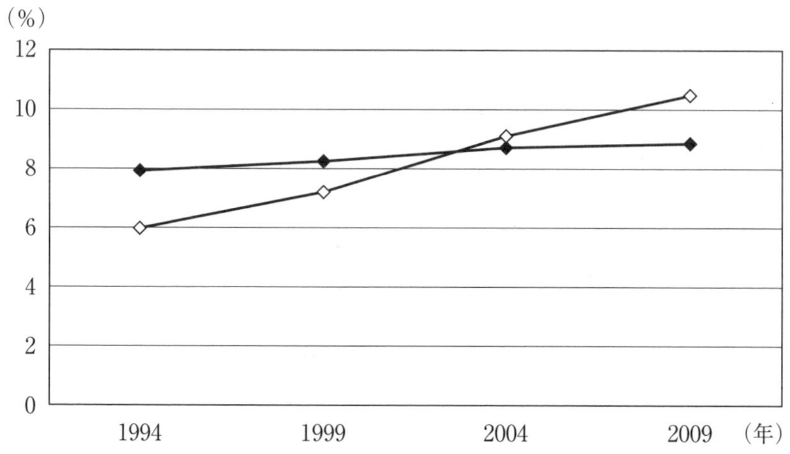

図7－6　相対的貧困基準と生活保護基準による貧困率の比較

出典：渡辺（2019）より作成

率の方が高かったが，2000年代に入ると生活保護基準を用いた貧困率の方が高くなっている[3]。図7－1でみたように，相対的貧困線は1990年代後半をピークに低下傾向にあったことによって，貧困率の上昇は抑制されていたが[4]，一方で，健康で文化的な最低限度という基準からみれば，その基準未満の所得しかない人の割合は上昇していたといえる。

（2）　市町村民税非課税基準

続いて，市町村民税非課税基準を用いた貧困率を見ているのが図7－7である。第6章で説明したように，市町村民税非課税基準は生活扶助基準や生活保護基準を参照している。市町村民税が非課税であることに

3　ただし，生活保護基準から見る貧困率は，生活保護の受給資格があるにもかかわらず受給できていない状況，すなわち漏給を示すわけではなく，したがって捕捉率とは異なる。第9章でみるように，生活保護の受給要件は所得要件だけではなく，資産要件もある。特に資産要件は厳しく，原則，車・バイクの保有は認められず，申請時においては生活保護基準の半分程度しか貯金の保有は認められていない。

4　2000年代において，相対的貧困率がほとんど上昇しなかった要因については，徳冨・浦川（2018）において詳細な分析がされている。

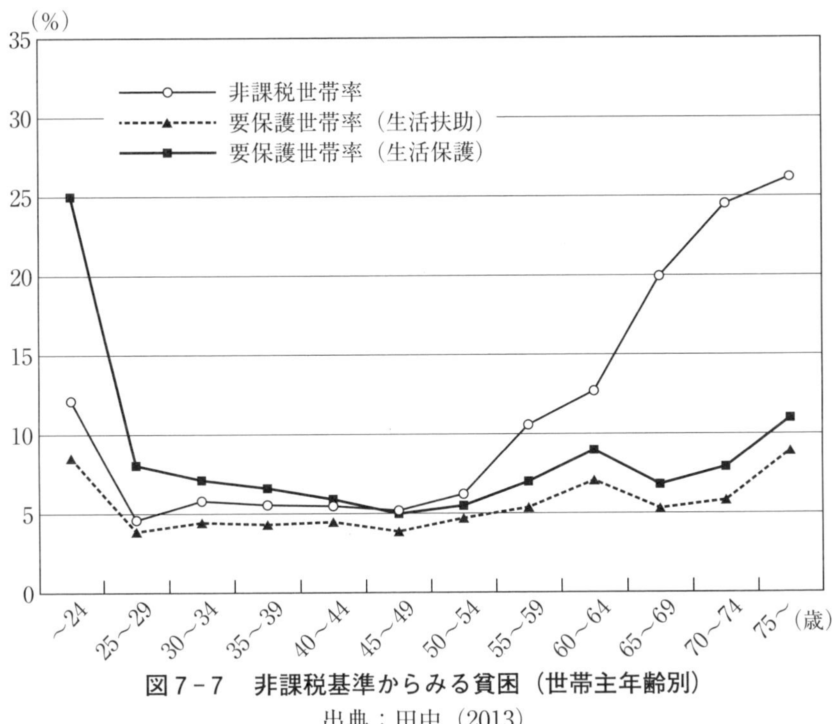

図７－７　非課税基準からみる貧困（世帯主年齢別）

出典：田中（2013）

よって，介護保険料の減免や利用者負担の軽減措置が適用されるため，低所得世帯の生活に直接的に影響する基準となる。

図７－７をみると，非課税世帯率は，20代後半から50代前半までは５％前後あるが，50代後半になると急激に上昇し，65歳以上は20％を超えている。相対的貧困基準でみても高齢者の貧困率は高かったが，市町村民税非課税基準でみても高くなっていることがわかる。

ただし非課税世帯率が高齢者世帯で高くなっている背景には，高齢者世帯の所得が低いことのみならず，年金収入が公的年金等控除によって，その一部しか課税所得とならないことがある[5]。非課税基準は，課税所

5　さらに，公的年金のうち遺族年金と障害年金はその全額が非課税である。

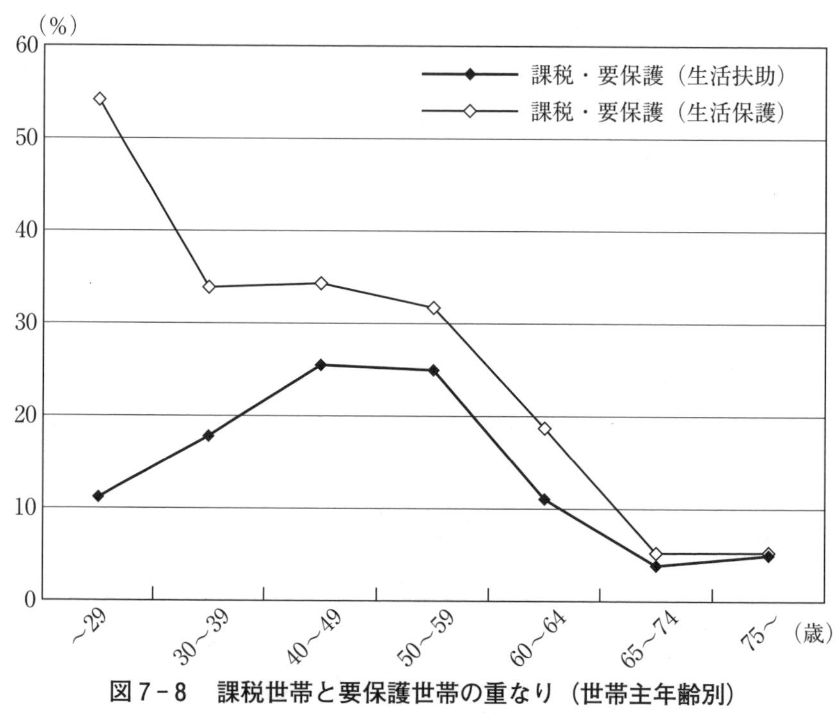

図７－８　課税世帯と要保護世帯の重なり（世帯主年齢別）
出典：田中（2013）

得を対象に判定され，前節でみた可処分所得や当初所得とも異なる所得区分であり，収入から各種控除を差し引いた金額となる。

高齢者世帯では，年金収入が総収入に占める割合は６割を超えており[6]，その多くが公的年金等控除等によって課税所得とならない。そのため就労収入が主な所得源泉である現役世代と同じ収入であっても，課税所得は低くなる。

その結果，高齢者世帯においては非課税世帯率が高くなっており，生活保護基準未満の所得である割合（要保護世帯率（生活保護））を上回っている。一方で，世帯主年齢50歳未満の世帯においては，非課税世

6　厚生労働省（2020）。

帯率の方が低くなっており，非課税基準は生活保護基準よりも厳しい水準となっている。

図７-８をみると，現役世代においては生活保護基準未満の所得であっても課税されている割合が高く，20代では５割を超え，40代でも３割を超えている。一方で65歳以上の高齢者世帯においてはその割合は極めて低い。

コロナ禍において，市町村民税非課税基準を用いて，低所得世帯や困窮者世帯への支援を行われたことが多かったが，上述したように現役世代が非課税未満となる割合が低く，かつ生活保護基準よりも厳しい基準となっており，生活保護基準よりも所得が低くても支援の対象とならない人が多かったと推察される。そのため，市町村民税非課税基準は支援の必要性を判断する基準としては限界があろう。

（3）　これからの日本の貧困

これまでみてきたように，何を基準として貧困を捉えるかによって，貧困の推計結果が変わってくる。唯一の「正しい」貧困基準がないことは，すなわち「正しい」貧困の推計結果もないことを意味するだろう。だからといって，貧困の推計が全く意味をなさないということにはならない。重要なことは，様々な定義や手法を用いて貧困を観察し続けることであろう。本章で紹介した相対的貧困基準，生活保護基準，市町村民税非課税基準は，それ自体に課題を抱えるが，日本の貧困率は上昇傾向にあること，高齢者の貧困率が高いことが示唆される。

日本の高齢化率は今後も上昇すると予測されているが，日本において貧困リスクの高いグループである高齢者の割合が増えることは，日本全体の貧困率が上昇することにつながる。貧困リスクを緩和するためには，所得水準を引き上げることが必要となるが，高齢者の生活を支える公的年金の給付水準は，相対的に低下していくことが予測されており，高齢者の貧困リスクがより高まる懸念がある。さらに，単身化や未婚化が進むなか，家族による私的扶養によって高齢者の貧困リスクが緩和される効果もますます乏しくなっていくだろう。誰一人取り残さない，持続可能な社会を実現するにあたって，「これをすれば」という魔法のような方法はない。どのような方法が望ましいのか一人一人が考え，そして議論を続けていくことが大切となる。

学習課題

1．今日の日本において，最も適切と思われる貧困基準はどのようなものか考える。
2．低所得者や困窮者向けに社会保障給付を考える際，どのように対象者を選定することがよいか，その給付水準はどれくらいが望ましいか考える。

参考文献

●配列は50音順，アルファベット順

1．厚生労働省（2020）『2019年国民生活基礎調査結果の概要』
2．田中聡一郎（2013）「市町村民税非課税世帯の推計と低所得者対策」『三田学会雑誌』，105(4)，pp.577-599
3．徳冨智哉・浦川邦夫（2018）「2000年代における貧困指標の変動要因：要因分解を通じた分析」『社会保障研究』 2(4)，pp.551-565
4．渡辺久里子（2019）「相対的貧困率の長期的推移—国民生活基礎調査（1986年～2014年）を用いた検証」『我が国の貧困の状況に関する調査分析研究　平成30年度総合研究報告書（厚生労働科学研究費補助金政策科学総合研究事業（政策科学推進研究事業）研究代表者：泉田信行)』

5．渡辺久里子・四方理人（2019）「所得・資産を用いた生活保護基準未満世帯の推移」『三田学会雑誌』111巻第４号，pp.91-113
6．渡辺久里子・四方理人（2020）「高齢者における貧困率の低下―公的年金と家族による私的扶養」『社会政策』第12巻第２号，pp.62-73

8 貧困の国際比較

渡辺　久里子

《目標＆ポイント》 先進国において貧困はどのように推移してきたのか。国際比較からみると日本の貧困はどのような特徴があるのか学習する。
《キーワード》 子どもの貧困，高齢者の貧困，再分配効果，国際比較

1．全人口の貧困率の国際比較

（1） 所得の推移

先進国における貧困を比較する際に用いられるのは，相対的貧困基準である。第6章で説明したように，相対的貧困基準は中位可処分所得の50％で設定される場合が多く，中位の所得水準が変動すれば，貧困基準も自動的に変動する。そこで，相対的貧困率の推移をみる前に，まずは各国の中位可処分所得の推移を紹介したい。

図8－1は，1990年代半ばの中位可処分所得を100とした場合の，2010年代半ばの水準である。100を上回っていれば中位所得が上昇したことを意味し，逆に下回っていれば下落したことを意味する。一見して明らかであるが，100を下回っているのは日本のみであり，その他の国は100を上回っており，2倍程度所得が伸びた国も多い。

これは，先進国において1990年代半ばからの20年間で平均的な世帯所得が増えていた一方で，日本のみ減っていたこと示し，日本は先進国のなかで特異な推移をしていたことがわかる。

中位所得が上昇すれば，相対的貧困基準も上昇するが，逆に中位所得

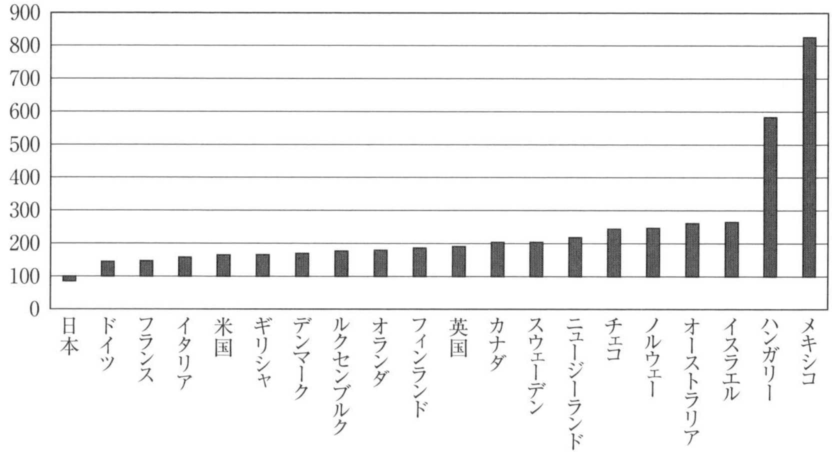

注：1990年代半ばを100とし，2010年代半ばの中位所得の水準を示す。

図８－１　中位可処分所得の推移

出典：OECD Income Distribution Database より作成

が下落すれば，相対的貧困基準も下落する。相対的貧困率の推移を国際比較する際，日本のみ相対的貧困基準が下落していたことに注意する必要がある。

（２）　再分配前後の相対的貧困率

図８－２は1990年代半ばの再分配前後の相対的貧困率，図８－３は2010年代半ばのそれである。図８－２をみると，再分配後の相対的貧困率が低いのは，スウェーデン，フィンランド，デンマークなど北欧諸国が並んでおり，いずれも５％未満である。一方で再分配後の相対的貧困率が高いのは，順にメキシコ，米国，トルコであり，日本は高い方から数えて６番目に位置し，先進国のなかでも貧困率が高かったことがわかる。

北欧諸国は再分配後の貧困率は低いものの，再分配前の貧困率も低い

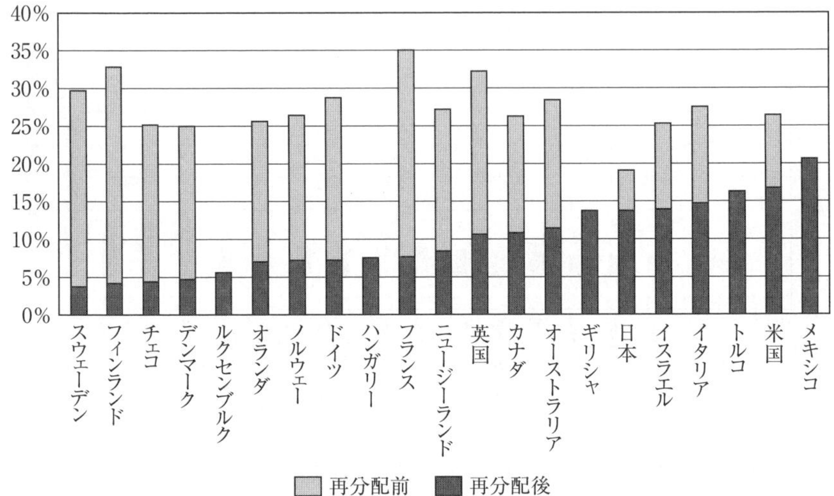

図 8－2　相対的貧困率の国際比較（1990年代半ば）

出典：OECD Income Distribution Database より作成

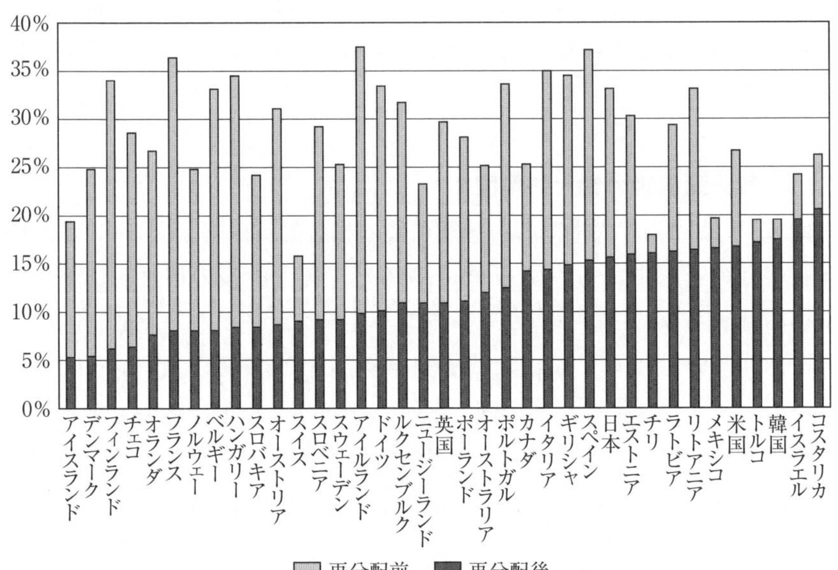

図 8－3　相対的貧困率の国際比較（2010年代半ば）

出典：OECD Income Distribution Database より作成

わけではなく，20％を超えている国も多い。日本は，再分配前の相対的貧困率は北欧諸国よりも低く約19％であるが，再分配後の相対的貧困率は北欧諸国よりも高くなっている。このことから，北欧諸国では税・社会保障による所得再分配効果が高く，相対的貧困率を大きく低下させているが，日本は再分配効果が低く相対的貧困率を十分に低下させることができていなかったといえる。

図８－３から2010年代半ばの状況をみても，日本は先進国のなかで貧困率が高い国に位置し，Ｇ７に限れば米国に次いで高いことがわかる。貧困率が低い国はデンマーク，フィンランドなどの北欧諸国やオランダ，フランスが続いており，1990年代半ばの並びと大きな変化は見られないものの，いずれの国も再分配後の貧困率は上昇している。

図８－４は，税・社会保障による再分配によって何％ポイント貧困率が低下したかを示しているが，再分配後の貧困率が高いチリ，韓国，メキシコなどは再分配効果が低いことがわかる。

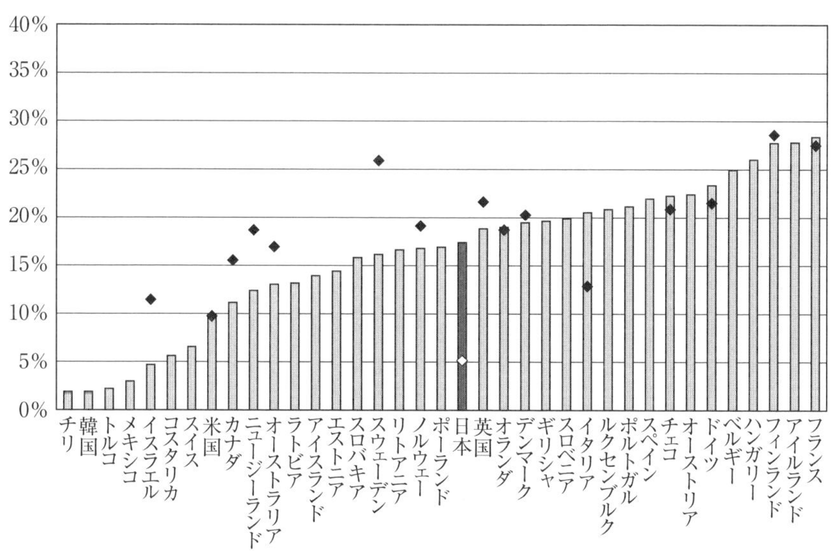

図８－４　税・社会保障による再分配効果の国際比較

出典：OECD Income Distribution Database より作成

日本は，1990年代半ばから比べると2010年代半ばの再分配効果は約12％ポイント高まっているが，それでもなお再分配後の貧困率は先進国と比べて高くなっている。

またスウェーデンは，1990年代半ばから2010年代半ばにかけて再分配効果は低下しており，1990年代半ばにおいては先進国のなかで再分配後の貧困率が最も低い国であったが，2010年代半ばには真ん中程度となっている。

2010年代半ばにおいて再分配後の貧困率が低い国においては，税・社会保障の再分配効果が高く，また従来から再分配後の貧困率が低い国は，20年経っても低いままでいることが多い。そのカギとなるのは，税・社会保障の再分配であることがわかる。

2. グループ別の相対的貧困率の国際比較[1]

（1） 子どもの貧困率

ここまで全人口の貧困率について国際比較を行ったが，それでは先進国において貧困リスクが高いグループはどこであろうか，日本は諸外国と同じ特徴があるのか，グループ別に貧困率をみてみたい。

図8-5は，子どもの貧困率と全人口の貧困率の散布図である。子どもの貧困率の方が全人口の貧困率より高い場合，つまり子どもの貧困リスクが全体平均よりも高い場合，グラフの左上にプロットされ，逆に子どもの貧困率の方が低い場合，グラフの右下にプロットされる。

OECD加盟国でみると，子どもの貧困率のほうが全人口の貧困率よりも高い国が多く，子どもがリスクグループとなっていることがわかる。一方で日本の場合，子どもの貧困率のほうが全人口の貧困率よりも低くなっており，子どもの貧困リスクは相対的に低い。また，日本の子どもの貧困率は，先進国のなかで真ん中程度となっている。

1　本節は，渡辺・四方（2018）を修正・加筆したものである。

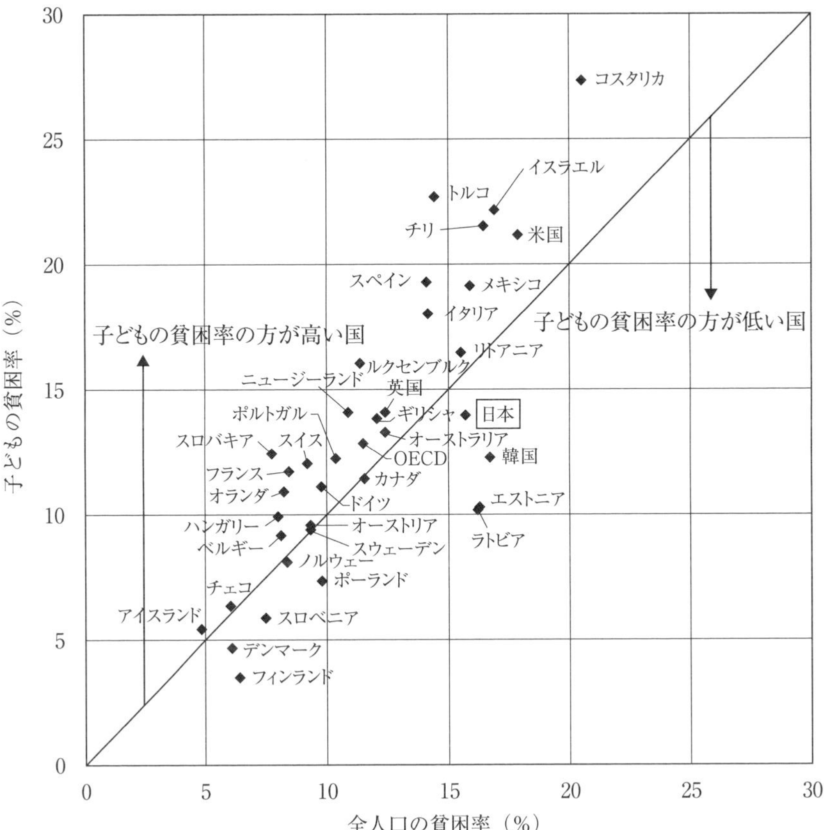

注1：子どもは0～17歳である。コスタリカは2020年，カナダ・ラトビア・スウェーデン・英国は2019年，チリ・デンマーク・アイスランド・米国は2017年，オランダは2016年，ニュージーランドは2014年，それ以外の国は2018年のデータである。

注2：OECD 加盟国のみのグラフである。

図8－5　子どもの貧困率の国際比較（2018年）

出典：OECD Family Database より作成

子どもの貧困は，親の所得によって決まり，親の所得が低いとその子どもも貧困に陥ることとなる。特に現役世代の親において，主な所得源泉は就労収入であり，就労すると貧困から脱出できる確率は高まる。そこで世帯に就労者がいることによって貧困率がどのように違うのかをみたのが図8－6と図8－7である。

図8－6からふたり親世帯の貧困率を就労人数別にみると，諸外国においては就労者が追加的に増えると，貧困率は顕著に低下する。日本では，就労者なしと比べ就労者が一人になると貧困率が大きく低下するが，就労者が一人から二人以上になったとしてもほとんど貧困率が下が

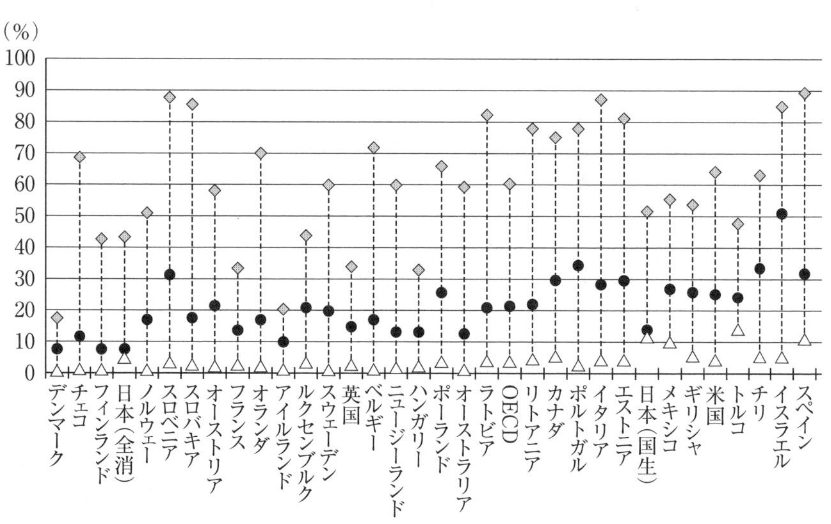

◇就労者なし ●就労者1人 △就労者2人以上

注1：JPN（全消）は2009年のデータである。それ以外の国は2013年前後のデータである。

注2：大人（18～64歳）二人以上と子ども（18歳未満）が一人以上いる世帯のヘッドカウント率を示す。

資料：JPN（全消）は駒村ほか（2017），それ以外の国はOECD Family Database。

図8－6　就労人数別ふたり親世帯の貧困率

出典：渡辺・四方（2018）

らない。これは，主に夫が高所得である場合，妻は就労しない傾向が強いこと，妻が就労したとしてもパートタイム就労などの非正規雇用である場合が多いため，妻の就労収入が低いことが影響していると考えられる。

図8-7のひとり親世帯の結果からも同様のことがいえる。諸外国においては，ひとり親が就労することによって貧困率は大幅に低下しているが，日本ではその低下幅が小さい。そのため，ひとり親が就労している場合の貧困率は，日本は諸外国のなかで最も高くなっている。

これも，家族責任があるひとり親が就労する場合，非正規雇用が多い

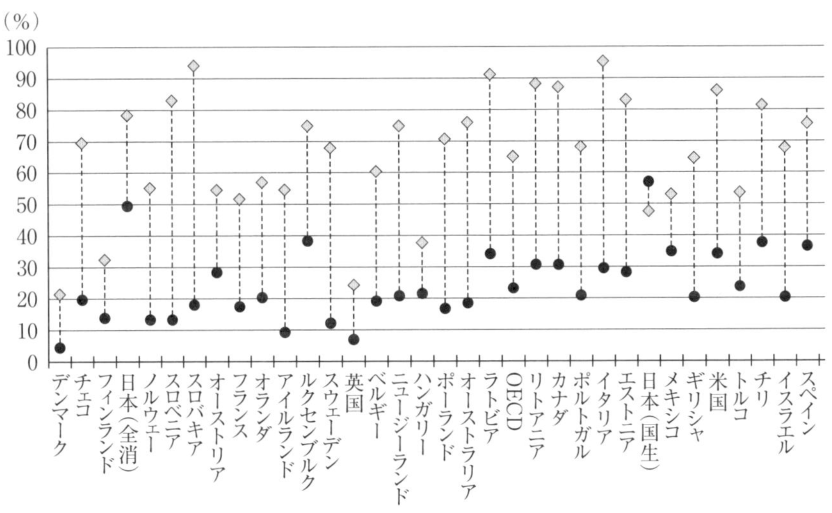

注1：JPN（全消）は2009年のデータである。それ以外の国は2013年前後のデータである。

注2：大人（18～64歳）が一人と子ども（18歳未満）が一人以上いる世帯のヘッドカウント率を示す。

資料：JPN（全消）は駒村ほか（2017），それ以外の国はOECD Family Database。

図8-7　就労人数別ひとり親世帯の貧困率

出典：渡辺・四方（2018）

ことが要因である。厚生労働省「平成23年度全国母子世帯等調査」によると，就労している母子世帯のうち6割が非正規雇用もしくは自営業・家族従業者である。日本では非正規労働者の就労収入は正規労働者に比べて著しく低く，そのため貧困率を低下させる効果が低くなっている。

(2) 高齢者の貧困率

図8－8は，2018年の高齢者の貧困率と全人口の貧困率の散布図である。図8－5と同様に，高齢者の貧困率の方が全人口の貧困率より高い場合，グラフの左上にプロットされ，逆に高齢者の貧困率の方が低い場合，グラフの右下にプロットされる。

先進国のなかで高齢者の貧困率の方が高い国は，37か国中21か国であり，高齢者の貧困率が全人口の貧困率よりも高い国の方がわずかに多くなっている。渡辺・四方（2018）で，過去の推移をみると，2008年のリーマンショック前後では高齢者の貧困率が高い国の方が多かったが，2015年前後では高齢者の貧困率が高い国の方が少なかった。しかし，直近のデータではまた高齢者の貧困率が高い国の方が多くなっている。

これらの背景には，世界的な金融ショックによってヨーロッパを中心に若年者の失業率が高まり，相対的に高齢者よりも他の世代の状況が悪化したこと，年金が成熟化し高齢者の貧困リスクは下がったものの，高齢者の貧困率と人口全体の貧困率との差が小さい国も多く，その大小関係は一定していないと考えられる。

図8－9は高齢者の男女別貧困率である。この図からほとんどすべての先進国おいて，高齢女性の方が高齢男性よりも貧困率が高くなっていることがわかる。ただし，男女差の程度は国によって異なり，オランダ，スペイン，フランスなどは小さい一方で，リトアニア，スロベニア，エ

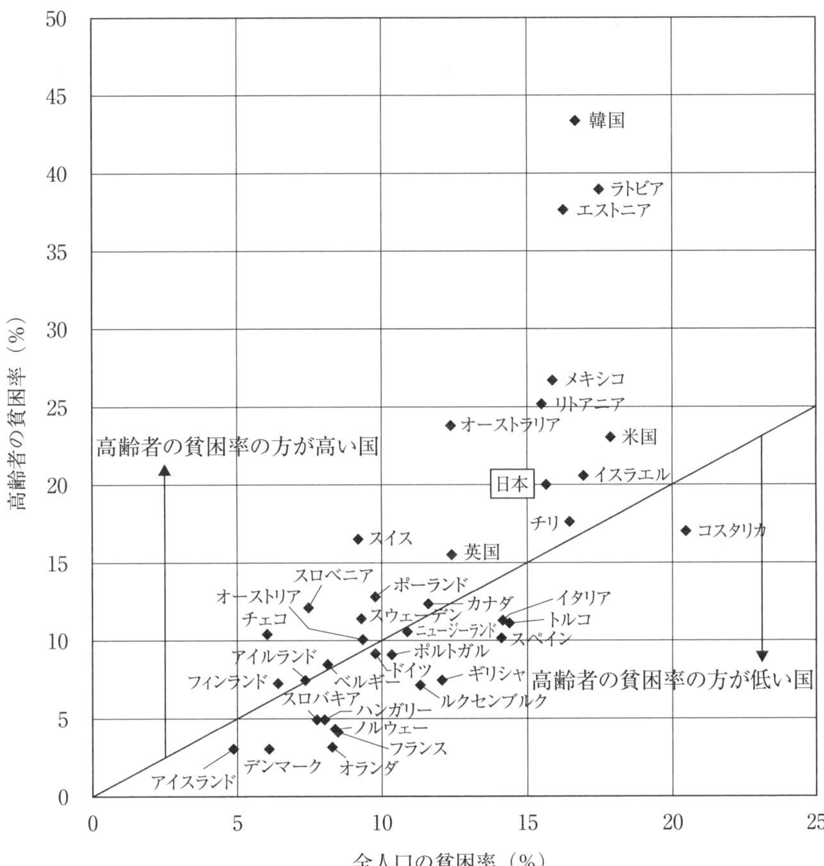

注：スウェーデン・英国は2019年，チリ・デンマーク・ハンガリー・アイスランド・スイス・米国は2017年，オランダは2016年，ニュージーランドは2014年のデータであり，それ以外の国は2018年のデータである。

図８－８　高齢者の貧困率（2015年）

出典：OECD（2021）

ストニア，韓国などでは大きくなっている。

OECD（2009）は，この男女差の最大の理由は世代効果（cohort or generational effects）であると指摘している。すなわち，現在高齢者の

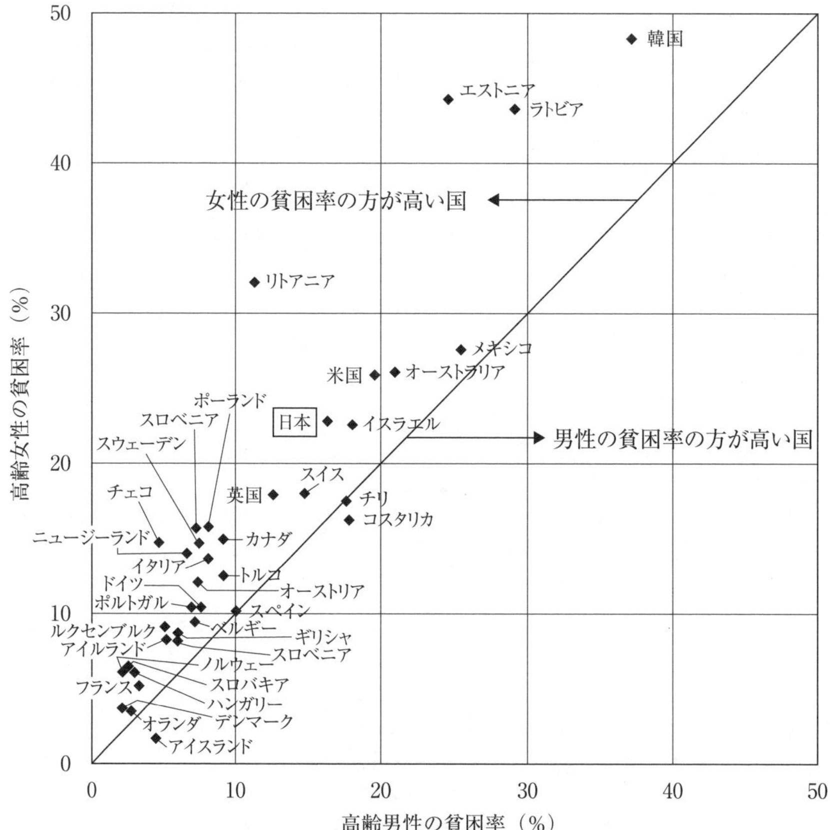

注：スウェーデン・英国は2019年，チリ・デンマーク・ハンガリー・アイスランド・スイス・米国は2017年，オランダは2016年，ニュージーランドは2014年のデータであり，それ以外の国は2018年のデータである。

図 8－9　男女別高齢者の貧困率

出典：OECD（2021）

多くが働き始めたのは1960年代であり，その当時は平均第一子出産年齢が若く，平均子ども数も多かったため，女性は子育てによるキャリア中断が長かった可能性がある。また，男女の賃金ギャップが現在よりも大きく，保険料拠出期間も短かったため，女性が自身の年金権を確立していてもその給付額は少ないか，あるいは夫の給付に依存していることも多かった。年金制度上の制約としては，以前は女性の年金支給開始年齢が男性よりも早く，その分保険料拠出期間が短かったたことも，給付額が少なくなる要因となっていた。これらが世代効果となって，高齢女性の貧困率は高齢男性よりも高い傾向になっている可能性が指摘されている。

男女の年金ギャップは，諸外国において縮小傾向にある。男女の年金ギャップが生じるのは，先に述べた通り，現役時代に被用者年金に適用されていた期間や適用期間中の賃金水準が男女によって差があることによる。日本において，男女の賃金ギャップはこの20年間で縮小されたものの，他の先進諸国と比較すると男女の賃金ギャップは最も大きい国の一つであることを考えれば，今後も男女の年金ギャップが大きく改善することは見込めない。

日本の女性は世界的にみても長寿であるが，これは相対的に低い年金水準で生活する期間が男性よりも長いことを意味する。さらに，女性の未婚者や離婚者の増加を背景として，将来的に高齢女性の貧困率は上昇することが予測されている（稲垣 2013）。そのため，ただちに高齢女性の貧困率を低下させることは難しいが，男女の賃金ギャップの解消，女性が就労継続しやすい労働環境，被用者年金の適用拡大などは，高齢期における貧困リスクを緩和させる観点から重要となる。

学習課題

1．高齢者の貧困率が高い国と低い国において，公的年金の給付水準はどのような違いがみられるか調べる。
2．日本において，高齢女性の貧困率を低下させる方法として，何が考えられるか。

参考文献

●配列は50音順，アルファベット順

1．稲垣誠一（2013）「高齢者の同居家族の変容と貧困率の見直し―結婚・離婚行動変化と影響評価」『季刊社会保障研究』vol.48, No.4, pp.396-409.
2．渡辺久里子・四方理人（2018）「日本における貧困率の推計」駒村康平編著『福祉＋α⑩　貧困』pp.51-62
3．OECD（2009）Pensions at a Glance: Retirement-income Systems in OECD Countries, OECD Publishing, Paris.
4．OECD（2021）Pensions at a Glance: Retirement-income Systems in OECD Countries, OECD Publishing, Paris.

9　貧困問題に対する社会保障（1）―生活保護制度の役割と課題

駒村　康平

《目標＆ポイント》 生活保護制度は，貧困状態の人々に最低生活保障を提供し，憲法が定める生存権を実質的に保障する仕組みである。生活保護は社会保障制度の基礎であり，その要石ともいえる。他方で，生活保護だけでは対応できない貧困問題，困窮問題も広がっている。そこで，2015年に生活保護制度の限界を補う仕組みとして生活困窮者自立支援制度が成立した。本章では，生活保護制度の役割，仕組み，課題について学ぶ。

《キーワード》 生活保護，生活困窮者自立支援制度，資力調査（ミーンズテスト），公的扶助（社会扶助），生存権，捕捉率

1．生活保護制度は社会保障制度の要石

日本の経済システムは市場原理にしたがって機能しており，能力，貢献に応じて賃金・所得は決定される。しかし，能力は人によって異なるし，貢献も健康状態，障害の有無や家族ケア責任によって異なる。そのため，どうしても能力，貢献の差が発生し，所得格差が発生することになる。完全に市場原理では，過度な所得格差が発生し，生活が成り立たなかったり，極端な場合，深刻な社会不安につながったりする可能性もある。そこで，所得格差は，税制や社会保障制度といった様々な所得再分配政策によって是正されることになる。

所得格差の程度は，ジニ係数によって測定される。日本のジニ係数[1]の動きは図9－1の通りである。税や社会保険，社会保障給付の再分配

[1] ジニ係数は，所得などの分布の均等度を示す指標である。0に近いほど分布が均等であり，1に近いほど不均等ということになる。

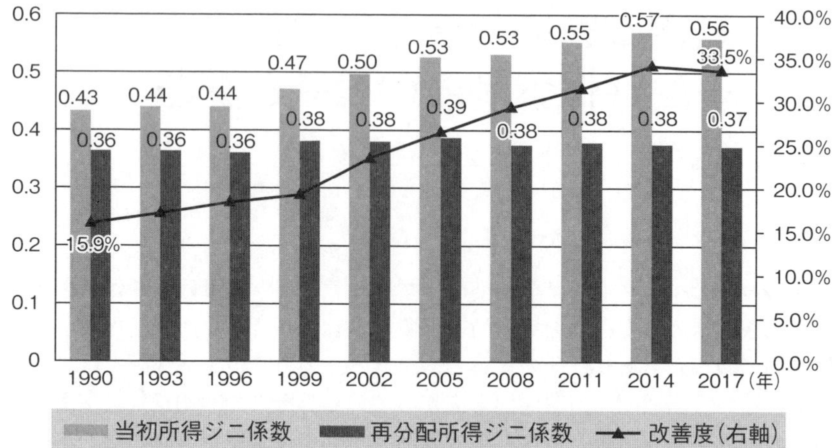

図 9－1　ジニ係数の動き（再分配前，再分配後）；改変

資料：厚生労働省政策統括官付政策立案・評価担当参事官室「所得再分配調査」
出典：厚生労働省（2020）『令和 2 年度厚生労働白書』

前の当初所得ジニ係数は継続的に上昇傾向であるが，再分配後のジニ係数は変化していない。このことは，税・社会保険，社会保障給付が格差拡大を抑制していることを示しており，その効果は改善度として示されている。改善度が年々上昇傾向にあるということは再分配政策の効果が強まっていることを意味する。

所得を完全に市場原理に委ねてしまうと発生する問題は，所得格差だけではない。例えば，賃金決定の仕組みを完全に市場原理に委ねると，賃金は人々が生活できる最低水準以下に陥る可能性もある。こうした状況にならないように，最低賃金制度がある。しかし，最低賃金のみの生活では，障害，傷病，失業や家族ケアの責任などがあると最低水準の所得すら確保できなくなり，生存権が脅かされることにもなる。生活保護制度は国が最低限度の生活を保障する「最後のセーフティネット」の役割をもつ社会保障制度のなかでも極めて重要な制度である。

（1）　生活保護制度の仕組みとその役割

1）生活保護制度の基本

生活保護制度は，国民等が生活困窮に陥ったときに，国が最低限度の生活を支えるために，税を財源にして，現金給付（所得保障）や必要なサービス（医療など）の給付を行う制度である。こうした仕組みは先進国の多くに導入されており，公的扶助（public assistance）あるいは社会扶助（social assistance）とも呼ばれている。両者の区別はあまり明確ではないが，英米などの英語圏の国では公的扶助と，北欧では社会扶助と呼ばれることが多く，後者のほうが権利性が高いという説明もある[2]。

2）生活保護制度の役割

生活保護制度は，日本国憲法第25条の「すべての国民は，健康で文化的な最低限度の生活を営む権利を有する」，すなわち生存権の保障を具体化する仕組みである。高齢，失業などすべてのタイプの貧困をカバーすることから一般扶助方式と呼ばれる。

先進各国は，戦後，年金保険や医療保険などの社会保険を充実させることによって，防貧を図ってきたが，それでもなお貧困層は存在する。これまで学んできたように，貧困の原因は個人の責任に帰するのではなく，社会的な要因も大きい。近代までは，貧困の放置は，社会秩序や社会治安を揺るがせ国家・社会にとっても有益ではないとの考えから，国家による貧困の救済が行われてきたが，現代社会では，生存権という個人の権利として，貧困状態を解消することが求められるようになった。そして，生活保護制度は，公費を用いた貧困の救済と自立を促し，人々の生死，健康に関わる最低生活保障を担う仕組みとして，社会保障制度の要石であり，最も根幹の制度である。

2　メフメト・オデコン編集代表（2012）p.916参照。

3）生活保護の目的

生活保護法では第1条から第4条までに，制度の目的および考え方が示されている。第1条の法律の目的では，「困窮の程度に応じ，必要な保護を行う」と同時に「自立を助長すること」を述べている。つまり，所得保障などの給付だけでなく，貧困から脱却し，個人の能力を引き出し，自立を果たすこと（自立助長）も生活保護の大きな目的としている。

4）生活保護の4原理

生活保護制度には4つの基本的な原理がある。まず「国家責任による生存権の保障原理」として，憲法第25条の生存権を受けて，「国が生活に困窮するすべての国民に対して，……最低限度の生活を保障するとともに，その自立を助長することを目的とする。」（生活保護法第1条）と，生存権保障における国の責任と，国民の権利の明確化が行われている。

次に「無差別平等の原理」として，生活保護法第2条で，「すべて国民は，この法律の定める要件を満たす限り，この法律による保護（以下「保護」という。）を，無差別平等に受けることができる。」と規定している。つまり，生活保護の権利は，思想信条，性別，年齢，社会的身分などに関係なく，無差別平等に扱うことになっている[3]。

3つ目に，「最低生活保障の原理」として，生活保護法で保護される最低生活の内容は，憲法第25条が保障する生存権を実現するためのものであり，生活保護法第3条ではこの水準を「健康で文化的な生活水準を維持することができるものでなければならない」と規定している[4]。

4つ目に，生活保護法第4条で，保護の前提として，国民の果たすべき自助努力の要件を定めている。保護を受けるにあたって，個人は能力や資産の活用，他法他施策・制度の利用（雇用保険の失業給付や年金制度など）をまず求められ，それらを活用してもなお最低限度の生活を営

3　旧法の欠格条項がなくなったため，貧困の理由が何であろうと，貧窮の事実が明らかになれば，保護が開始されることになった。

4　実際の水準は，厚生労働大臣が決定しているが，その裁量の範囲をめぐっていくつかの裁判が行われている。

めない場合に，保護が行われることになっており，「保護の補足の原理」とも呼ばれる。

このため，保護の決定や，給付額の決定の際には，貧困の程度を明らかにするために，資力調査（ミーンズテスト）が行われる。保有する資産[5]は活用することが求められる。資産の活用の場合には，宅地や家屋は処分価値と利用価値を比較して，処分価値が大きいもの以外は，そのまま保有が認められる。例えば，田畑については，現に耕作している場合は，その地域の平均耕作面積までは保有が認められている。家電製品などの生活用品・贅沢品は，処分価値なども考慮しつつその地域の普及率が70％を超えるものについては，原則保有が認められる[6]。

能力については，資産と同様，稼働能力がある者についてはまず，勤労が求められる。また，民法に定める扶養義務の考えに基づき，親族等の扶養が，生活保護より優先して求められる。現行の民法では，３親等までの親族の扶養義務があるとされ，生活保護の適用の１つの障壁となっている。そのため，近年の親族関係の希薄さや世間体を気にして，生活保護の受給をあきらめる人も多いといわれている。

5　「生活保護手帳2017年度版」では，「最低生活の内容としてその所有又は利用を容認するに適しない資産は，原則処分し，最低生活のために活用する」ことになっている。資産の活用の原則は売却である。しかし，１）処分するより保有するほうが生活維持や自立助長に実効がある，２）現在活用していないが，将来確実に活用する，３）処分が著しく困難，４）売却の経費が高いもの，５）社会通念上処分させることは適当でないものなどがある。資産の具体的な取り扱いは，土地，家屋，事業用品，生活用品がある。こうした取り扱いについては，岩永・卯月・木下（2018）参照。

6　家電製品の所有をめぐる問題に，1994年夏の桶川市のクーラー事件がある。桶川市福祉事務所の職員が，生活保護を受けていた一人暮らしの女性（79歳）の家から，70％の普及率に達しないという理由で，クーラーをはずさせた。ところが，その夏は猛暑で，女性の住む室内は40度以上に達し，脱水症状を起こして入院し，新聞などマスコミに大きく取り上げられた。ここで，クーラーの取り扱いが自治体によってまちまちであることが明らかになり，当時の厚生省は「電気製品などの処分にあたっては，被保護者の実態に応じて個別に判断することが認められているが，この趣旨が徹底していなかった」として，障害者世帯や高齢者世帯については，個別の事情に応じてクーラー保有を認めることになった。

5）生活保護を実施する上での原則

生活保護を実際に実施する行政機関は，自治体の福祉事務所である。原則，市には福祉事務所が設置されている。また一部の町でも福祉事務所が設置されるケースもあるが，町村部では都道府県の福祉事務所が生活保護制度を担う。福祉事務所で，生活保護を実施する上での以下の4つの原則も重要である。まず，「申請保護の原則」（生保法7条）である。保護の開始は原則，請求に基づいて行われる。これを「申請主義」ともいうが，申請ができるのは，生活保護を必要とする要保護者本人，もしくは扶養義務者，同居の親族に限られる。ただし，要保護者が急迫した状況にあるときは，申請がなくとも必要な保護ができるものとされている[7]。またホームレスも申請可能であり，居宅，病院，施設などで受給できる。

次に「基準および程度の原則」（生保法8条）がある。生活保護法第8条では，厚生労働大臣が保護の基準を定め，要保護者の収入などがそれに達しない場合にその不足分を補う程度において保護を行うと定めている。

3つ目は「必要即応の原則」（生保法9条）であり，保護は要保護者の年齢，性別，健康状態など個々の事情を考慮した上で，有効かつ適切に行われるべきだとしている。これは，機械的な運用ではなく，要保護者の実情を理解した上で行われることを定めた原則である。

4つ目は「世帯単位の原則」（生保法10条）であり，生活保護は，年金などの他の制度とは異なり，世帯単位で要保護の可否や給付が行われる。これは生活は世帯単位で行われるという考え方からであるが，例外的な取り扱いとして，現実には世帯構成員であっても，これを世帯単位で取り扱うことが最低生活の保障と自立の助長の面から妥当でない場合

7　1996年，池袋で77歳の女性と41歳の長男が餓死しているのが，死後1ヶ月後に発見された。豊島区役所も生活保護受給をすすめていたが，本人がこれを堅く固辞し，申請保護の原則から救済ができなかった。漏救防止をどう進めるかの課題が残された。

は，世帯を分けて保護する「世帯分離」ができる。例えば，世帯員のなかで稼動能力があるにもかかわらず，収入を得るための努力をしていない場合，通常は保護の対象外となるが，他の世帯員がやむをえない理由で保護を要する状態にあるときは，そのものを切り離して他の世帯員だけ保護することがある[8]。

2．生活保護制度の現状

（１） 生活保護の基準と種類

生活保護には，生活扶助，教育扶助，住宅扶助，医療扶助，出産扶助，生業扶助，葬祭扶助，介護扶助の８種類があり，それぞれに具体的な保護内容が定められている。これらの扶助は，保護を必要とする世帯（要保護世帯）の実情に応じて，１種類の扶助（単給）または複数の扶助を組み合わせ（併給）給付される。それぞれの概要をみてみよう。

１）生活扶助

いわゆる生活費に相当し，扶助のなかでも基本的なものである。食費，被服費，光熱費，新聞・通信代，文化的費用，交通費などが含まれる。

生活扶助は，１類費と２類費，さらに妊産婦，母子，障害者などの特別な需要に対しての加算で構成される。１類費は，個人単位の飲食費，被服費などで，２類費は光熱費，家具什器などの世帯単位で消費される経費にあてられる。また，２類費には冬季の暖房費などを考慮した加算もある。

２）教育扶助

教育扶助は，義務教育の修学に必要な費用を給付する。塾やおけいこ事などの費用，高等学校，大学などの修学費用は対象外である。学用品費，通学用品費，学校給食費などが含まれる。

現在では，高等学校への進学率の上昇を反映して，高校就学に必要な

8　籠山（1996）p.94参照。

費用が生業扶助費として支給され，加えて2018年の制度改正で，大学進学への支援も強化されることになった[9]。

3）住宅扶助

住宅扶助は，借家などに居住する場合，居住地別に定められた家賃，間代，地代の実費が給付される。住宅扶助は住まいを保障するもので，住宅改造，改築，住宅の取得は対象としていない。住宅扶助は，被保護世帯主またはこれに準ずるものに現金給付がされる。また，現物給付として保護施設である宿所提供施設を利用することもできる。

4）医療扶助

わが国の医療制度は国民皆保険制度となっているが，生活保護受給者は例外的に医療保険の対象外（適用除外）としているため，医療扶助が給付される。診察，投薬，医学的措置を受けるには，福祉事務所から発行される医療券を指定医療機関へ提出し，治療を受けることになる。自己負担はない。指定医療機関で診療を受けた場合の診療報酬は，都道府県知事，または市町村長から社会保険診療報酬支払基金を通して指定医療機関へ支払われる。生活保護給付総額の約半分近くが医療扶助によって占められている。

5）出産扶助

出産扶助は，出産前後の助産を内容としている。原則として，被保護者に対して現金が支給される。

6）生業扶助

生業扶助は，自立を助長するねらいから，暮らしをたてる仕事をするための費用や技能の修得，就労準備に必要な費用を給付する。原則として被保護者に現金給付がされるが，授産施設，訓練施設を利用する現物給付も行われている。

9　2018年「改正生活保護法」により，大学・専門学校に行くための費用として，「進学準備給付金」が導入された。進学する子どもは家族と同居を続けるものの，扱い上は「世帯分離」をすることになっている。また，世帯分離すると「住宅扶助」が減額されることになっていたが，2018年より，大学などに進学するために世帯分離した場合でも，住宅扶助の額は減額されなくなった。

７）葬祭扶助

被保護者が死亡した場合，検案，遺体の運搬，火葬，納骨など葬儀にかかる費用を原則として，葬祭を行うものに給付する。

８）介護扶助

介護保険制度の創設に伴い，介護扶助が2000年度から新設された。介護保険制度による利用者負担を負担できない者に対しても，最低限度の介護需要に応えるため，創設された。対象は，介護保険法に規定される第１号被保険者または第２号被保険者の要介護者および要支援者である。40歳から65歳未満の生活保護の被保護者は医療保険に加入せず，介護保険の第２号被保険者にならないため，要介護および要支援者を対象としている。他方で，65歳以上のものは，介護保険第１号被保険者となり，その保険料と給付の窓口負担は生活保護制度から支給される。

給付は，医療扶助と同様，指定介護機関（居宅サービス事業者，居宅介護支援事業者，介護保険施設）に委託して行われ，利用者負担分と入院・入所している者の食事代が現物給付される。本人支払額を証する介護券が発行され，直接指定介護機関へ送付される。

（２）生活扶助の決定

生活保護による給付額（扶助額）は，図９-２のように，まず最低生活費が計算され，次に各世帯の収入充当額との最低生活費の差額が扶助額として実際に給付される。

生活保護の額は，表９-１のように生活様式や物価の違いに応じて，地域を３級に分け，さらにそれを２つに分類し，計６種類に区分している。おおよそ１級地は大都市，２級地は県庁所在地などの中都市，３級地はその他の市町村に該当する。

（最低生活費の計算）

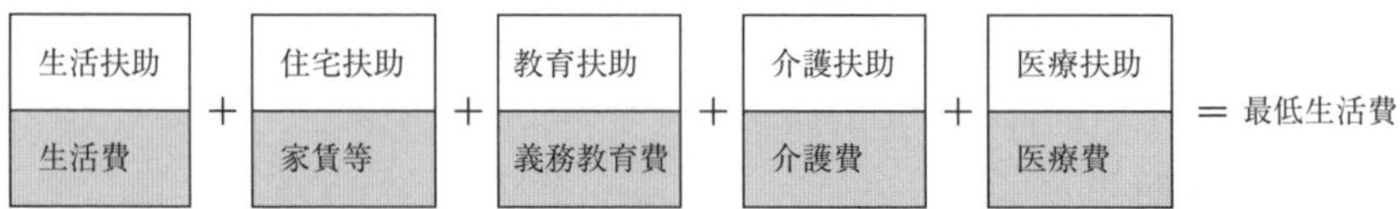

・このほか，出産，葬祭等がある場合は，その基準額が加えられる。

（収入充当額の計算）
平均月額収入－（必要経費の実費＋各種控除）＝収入充当額

（扶助額の計算）
最低生活費－収入充当額＝扶助額

図 9－2　生活保護費の決め方

出典：厚生労働省（2022）『令和 4 年版厚生労働白書』

表 9－1　生活扶助額

世帯類型生活扶助基準（令和4年度）

（単位：円）

	3人世帯 33歳男, 29歳女, 4歳子	高齢単身世帯 68歳女	高齢夫婦世帯 68歳男, 65歳女	母子世帯 30歳女, 4歳子, 2歳子
1級地－1	158,760	77,980	121,480	190,550
1級地－2	153,890	74,690	117,450	185,750
2級地－1	149,130	70,630	113,750	179,270
2級地－2	149,130	70,630	113,750	179,270
3級地－1	142,760	67,740	108,810	171,430
3級地－2	139,630	66,300	106,350	168,360

注：冬季加算（Ⅵ区の月額×5/12），児童養育加算，母子加算を含む。なお，基準額は令和 4 年 4 月 1 日現在。

出典：厚生労働省（2022）『令和 4 年版厚生労働白書』

3. 生活扶助の水準の推移

「文化的で最低限度の生活」を支える生活保護制度であるが，その保護基準は厚生労働大臣が定めるものとされている。ここでは，生活扶助基準額の計算方法の変遷についてみていく。

（1） マーケット・バスケット方式（1948年－1960年）

スーパーの買い物かご（バスケット）に，商品を入れるかのように，最低生活を営むのに必要な個々の品目（飲食費，衣類費など）の価格を積み上げて，基準額を計算する方式であった。

（2） エンゲル方式（1961年－1964年）

消費支出に占める飲食物費の割合（エンゲル係数）に着目し，標準的栄養所用量を満たす飲食物費を理論的に計算し，同程度の飲食物費を支出している一般所得階層のエンゲル係数を用いて，総基準額を計算する方式であった。

（3） 格差縮小方式（1965年－1983年）

マーケット・バスケット方式も，エンゲル方式も基本的には最低必要な財・サービス・栄養を確保するという絶対貧困水準による考え方である。高度経済成長期に入り，経済成長が本格化すると，従来の絶対貧困的な考え方の生活扶助水準の考え方では，生活保護被保護者の生活水準は一般国民の生活から取り残されることになる。高度経済成長において一般国民と被保護世帯との生活水準格差を縮小するという目的から，一般国民の生活水準の伸びを基礎とし，これに格差縮小分を加味して生活扶助基準額の改定率を決定する方式が採用された。

（4） 水準均衡方式（1984年－現在）

1983年，中央社会福祉審議会が「現在の生活扶助基準は，一般国民の消費実態との均衡上，ほぼ妥当な水準に達している」と意見答申し，現行生活扶助基準の水準を妥当とした上で，一般国民の生活水準の向上に応じて，扶助基準を改定する方式であり，生活扶助基準額はおおむね一般世帯の消費支出の６割から７割程度を目処に設定されている。

以上をまとめると，戦後直後は，生存・活動するのに最低限のカロリー計算に基づく「マーケット・バスケット方式」で計算され，絶対貧困水準に設定されていた。その後，光熱水費，家具什器の費用を計算するためにエンゲル係数を活用した「エンゲル方式」に変更された。高度経済成長に入ると，生活保護受給者が経済発展に取り残されないように，一般の生活水準とのバランスを考慮した相対的貧困水準の考えに切り替え，まず一般世帯の消費水準と生活扶助の基準の乖離を縮小する「格差縮小方式」に変わり，現在は，一般国民の生活水準の向上に応じて，扶助基準を改定する方式である「水準均衡方式」で設定される。その水準は一般標準世帯（親子３人世帯）の平均的な基礎的支出の６割から７割程度を目処とされている。そして，その水準は，厚生労働省社会保障審議会で，概ね５年おきに消費動向に関する統計に基づいて検証される。また毎年の給付額も消費実態を考慮して見直される[10]。

4．生活保護制度の課題

生活保護制度はいくつかの問題を抱えている。ここでは主なものを考えてみよう。

（1） 低い捕捉率とスティグマ

近年，生活保護被保護者は増加しているが，それでも先進国中，極め

---

[10] 具体的には，予算編成直前に発表される政府経済見通しによる個人消費支出の伸び率である。

て低い保護率になっている。他方で，生活保護が定める最低限度以下の生活をしている人のなかで，実際に生活保護を受給している人の割合，これを捕捉率というが，それは20％～25％といわれている。最低限度以下の生活をしながら，生活保護を受給しない理由は，資力調査が厳しく，なかでも扶養義務者の規定が広く，核家族化が進んだ現状と合致しておらず，保護をあきらめることやスティグマが原因とされる[11]。スティグマの問題は，第12章でも詳しく考える。

（２）　給付水準のあり方

生活扶助水準の推移でも説明したように，戦後直後から2010年代半ばまでは，生活扶助の水準は，実質的上昇あるいは維持されてきた。現在の水準均衡方式では，国民の中位層の消費の一定水準を確保するという考え方であった。経済成長が続いている限り，つまり中間層の所得・消費水準が上昇している限り，生活扶助基準も上昇することになる。しかし，1990年代後半より日本経済は長期低迷に陥り，中位所得水準は長期低下傾向に入っている。今後も中位層の消費水準の低下が継続すると，水準均衡方式の考え方に従い，生活扶助基準も連動して引き下げるという議論につながる。中位層の消費水準の低下に連動して，生活扶助基準を引き下げていいのかというのは重要な論点である。

（３）　福祉事務所の対応力

これまでみてきたように生活保護制度の被保護者数は，人口構造，景気の変動と社会保障制度の影響を受ける。90年代半ばから，被保護者数は変動しつつ長期的には増加傾向となっている。特に高齢化に伴い，高齢者の被保護者は継続的に増加し，被保護者全体の半数以上になる。生活保護の決定，給付や生活の指導などの業務は福祉事務所が担うが，公

11　スティグマは，貧困の烙印，不名誉の印，汚名として，古くから社会福祉の問題点の１つとされてきた。懲罰的な処遇方法がとられた「福祉の世話になる」，「世間体が悪い」などの理由で，生活保護の利用が浸透しない。

務員の定員が抑制されているなかで，法定の福祉事務所の職員の確保すら困難になっている。加えて高齢被保護者の増加により，健康問題，介護問題，認知症などの専門的な対応が増えており，福祉事務所の能力は限界になっており，その強化が求められる。

学習課題

1．生活保護制度の生活扶助水準は，経済成長とともにどのように見直されてきたのであろうか。
2．なぜ生活保護の捕捉率は低いのか。ミーンズテストや扶養調査がもたらす影響も考えてみよう。

参考文献

●配列は50音順，アルファベット順

1．岩永理恵・卯月由佳・木下武徳（2018）『生活保護と貧困対策―その可能性と未来を拓く』有斐閣
2．籠山京（1996）『公的扶助論：低所得者に対する支援と生活保護制度』光生館
3．厚生労働省（2022）『令和４年版厚生労働白書』
4．メフメト・オデコン編集代表（2012）『世界格差・貧困百科事典』，駒井洋監修，穂坂光彦監訳者代表，明石書店

10　貧困問題に対する社会保障（2）—生活困窮者自立支援制度と生活保護制度の未来

駒村　康平

《目標＆ポイント》 第９章でも扱ったように戦後に成立した生活保護制度は，最低生活保障を担う社会保障制度としてきわめて重要な役割を果たしている。その一方で，貧困問題，困窮問題は複雑化しており，引きこもり，社会的孤立など１つの世帯で複数の問題を抱えていたり，あるいは既存の社会保障制度では対応できない制度の狭間の問題も増えていたりしている。こうした新しい困窮問題には，生活保護制度は十分対応できず多様化する生活困窮に対応するために，生活困窮者自立支援制度がスタートした。本章では，生活困窮者自立支援制度の役割，最近の生活保護改革の動向を紹介する。

《キーワード》 生活困窮者自立支援制度，ワーキングプア，リーマンショック，求職者支援制度，負の所得税，給付付き税額控除，ベーシックインカム

1．生活保護制度・生活困窮者自立支援制度に関する最近の動向

（1）　生活困窮者自立支援制度の成立とその改革

1990年代のバブル崩壊以降，経済は低迷し，日本社会は大きく変化した。格差・貧困の拡大，家族や地域社会の機能の低下，非正規労働者の増加により，社会保障制度からこぼれおちる〝狭間〟の問題が顕在している。

貧困者，貧困世帯への対応は，生活保護制度が担ってきた。しかし，

生活保護制度は，生活保護を受給していない生活困窮者に対する支援や，引きこもり，社会的孤立などの多様な困窮問題を予防する機能を持っていない。こうした経済的困窮以外の問題は，生活保護制度をはじめとした従来型の社会保障制度では対応できなかった。

「新たな困窮問題」にどのように対応するかという問題は，2000年に厚生労働省内（旧厚生省）の「社会的援護を要する人々に対する社会福祉のあり方に関する検討会」で議論された。その報告書では，社会的排除・社会的孤立といった用語を用いて，ホームレス問題や若年層の不安定問題，孤独死や自殺，社会的ストレスといった「新たな困窮問題」が幅広く存在していることを示した。

しかし，2000年代前半には年金，医療，介護などの大きな社会保障制度改革が続くなかで，「新たな困窮問題」への対応はしばらく表舞台から姿を消した。ところが2000年代後半に入り，ワーキングプアの増加や2008年のリーマンショックとそれに伴い発生したいわゆる「派遣切り」問題のなか，再び「新たな困窮問題」が注目されるようになった。

政府は，2008年に発生したリーマンショックへの対応として，2009年に緊急人材育成支援事業（基金訓練）を時限的に開始し，雇用保険が受給できない求職者を対象とした就労訓練と訓練期間中の生活保障のための現金給付や貸付制度を開始した。2009年 9 月に民主党政権が発足すると，基金訓練を発展解消し，求職者支援制度をスタートした。さらには，雇用保険の給付が受けられない人々への総合支援資金の貸付や住宅を喪失する（あるいは恐れのある）人々への住宅支援給付などからなる第 2 のセーフティネットを拡充していった。これらの政策は，正規労働者あるいは非正規労働者といった雇用者の失業などへの対策の強化と評価できる。

政府による多様化する困窮問題への対応は，2009年から2012年にかけて民主党から自公連立政権への政権交代をまたがって進められた。

民主党政権のもとでまとめられた「生活支援戦略」をもとに，2012年に社会保障審議会において「社会保障審議会生活困窮者の生活支援の在り方に関する特別部会」（以下，特別部会）が設置され，新たな生活困窮者への支援策の検討が開始された。この部会の報告書は2013年１月にまとめられるが，その間，2012年12月，自民党，公明党が政権に復帰しており，政権交代を挟んで議論された。この報告書を受けて，2013年には生活保護法の改正と生活困窮者自立支援法の制定が同時になされた。生活困窮者自立支援法の制定は，リーマンショック以降模索されてきた生活困窮者への支援策の１つの到達点であった。すなわち，生活困窮者自立支援法という「第２のセーフティネット」ともいえる新たな制度を創設し，生活保護制度との連携を図ることで，新たな困窮問題もカバーしたセーフティネットを再編成したことになる。

この生活困窮者自立支援制度は，2015年４月よりスタートした。生活困窮者自立支援法は，全条文わずか23条のシンプルな法律となっていた。それは様々な困窮問題に各自治体が創意工夫して対応できるように，柔軟性を持った仕組みが意図されたためである。

しかし，課題も存在した。特別部会では，生活困窮者自立支援制度は多様な困窮を抱えた人々に対応するため，生活保護制度と密接に連携して，様々な困窮問題の解消や生活保護受給者の自立支援を目的に，自治体によって制度が活用されることが想定されていた。しかし，その法案審議の過程で，生活保護制度との役割分担の明確化が求められ，支援対象者を社会的排除や孤立のような多様な困窮に直面している家族や個人ではなく，「現に経済的困窮状態」にあり，「かつ生活保護を受給していないもの」に限定することになった。このため生活困窮者自立支援制度の対象者は，特別部会での結論と異なることとなった。

(2) 生活困窮者自立支援制度の改革

生活困窮者自立支援制度発足後，厚生労働省は，「我が事，丸ごと」あるいは「地域共生社会」をキーワードとし，「地域力強化検討会（地域における住民主体の課題解決力強化・相談支援体制の在り方に関する検討会)」を発足させ，介護，障害，困窮者支援など，社会福祉全般における住民主体の地域課題の解決力強化，その体制作り，市町村による包括的な相談支援事業の実施等の検討を行い，「地域共生社会」の構想を具体化しようとしている。そこで，生活困窮者自立支援制度もまた「地域共生社会」の実現の手段として，重要な役割を持つようになった。社会保障審議会生活困窮者自立支援・生活保護部会（特別部会の後継）では，生活困窮者自立支援制度の理念・目標を，「生活困窮者の自立と尊厳の確保」，「生活困窮者支援を通じた，地域共生社会，地域づくり」とし，そのためには，「包括的，個別的，早期的，継続的，分権的・創造的な支援」が必要とされた。そして，社会的孤立や排除は直ちに経済困窮問題につながらなくても，長期的にはその重要な要因になるとみなした。そこで，生活困窮者自立支援制度は困窮者の包括的に相談を受け止め，引きこもり，ゴミ屋敷なども含めた社会的孤立，8050問題，ダブルケア，病気，障害，住まい，家族問題，メンタルヘルス，家計管理，就労定着困難といった複合問題を抱える個人や家族を，広く支援する対象者と想定し，生活困窮者自立支援制度の支援対象者像の見直しが行われた。改正前の生活困窮者自立支援法の第二条では「生活困窮者」の定義を，狭く「現に経済的に困窮し，最低限度の生活を維持することができなくなるおそれのある者」としていた。このため生活困窮者自立支援制度の対象者が「経済的困窮者」に対象者を限定しているように理解されていた。これに対して，生活困窮者自立支援法の改正法では，「就労の状況，地域社会との関係性，その他の事情により，現に経済的に困窮し，最低限度の生活を維持することができなくなるおそれのある者をいう（改正法案第二条)」とし，それまでのように現に経済的貧困に陥っている人に限定せず，自立した日常生活，社会生活を送り，包括的，予防的処置に，自治体や地域社会が取り組むことができるように支援する対象者を広げた。

（3） 生活困窮者自立支援制度の仕組み

生活困窮者自立支援制度は，生活保護に至る前の段階での自立支援強化を図り，また生活保護を脱却した者が自立した生活を確立し，再び生活保護を受給することがないよう，各自治体が各種の支援事業を実施することとなっている。生活保護制度との違いは，生活保護制度が生活扶助，医療扶助のように個人や世帯に現金，現物給付を行うのに対し，生活困窮者自立支援制度は，個人や世帯への給付は，住居確保給付金に限られている。あくまで自治体が行う困窮者支援事業が中心であり，そうした事業を実際に行うかは，自治体の判断に委ねられている。また，その事業を利用するかは困窮状態にある当事者の判断でもある。

自治体が必ず行う必須事業として①自立相談支援事業，②住居確保給付金の支給がある。他に，任意事業として③就労準備支援事業，④一時生活支援事業，⑤家計改善支援事業，⑥子どもの学習・生活支援事業がある。また，都道府県知事などによる就労訓練事業（いわゆる「中間的就労」）の認定も行われる。以下，それぞれの事業について説明しよう。

①自立相談支援事業では，生活困窮者が抱えている課題とニーズを把握し，自立支援計画を策定して，各種支援が包括的に実施されるよう関係機関と連絡調整を行うことで適切な支援サービスにつなげ，生活困窮状態からの自立を支援する。

②住居確保給付金は，離職などにより住宅を失った，またはその恐れのある者に対して，給付金を支給する（原則３ヶ月，就職活動を誠実に行っている場合は最長９ヶ月)。なお第12章（新型コロナと貧困）でも取り上げるが，新型コロナ対策のため，住居確保給付金の支給条件は2022年６月現在は特例的に緩和されている。

③就労準備支援事業は，一般就労に従事するための基礎能力の形成を，日常生活自立，社会生活自立，就労自立という３段階で支援を行う（最長１年)。またそれでもなお一般就労が困難である場合は，支援つきの就労の場の提供を行う就労訓練事業（中間的就労）もある。

④一時生活支援事業は，各自治体のホームレス緊急一時宿泊事業やホームレス自立支援センターの運用を踏まえて，制度化したものであり，住居のない生活困窮者に宿泊場所と衣食の供与等を行う事業である（原則３ヶ月，最長６ヶ月)。

⑤家計改善支援事業では，家計に問題のある困窮者に対して，生活の再生に向けた意欲を引き出し，家計を管理する力を高めることを目的としている。具体的には家計管理の支援や滞納（家賃，税金，公共料金）の解消や各種給付制度等の利用に向けた支援，債務整理の支援，貸付のあっせんなどがなされる。

⑥子どもの学習・生活支援事業では，生活保護世帯の子どもを含む生活困窮世帯の子どもに対する学習支援，生活困窮世帯の子ども・その保護者に対する生活習慣・育成環境の改善が提供される。

生活困窮者自立支援制度の費用であるが，自立相談支援事業および住居確保給付金は４分の３，家計改善支援事業，就労準備支援事業および一時生活支援事業は３分の２，学習支援事業・その他生活困窮者の自立の促進に必要な事業では２分の１の費用が国庫から補助され，残りは自治体が負担することになっている。

2．最近の生活保護制度改革

（1）生活保護法の改正

次に2012年以降の生活困窮者自立支援制度と並行して行われた生活保護改革，生活扶助基準額の見直しをみてみよう。

まず2013年の生活保護法改正においては，就労による自立支援の強化促進，不正不適正受給への対策の強化，医療扶助の適正化，健康・生活面等に着目した支援などの改革が行われた。具体的には①被保護者就労支援事業[1]や②就労自立給付金制度の導入[2]，③被保護者自らが，健康の保持および増進に努め，また，収入，支出その他生計の状況を適切に把握することを受給者の生活上の義務とする，④地方自治体の調査権限の強化による不正不適正受給対策の強化，⑤後発医薬品の使用促進を法律上明記するなど，といったものである。

2018年の生活保護法等の改正では，生活保護制度における自立支援の強化・適正化として，①生活保護世帯の子どもの貧困の連鎖を断ち切るため，大学等への進学の支援[3]，②生活習慣病の予防等の取組の強化，医療扶助の適正化，③一部の無料宿泊所に見られた貧困ビジネス対策と

1　被保護者のうち就労阻害要因がない稼働年齢層にある者に対し，自立を推進することを目的に，民間事業者等を活用し，地域企業等の求人開拓を行い，その情報を提供，就労支援セミナーの開催や個別支援などを行うことで就労を促進する。

2　保護受給中の就労収入のうち，収入認定された金額の範囲内で一定額を仮想的に積み立て，安定就労の機会を得たことで保護廃止に至ったときに支給する。就労自立のメリットを高めるためのインセンティブの意味がある。

3　生活保護世帯の子どもの大学進学支援を強化するために，大学等の進学を支援する「進学準備給付金」を一時金として支給し，さらに大学就学中の住宅扶助を減額しないこととした。

単独での居住が困難な方への生活支援[4]，④資力がある場合の返還金の保護費との調整[5]，介護保険適用の有料老人ホーム等の居住地特例等の改正がなされた。

こうした改革のなかには生活保護を受けている個人や世帯に厳しいものもあり，その是非については議論があるものもある。こうした改革の背景には，生活保護は不正受給が多いのではないかという一般の思い込みや生活保護制度に対する厳しい世論，社会の生活保護制度への冷淡な視線が存在すると思われる[6]。

また2013年改正の③や2018年改正の④のように被保護者の健康増進を強化するという政策については，確かに生活保護被保護者の医療費（医療扶助）が一般国民よりも多額であるということもあるが[7]，もともと生活保護の被保護者は高齢者が多く，健康問題があるから，生活保護を

4　無料低額宿泊所の質をモニターし，良質なものは積極的に活用することとした。具体的には，1）事前届出，最低基準の整備，改善命令の創設等の規制強化をし，2）単独での居住が困難な人への日常生活支援を良質な無料低額宿泊所等において実施することにした。

5　被保護者が，資力があるにもかかわらず保護を受けたときには，それまでに交付された生活保護費の金額の範囲内で自治体（福祉事務所）の定める額を返還することになっている。法改正前は，返還金については自治体から納付書を発行し，被保護者が金融機関の窓口で納付を行っていた。法改正後は，本人から申し出があり，かつ生活維持に支障がないと認められる場合には，交付する生活保護費の一部を交付時に返還金に充当できることになった。

6　生活保護法第78条では，不正受給について「不実の申請その他不正な手段により保護を受け，又は他人をして受けさせた者があるときは，保護費を支弁した都道府県又は市町村の長は，その費用の全部又は一部を，その者から徴収することができる」としている。しかし，実際の不正受給の割合は保護費全体の0.4％程度であり，高校生の子どものアルバイト料の申告忘れなど，制度への知識不足によるものが多く含まれている。

7　厚生労働省の分析では，年齢階級別に入院に係る1人当たり医療扶助費（月額）をみると，20歳未満については医療全体とほぼ同水準であるが，20歳以上については医療全体よりも高い水準となっている。出典：厚生労働省　医療扶助に関する検討会基礎資料集
https://www.mhlw.go.jp/content/12002000/000648415.pdf

利用するようになったというケースも多い。また行政から（他者）から健康増進を指導されるのではなく，生活保護を受けている本人が，自分の体を大事にしたい，自分が社会に必要とされているといった自己肯定感がなければ健康保持，増進はできないであろう。こうした被保護者への心理面からのサポートが不可欠であることを強調しておきたい。

（2）　生活基準扶助基準額の改訂

生活扶助額は，2013年度と2018年度の２回見直された。５年間隔で行われたのは，生活扶助額の検証に使う全国消費実態調査の調査が５年に一度行われるためである。

社会保障審議会生活保護基準部会で議論される2013年度の生活扶助基準見直しでは，生活扶助額を計算する指数のうち，世帯人数を反映させる指数（マルチプル）を，従来の理論値から実際の消費データから推計した値に置き換えた。この他，審議会の答申とは別に，政府の判断で，生活扶助基準額を一般世帯の消費動向に対応させるために，生活扶助基準額独自の「生活扶助 CPI」という生活保護専用の改定率を使うことで，生活扶助額の改定が行われた。

2018年度の生活扶助基準の見直しでは，標準世帯（夫婦子ひとり世帯の給付）の生活扶助基準額は，これまでどおり一般世帯の第１十分位の所得層の消費額と均衡し，かつ第３十分位の67％～70％であることを確認した上で，この標準世帯の給付額は引き下げも引き上げも行わないとした。他方で，第１十分位の所得層の消費実態から推計されたパラメーターを使って，世帯構成員の年齢，地域（級地），世帯人員数（世帯規模）の生活扶助基準額を決める指数を見直した。その結果，地方部の生活扶助基準額は上昇する一方で，都市部の母子世帯，単身世帯の生活扶助額は引き下げることになった。

3. 今後のセーフティネットの再構築に向けて

本章では，2009年前後から2018年までの一連の生活保護制度および生活困窮者自立支援制度の動向を概観してきた。注意しないといけないのは，生活困窮者自立支援制度の構想から成立に至る過程で政権交代が起き，2015年の制度発足時には，当初の想定と異なり，生活困窮者自立支援制度の対象者を限定したことにより，生活困窮者自立支援制度の性格がわかりにくいものになった。このため，生活困窮者自立支援法が，生活保護申請の水際作戦の制度化であったり，相談だけで，必ずしも給付を伴わない点に問題があったりするという指摘もある。この一方で，生活困窮者自立支援制度が，困窮者を生活保護につなげたり，あるいは孤立した人に対して，まず相談に乗ったりすることそのものに意義があるという評価もある。

第９章では，生活保護制度が抱える課題について議論したが，本章では，生活困窮者自立支援制度の課題と生活保護の今後の問題について考えてみよう。

（1） 生活扶助基準を巡る問題

第９章でも触れたように，多様な困窮者の増加で，生活保護制度への負荷が増大している。特に高齢者の被保護者受給者の増加が続いている。経済成長と社会保障の充実があれば生活保護被保護者数も減り，生活保護制度の負荷は下がるであろう。しかし，今後も低成長，社会保障給付の削減，高齢化が続くことが見込まれるため，生活保護制度への負荷は今後も増大するであろう。特に高齢化に対応するために今後も続くであろう社会保障給付の抑制，特に高齢者向け給付の引き下げは，貧困高齢者，生活保護受給者数を増加させることになるであろう。加えて社会保障給付の継続的引き下げは，生活扶助基準にも影響を与える。例えば年金の給付水準の引き下げや医療・介護の窓口負担の上昇は，将来不安を引き起こし，中間所得層，低所得者層の消費の抑制につながる。第9章でも述べたが，生活扶助基準の決定が，現在のような水準均衡方式の考え方に従うと，一般世帯の消費鈍化で，消費水準が低下すれば，連動して生活扶助基準額の引き下げにつながることになる。1984年以降定着した水準均衡方式は，成長，インフレ，中間層が拡大している経済において，扶助額を改善する方法としては有効な考え方であった。水準均衡方式は，第6章でも議論した「強相対貧困基準（Strong Relative)」の発想である。この「水準均衡方式」に従えば，低成長，デフレ，格差拡大する経済では，低中間層の消費が低下するので，貧困基準（第6章図6-1参照）も連動して下がり続けることになるのである。

今日の社会で，健康で文化的な最低限度の生活を過ごすために必要な所得とは，いったいどの程度なのか。「現代社会での最低限度の生活を保障する意味でのマーケットバスケット」から計算し，貧困基準の引き下げ下限になる水準（下限の貧困線）の設定が必要である。経済が好転しているときは水準均衡方式でよいが，経済状況が悪化した場合は，貧困基準をこれ以上は下げることができない歯止め水準を組み入れた「弱相対貧困基準（Weakly Relative)」の考え方を導入すべきではないかと考える（第6章図6-1参照)。

（2） 生活困窮者支援制度の課題

今後とも貧困，困窮の問題は拡大すると見込まれる。特に人口の多い団塊ジュニア世代は，非正規労働者が多く，未婚率も高い。社会や家族との関係も希薄で，様々なリスクにも脆弱である可能性が高い。1970年代前半生まれの団塊ジュニアも，先頭グループは2020年代前半には50代に入り，雇用機会も徐々に限られるようになる。このように生活困窮問題が量的，質的にさらに拡大することが予測されるなか，生活困窮者自立支援制度の拡充が期待される。その際に大きな壁になるのが財源の制約である。2013年の社会保障・税一体改革では，消費税を医療，介護，年金の保険財源の中心的財源として位置づけたが，一方で生活保護や困窮者支援を消費税財源の対象にしなかった。厳しい財政制約の下では，世論の強い支持がない限り，生活困窮者自立支援制度と生活保護の両方を拡充することは難しい状況になっている。

4. 様々な最低所得保障

(1) 諸外国の低所得者向け政策

長引く景気の後退や高齢化によって，生活保護の受給者数が増加している。この一方で，従来より日本の生活保護については，厳しい資力調査などが原因で多くの受給漏れがあり，制度が十分機能していない可能性が指摘されていた。

日本以外の先進諸国においては，様々な公的扶助や低所得者向け，失業者向けの所得保障制度改革が行われている。高齢者，失業者などの原因，タイプ別に異なる制度とするためカテゴリー方式と呼ばれるタイプの公的扶助の国が多い。フランスでは，厳しいミーンズテストを条件とせず，公的団体と職業訓練，就職，住宅，教育，家計の管理の条件に関する社会参入契約をすることによって公的扶助を受ける仕組みRMI（社会参入最低所得）が導入され，さらに2009年にはRSA（積極的連帯所得）に制度変更が行われている。ドイツにおいても，2000年代前半から社会扶助と失業保険の改革が行われた。この改革はハルツ改革と呼ばれており，長期にわたって給付可能だった失業扶助と生活困窮者を対象にした社会扶助を統合して，失業扶助の期間を短縮化し，就労を促す動機づけを組み込んだ新しい失業給付を創設した。また英国も2013年に改革を行い，様々な福祉手当を統合したユニバーサル・クレジット制度を導入した。ユニバーサル・クレジット制度は，低所得者向けの所得補助や雇用・生活補助手当，各種税額控除，住宅給付を一本化し，基本的な所得保障を行う基本手当と，子どもや障がいの有無によって決定される付加手当という構造になっている。また従来の仕組みは，就労収入が増えると給付が削減される仕組みを担っていたが，ユニバーサル・クレジットでは，短時間でも働いた方が収入が増えるように，給付の減額率を引き下げた。他方で，一定期間就労しない場合は，非営利団体などで週30時間，4週間の就労を求められたり，就労義務や求職活動など必要な活動を行わなかったりした場合は，支給が停止される罰則も導入され，負の側面も指摘されている。

（2）負の所得税，給付付き税額控除，ベーシックインカム

セーフティネットを確保しつつ貧困の罠に陥らせず，就労意欲を高めるため，公的扶助と所得税を統合し，資力調査は行わず，一定所得以下の世帯に対しては，所得を申告することにより政府からの移転を受ける「負の所得税」のアイデアがある。この仕組みでは高額所得者はプラスの税金を支払い，低所得者はマイナスの税を支払う（つまり給付を受ける）ことになる。

負の所得税の長所は，貧困線から所得が増加した場合でも，生活保護のように増加分だけ生活保護が減額されず，可処分所得の増加につながるため，就労意欲が阻害されないという効果である。これに対して生活保護は，就労収入があった場合，その収入額に応じて，生活保護給付が大幅に減額されてしまい，就労意欲を低下させることになる。また，資力調査を伴わず，行政の裁量が働かず，事務も効率化が進み，ミーンズ

テストなどによる屈辱感を受けない点にある。

負の所得税を具体化したものとして，給付付き税額控除(Tax Credit)という考えもある。一般に所得税の計算を行う際に，所得控除を行うと，納める税金が減額されるため，一種の補助金になる。しかし，所得控除が同額の場合，累進課税制度だと，限界税率の違いから高所得者ほど高い補助金を受けることになる。さらに課税最低限未満の世帯はこの補助金を利用できない。これに対して給付付き税額控除は家族規模・構成が同じであれば，所得にかかわらず同額の補助金になる。また，税額控除後の税額がマイナスになれば，給付を行うことも可能になる。給付付き税控除の一類型として，勤労税額控除があり，米国，英国，フランス，スウェーデンといった国が導入している。

さらにベーシックインカムという考えもある。これは，全国民に個人単位で一律に無条件の最低水準の現金給付を行う考え方である。ベーシックインカムについては，1）尊厳のない仕事から解放される，という評価がある一方で，2）ベーシックインカムと引き換えにあらゆる給付や労働者保護制度が廃止されてしまうという危惧がある。この他類似の仕組みとして，英国の経済学者アトキンソンはボランティアなどの社会参加を条件にした現金給付制度を「参加所得」として提案した。

(3) 生活保護制度改革の選択肢

負の所得税，給付付き税額控除，ベーシックインカムいずれも現在の所得保障制度を抜本的に変える考え方である。その実現に向けては，1）ベーシックインカムでは，その実行に必要となる膨大な費用をどのように賄うのか，2）負の所得税や給付付税額控除では，正確な所得捕捉が必要になる，3）年金や雇用保険など現在の所得保障制度を廃止して，切り替えることになるのか，4）ベーシックインカムや負の所得税が就労意欲にどのような影響を与えるのか，という課題がある。

今後，公的年金，特に基礎年金がマクロ経済スライドで低下することが予測されている[8]。さらに団塊ジュニアのような非正規労働者が多く，年金の未納率の高い世代が高齢者になると，いっそう貧困高齢者が増加することが見込まれる。

そこで，1）欧州の改革のように現在の一般扶助型の生活保護制度を見直し，生活困窮者自立支援制度とより連携した形でのカテゴリー扶助の生活保護制度を構築するのか，あるいは2）社会保険のなかにある様々な低所得者・貧困者対応を活用し，例えば生活保護制度の医療扶助の機能を医療保険に統合するなど[9]，生活保護の機能の一部を社会保険に委ね，生活保護の役割を限定的にする[10]といった生活保護改革案も議論されている。

8　2019年の公的年金財政検証では，2040年半ばにかけて基礎年金の給付水準（所得代替率）は30％程度低下するとしている。

9　生活保護被保護者も国民健康保険などの医療保険に加入し，その保険料や窓口負担は生活保護制度で補填するという方法。

10　岩田（2022）はこれを「生活保護解体論」と表現しているが，むしろ社会保険を活用し，最低生活保障機能を高めようとする考え方と評価できる。

学習課題

1．経済成長により一般国民の所得・消費は上昇した。水準均衡方式の考え方（強相対貧困基準）に従うと，生活保護制度の生活扶助基準も引き上げることができた。しかし，低成長になり，一般国民の所得・消費が停滞あるいは低下すると生活扶助基準も下がる可能性が出る。水準均衡方式（強相対貧困基準）とは異なる考え方として，「弱相対貧困基準」があるが，これをついてどのように評価するべきか。
2．現行の生活保護制度は，一般扶助方式の考え方にしたがって，原因や世帯の類型にかかわらずすべての貧困者の最低所得を保障するという仕組みとなっている。しかし，今後，貧困高齢者が増加すると，生活保護は実質的には高齢者向け所得給付の性格が強まる。現在の生活保護制度をどのように改革すればいいか。

参考文献

●配列は50音順，アルファベット順

1．岩田正美（2022）『生活保護解体論』岩波書店

11 SDGsと貧困の撲滅

駒村　康平

《目標＆ポイント》 これまで歴史的な視点からそして，社会保障制度の視点から貧困問題や日本という先進国における貧困問題を取り上げてきたが，本章では世界全体の貧困問題に目を向ける。SDGsは地球温暖化防止など環境問題が中心のように思われるが，貧困の撲滅もSDGsの中心的な課題になっている。しかし，貧困の撲滅を進めながら，同時に環境問題にも対応するという難しい問題である。貧困を経済成長だけで克服しようとすると「惑星の限界」を超えた経済発展，経済成長が必要となり，さらなる温暖化，資源不足，生物多様性の危機を招き，世界的な食糧危機などを引き起こし，飢餓という絶対的貧困を引き起こす危険性もある。

本章では「惑星の限界」の制約のなかで，貧困をどのように撲滅していくのか，環境政策と福祉政策の連携，脱炭素社会への公正な移行をどのように進めるのか，考えて行きたい。

《キーワード》 SDGs，MPI，貧困の撲滅，「惑星の限界」，「新人世」，「大加速」，脱炭素社会，HDI，PHDI

1. SDGsと経済発展・経済成長の光と陰

（1） SDGsの意義

持続可能な開発目標（SDGs: Sustainable Development Goals，以下SDGs）とは，2015年9月の国連サミットで加盟国の全会一致で採択された「持続可能な開発のための2030アジェンダ」に記載された，2030年までに持続可能でよりよい世界を目指す国際目標である。

SDGsは17のゴール・169のターゲットから構成され，地球上の「誰一人取り残さない（leave no one behind)」ことを掲げている[1]。

このアジェンダの「行動計画」は，以下の6つである。

1）貧困と飢餓に終止符を打つ，2）国内的・国際的な不平等と戦う，3）平和で，公正かつ包摂的な社会をうち立てる，4）人権を保護しジェンダー平等と女性・女児の能力強化を進める，5）地球と天然資源の永続的な保護を確保する，6）持続可能で包摂的な経済成長，繁栄の共有と働きがいある人間らしい仕事のための条件を，各国の発展段階・能力の違いを考慮に入れて作り出す，というものである。

この計画においては，「誰一人取り残さない」，「最も遅れているところに第一に手を伸ばす」ということ，つまり最も貧困な状態になっている人々への支援こそが重要になる。

（2） 経済発展・経済成長の光と陰

これまでみてきたように，貧困は人類の歴史とともにある。古代，中世までは，人間の生活は自然環境により大きく左右されてきた。異常気象，気候変動は，農業中心の生産システム，社会経済システムを崩壊させ，飢餓を引き起こした[2]。このため人類は自然に対して強い畏敬の念を持っていた。

かつては生命，健康を危うくする絶対的貧困は自然環境によって左右

1　さらにその進捗を測るために2017年7月の国連総会において，全244（重複を除くと232）の「グローバル指標」からなる「指標枠組み」が承認された。その後，2020年3月の国連統計委員会において，この指標枠組の包括的な見直しが行われ，現在は全247（重複を除くと231）のグローバル指標が承認された。総務省 HP 参照。https://www.soumu.go.jp/toukei_toukatsu/index/kokusai/02toukatsu01_04000212.html

2　マルサスは「人口論」で，「人口増加により貧困が継続する」とした。すなわち人口は等比級的（倍数）で増えるが，食糧は等差級数的にしか増えない。マルサスは食糧を増産しても，それ以上のペースで人口が増えるため，一時的に生活水準は向上しても，それはすぐに低下し，貧困水準にまで下がるとした。しかし，マルサスは工業化の時代の到来を予測しなかった。工業化により生産性が等比級的に増加したため，等比級的に増加する人口を充分支えることができるようになった。

されたが，人類の進歩とともに，市場経済・貨幣経済が拡大し，食糧の備蓄と広域での食糧流通が可能になると，そうした自然環境の制約や飢餓のリスクも徐々であるが人為的にコントロール可能になった[3]。加えて産業革命以降は，技術の飛躍的な発展と経済成長により，自然環境が人々の生活に与える影響は小さくなったようにもみえた。しかし，本当にそうだろうか。行きすぎた経済成長は，後述のように「惑星の限界」を超えつつある。自然の脅威を克服しようとした人類の経済発展・経済成長が，行きすぎた結果，逆に自然を破壊し，新たなリスクを引き起こしている[4]。

（3） 長寿と人口増加

1）先進国における寿命の伸長

産業革命以降におきた人類の大きな進歩は寿命の伸長として捉えることができる。

図11-1は人類の生命表の動きであるが，縦軸は0歳を100％にした生存率であり，横軸は年齢である。0歳～5歳の幼児死亡率に着目してほしい。3世紀のローマ時代には病気や栄養不足により子どもの半数が5歳まで生存することはできなかった。この傾向は，一部の例外を除いて，おおむね18世紀前半まで変わらなかった。図11-1で見るように，18世紀初頭のロンドンの子どもたちの生存率は，疫病，不衛生，戦争，火災などが原因で，3世紀のローマのそれとほとんど変わらなかった。その後，産業革命を経た19世紀後半からは，衛生・食糧事情，医療技術などの生活水準の上昇により，子どもの死亡率は飛躍的に改善した。

今後も人類の寿命は延び続けるという見方が強い。図11-2は1840年以降，その時代時代で最も平均寿命が長い国の平均寿命がどのように変化したのかをみてきたものと国際機関等や様々の研究者の寿命の伸長の

3　伊藤（2020）参照。

4　中塚（2022）pp.204－232参照。

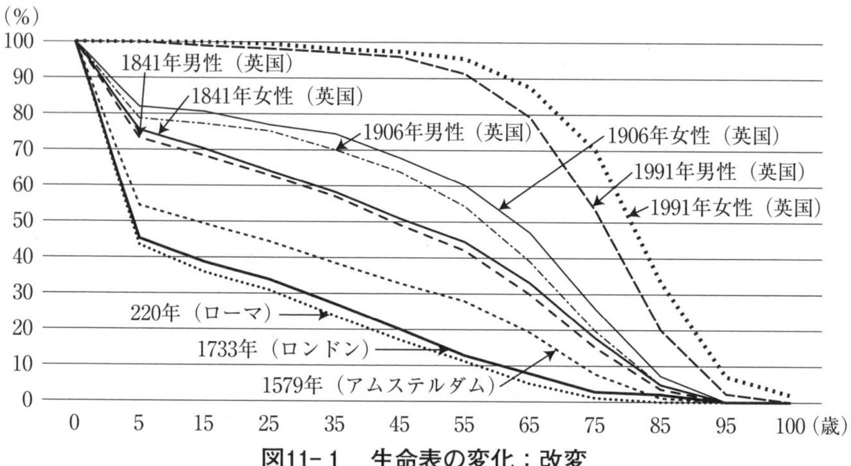

図11-1　生命表の変化；改変

出典：Jozef L. Teugels (Editor), Bjørn Sundt (Editor) (2004) より筆者作成

推計である。1840年ではスウェーデンの45歳が最長であり，その後，ノルウェー，オーストラリアなど寿命トップの国は交代したものの，トップの国の平均寿命は2000年には85歳となっている。実に160年間で40歳，4年で1歳のピッチで伸びている。

寿命の伸長は人類の進歩を意味し，産業革命とその後の経済発展・経済成長が寿命の伸長に貢献した。

今後はどうなるか，先進国では，子どもの死亡率が改善して，これ以上は改善を望めない水準に来ている以上，このペースでの寿命の伸長は期待できないという見方もある。しかし，21世紀に入っても，その予測を裏切って様々な推計以上に寿命の伸長は続いている。20世紀後半から見られた寿命の伸長は，急速な医療技術の進歩を背景にした中高年死亡率の改善である。この後もこのピッチで医療技術が進歩した場合，先進国の21世紀生まれの子どもたちの平均寿命は100歳を超えるという予測も出てきている。

2）20世紀後半からの世界の子どもの死亡率の低下

先進国の寿命の伸長とは別に，途上国も含めて世界の子どもの死亡率を見てみよう。図11-3で示すように子どもの死亡率（5歳未満死亡率）は20世紀末（1990年）1000人当たり93人から，2019年の38人へと急激に改善している。

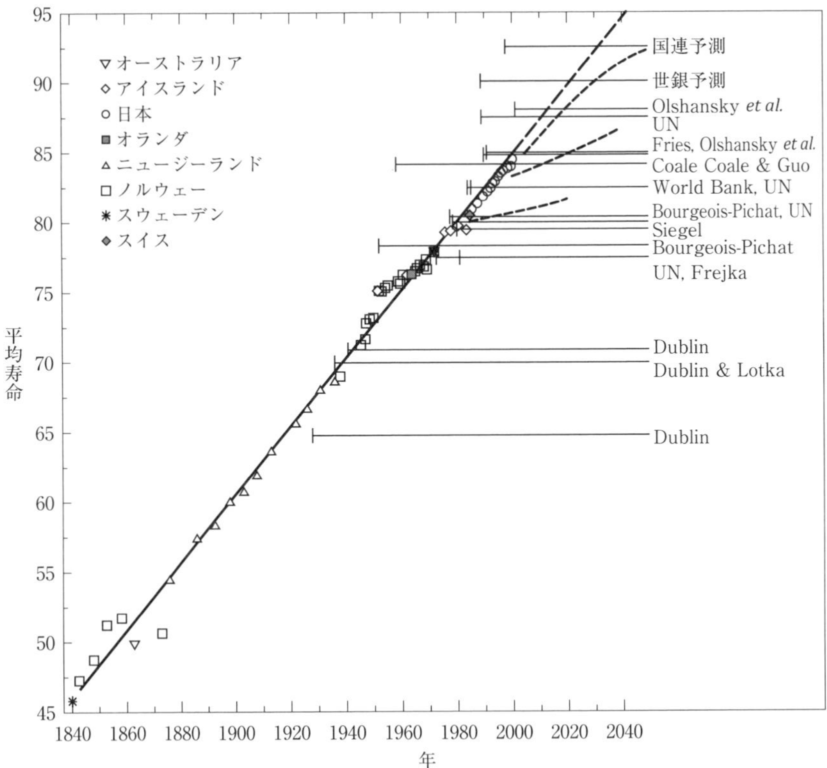

1840年から現在（2002年）までの女性の平均寿命の記録。実線は，直線回帰（傾き＝0.243）で示され，さらに外挿した将来予測は点線で示される。縦軸の横線は各機関・研究者が推計した平均寿命の上限。・・・（点線）は国連が1986年，1999年，2001年に発表した日本の女性平均寿命の予測値である。

図11-2　人類の寿命の伸長：一部改変作図

出典：Oeppen J, Vaupel JW. Demography. Broken limits to life expectancy. Science. 2002 May 10; 296（5570）: 1029-31. doi: 10.1126/science. 1069675. PMID: 12004104.

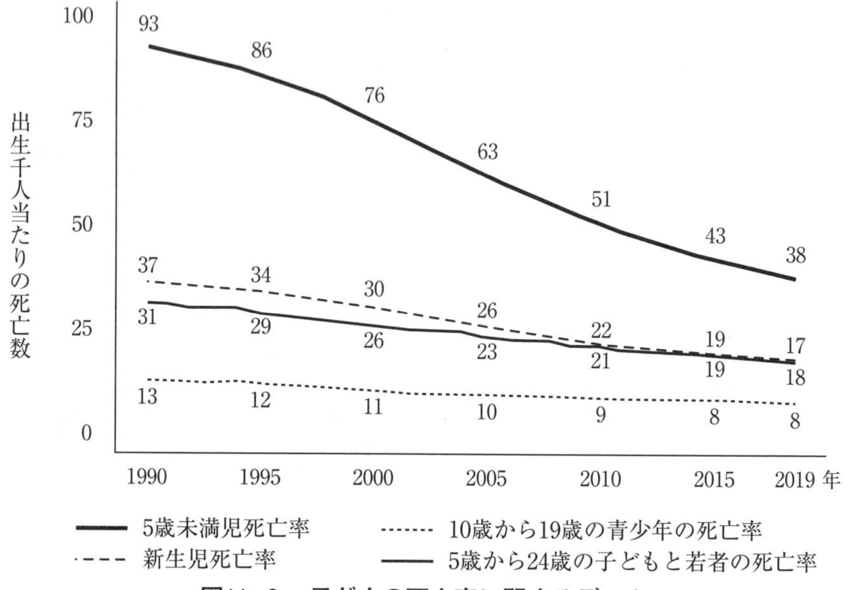

図11－3　子どもの死亡率に関するデータ

出典：ユニセフ協会子どもの死亡に関するデータ
https://www.unicef.or.jp/about_unicef/about_act/pdf/20200909_ChildMortarity.pdf

子ども死亡率の低下は世界の人口に大きな影響を与えてきた。長期にわたって，子ども死亡率が人類の寿命を大きく制限し，人口を抑制してきたが，産業革命以降，世界に広がる経済発展により子どもの死亡率は低下し，人口転換が発生し，図11－4のように人類の人口は急増した[5]。

（4） 大加速と新人世

産業革命が人類の生活水準を飛躍的に改善したことが，図11－5のように急激な人口増加，経済成長のみならず，二酸化酸素の排出量，種の

5　子ども死亡率が高い時代は，それを考慮して出生率も高かった。ただし，子ども死亡率が低下しても，出生率が直ちに低下したわけではなく，認識のタイムラグや出生を抑制すべきではない文化的制約などがあり，出生率低下のタイミングが遅くなり，低死亡率，高出生率が継続した結果，人口が急激に増えた。この人口転換は，かつて先進国が経験し，現在，途上国が経験している。ジェフリー・サックス（2009）参照。

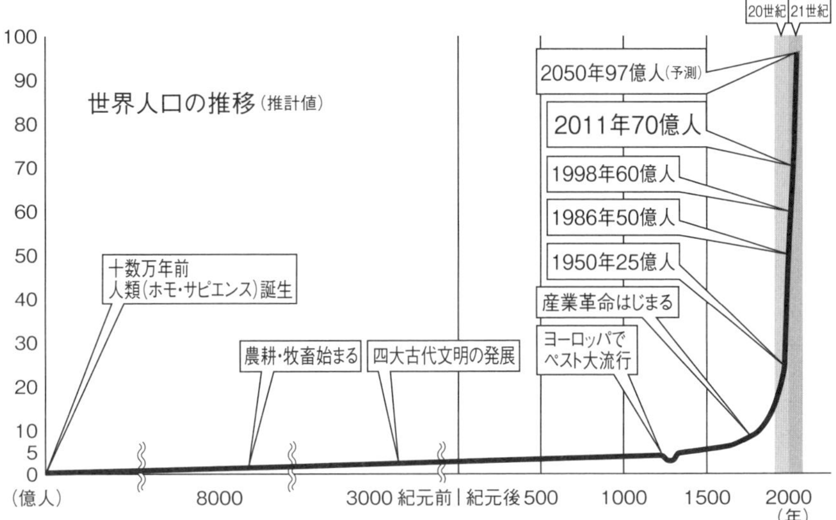

図11-4　世界人口の推移グラフ人類誕生から2050年までの世界人口の推移（推計値）

出典：国連人口基金駐日事務所ホームページを基に作成
https://tokyo.unfpa.org/ja/resources/%E8%B3%87%E6%96%99%E3%83%BB%E7%B5%B1%E8%A8%88

絶滅など地球の環境負荷を同時に急激に高めた。このことを「大加速（Great Acceleration）」と呼ぶ。

人々が豊かになり，消費を増やし，同時に世界の人口が増加すれば，当然ながら地球環境の負荷を高めることになる[6]。産業革命以降の経済成長，発展は欧米などの先進国から始まったが，20世紀後半からは，経済のグローバル化により，新興国や中進国を豊かにし，絶対的貧困を克服し，途上国の人々の寿命の伸長をもたらした[7]。

他方で，21世紀から加速したグローバル経済は，先進国内の格差や相

6　世界人口の見込みであるが，増加速度の鈍化が見られ，2050年に97億人に達した後，2080年代中頃に約104億人でピークになり，2100年までそのレベルに留まるという推計も出ている。国連広報センターhttps://www.unic.or.jp/news_press/info/44737/

7　その一方で，開発という名前の自然破壊，地域の共同体，自然と調和した伝統的な生活や文化が失われたという見方も重要である。

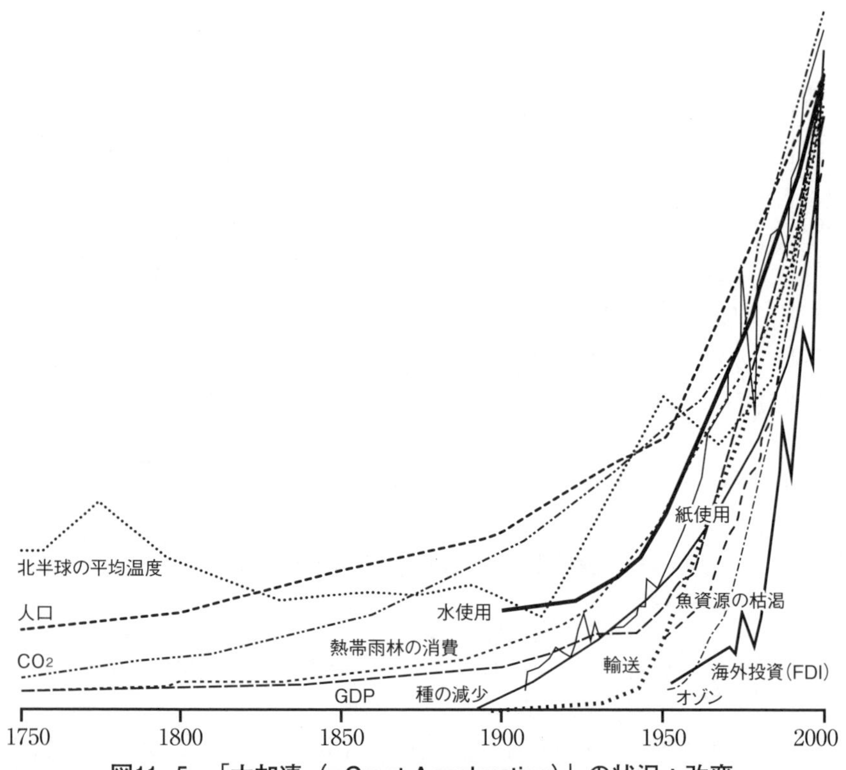

図11-5　「大加速（=Great Acceleration）」の状況；改変

出典：The “Great Acceleration” of consumption that is stressing the earth’s natural systems. Source of image.

https://www.pinterest.com/pin/275775177167542214/

・人口：世界の合計　　　・GDP：国内総生産　2000年 us ドル
・FDI：世界の対外直接投資　US ドル
・水使用量：農業工業国内消費量　1000km^3
・製紙生産量：製紙　100万 t　　　・輸送：年間の新車台数100万台
・CO_2：二酸化炭素　　　・オゾン：大気圏オゾン減少率
・森林：熱帯雨林の消失　1700年比
・種：平均種の減少　パーセンテージ

対貧困率の上昇を生み出し，低所得者層の心身の健康悪化につながり，先進国の一部，例えば米国の低所得者層では寿命の伸び悩みあるいは短命化が始まっているともされる。経済成長・経済発展が続けば人類は進歩を続け，人々も幸福になるという単純な関係ではない。

経済発展，経済成長は，自然環境を悪化させ，その痕跡は地球の地層に残るほど，すなわち「新人世」[8]の時代を迎えている。すでに触れたように，「大加速」により，地球の自然環境は持続可能性の限界に接近している。この状態を放置し，地球の自然システムが持続可能性を失うと，気候変動・異常気象の頻発し，食糧危機，水危機，資源不足，生物多様性の喪失が発生し，再び人類は飢餓のリスク，絶対的貧困の問題を抱えることになる。

そこで，経済発展・経済成長を続けながらも地球環境にこれ以上の負荷をかけないためにも，まず「脱炭素社会」に移行する必要がある。

脱炭素社会に移行するためには，炭素税・カーボンプライシング（排出権取引）のような市場メカニズムを使って，エネルギー価格を引き上げ，環境親和的な代替エネルギーを普及し，再利用可能な商品が流通する「サーキュラー経済」の普及などがますます重要になる。

しかし，このような仕組みにより，温暖化対策のコストが消費者価格に転嫁されると，貧困者，低所得者層には負担が大きくなる。困窮な状態，脆弱な状態の人々に負担をかけず持続可能な社会に移行する「公正な移行」が求められている。

2. SDGsと貧困問題

次にSDGsの考える貧困問題を考えてみたい。

8　ノーベル化学賞受賞のパウル・クルッツェンによって考案された「人類の時代（アントロポセン）」という意味の新しい時代区分。現在である完新世の次の地質時代を表している。新人世には，あまりにも増大した人間の活動が地球の基本的な生命維持システムを狂わせるという意味も持っている。ジェフリー・サックス（2009）pp.105－117参照。

（1） MDGs から SDGs へ

2000年に国連サミットで採択された MDGs (Millennium Development Goals: MDGs：ミレニアム開発目標）は，新興国の問題を中心に2015年までに達成する8ゴール21ターゲットを策定した。MDGs により世界の極度の貧困者（1日1.25ドル以下で生活する人）は1990年に47%を占めていたが，2015年に14%まで減少した。

MDGs の後継となる SDGs の17の目標は，人間（People），地球（Planet），繁栄（Prosperity），平和（Peace），パートナーシップ（Partner Ship）の5つのPに分類される。

人間（People）は，①貧困をなくそう，②飢餓をゼロに，③すべての人に健康と福祉を，④質の高い教育をみんなに，⑤ジェンダー平等を実現しよう，⑥安全な水とトイレを世界中に。地球（Planet）は，⑦つくる責任，つかう責任，⑧気候変動に具体的な対策を，⑨海の豊かさを守ろう，⑩陸の豊かさも守ろう。繁栄（Prosperity）は，⑪エネルギーをみんなにそしてクリーンに，⑫働きがいも経済成長も，⑬産業と技術革新の基盤をつくろう，⑭人や国の不平等をなくそう，⑮住み続けられるまちづくりを。平和（Peace）は，⑯平和と公正をすべての人に。パートナーシップ（Partner Ship）は，⑰パートナーシップで目標を達成しよう，となっている。

国連が2018年に発表した SDGs の進捗状況は，17ゴールでバラツキはあるものの，着実に進展し，1日1.9ドル未満で家族と暮らす労働者の割合は，2017年には9%に激減した[9]。

（2） SDGs の目標とする貧困問題

以上，SDGs は貧困や格差について多くの目標を立てている。その1つ1つを詳しくみてみよう。

---

[9] 1.9ドルの基準については，p.163に説明する。

まず目標1では「貧困をなくそう」がある。その内容は，さらなる具体的な目標として，「2030年までに，それぞれの国の基準でいろいろな面で『貧しい』とされる男性，女性，子どもの割合を少なくとも半分減らす。」（SDGsターゲット1－2）。ここで重要なのは，「それぞれの国の基準」という点である[10]。

次に「それぞれの国で，人びとの生活を守るためのきちんとした仕組みづくりや対策をおこない，2030年までに，貧しい人や特に弱い立場にいる人たちが十分に守られるようにする。」（SDGsターゲット1－3）として貧困者の生活を守る政策を強化することを求めている。

さらに「2030年までに，貧しい人たちや特に弱い立場にいる人たちを始めとしたすべての人が，平等に，生活に欠かせない基礎的サービスを使えて，土地や財産の所有や利用ができて，新しい技術や金融サービスなどを使えるようにする。」（SDGsターゲット1－4）とし，すべての貧困者に基礎的サービスの利用を保障し，社会の進歩や生活に必要な金融サービスから排除されないように対策を行うことを求めている。低所得者が銀行口座をつくることを拒否されるなど，金融サービスから排除が課題になっている。

そして「2030年までに，貧しい人たちや特に弱い立場の人たちが，自然災害や経済ショックなどの被害にあうことをなるべく減らし，被害にあっても生活をたて直せるような力をつける。」（SDGsターゲット1－5）として，貧困層のレジリエンス（回復力）を高めることを掲げている。

（3）　その他の貧困解消の目標

これら直接的な貧困解消の他にも，目標3「すべての人に健康と福祉を」があり，そのなかでも「すべての国で，生まれて28日以内に命を失

10　日本の相対貧困率については第7章を参照。

う赤ちゃんの数を1000人当たり12人以下まで，５歳までに命を失う子どもの数を1000人当たり25人以下まで減らし，2030年までに，赤ちゃんやおさない子どもが，予防できる原因で命を失うことがないようにする。」（SDGsターゲット３－２）としている[11]。

さらに目標10「人や国の不平等をなくそう」もある。「2030年までに，各国のなかで所得の低いほうから40％の人びとの所得の増え方が，国全体の平均を上回るようにして，そのペースを保つ。」（SDGsターゲット10－１），「2030年までに，年齢，性別，障がい，人種，民族，生まれ，宗教，経済状態などにかかわらず，すべての人が，能力を高め，社会的，経済的，政治的に取り残されないようにすすめる。」（SDGsターゲット10－２），「差別的な法律，政策やならわしをなくし，適切な法律や政策，行動をすすめることなどによって，人びとが平等な機会（チャンス）をもてるようにし，人びとが得る結果（例えば所得など）についての格差を減らす。」（SDGsターゲット10－３）が掲げられている。そして，「財政，賃金，社会保障などに関する政策をとることによって，だんだんと，より大きな平等を達成していく。」（SDGsターゲット10－４）は，税制，最低賃金，社会保障給付などにより格差・不平等を縮小することを求めている。

（４） 世界の貧困問題

第１章でみたように，貧困の定義は１つではなく，国や機関によっても様々である。これまでみたように貧困には，必要最低限の生活水準が満たされていない状態の「絶対的貧困」やある地域社会のなかで多数派よりも貧しい状態の「相対的貧困」という見方がある。

絶対的な貧困の一般的な定義に世界銀行の「１日1.25ドル未満で暮らす人の比率」（国際貧困ライン）があり，これは，SDGsの前身の

---

[11] 確かに途上国では高い乳幼児死亡率が存在する。また日本においても親の職業によって乳児死亡率に差があることの指摘がある。第14章コラム３参照。

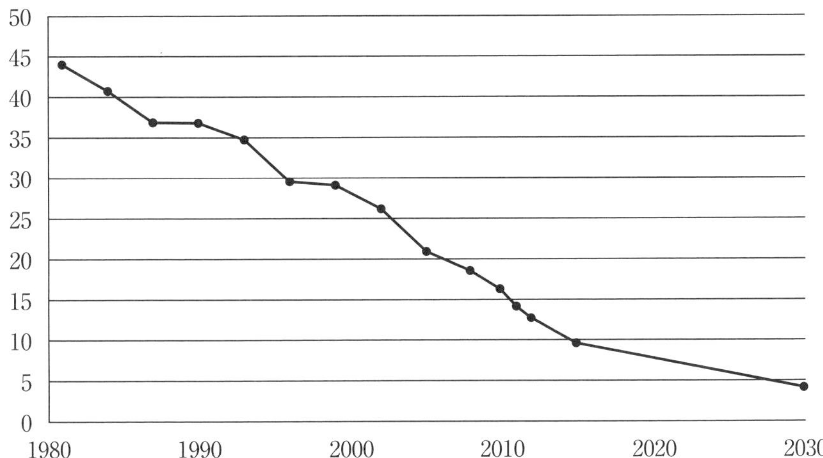

注：2012年までの人数は推計値，2015年－2030年までの人数は予測値

図11-6　世界における1.9ドル未満基準の極貧率の動向とその見通し

出典：世界銀行ホームページ

出典：Gill, Indermit S.; Revenga, Ana; Zeballos, Christian. 2016. Grow, Invest, Insure: A Game Plan to End Extreme Poverty by 2030. Policy Research Working Paper; No. 7892. World Bank, Washington,DC ©WorldBank.
https://openknowledge.worldbank.org/handle/10986/25694License:CCBY 3.0IGO.

MDGs（ミレニアム開発目標）の目標１「極度の貧困と飢餓の撲滅」（目標設定当時の国際貧困ラインは，１日１ドル未満）にも用いられた。

なお世界銀行は，物価の変動を反映させるために2015年から国際貧困ラインを１日1.25ドル未満から1.90ドル未満に改定している。図11-6は，この基準でみた場合の世界の貧困率の動向であり，世界銀行は2015年に世界の貧困率は10％を下回ると見込んでいるが，2030年までの貧困撲滅には依然大きなハードルがある[12]。

[12] 世界銀行は，2015年時点で７億3600万人が極貧状況にあると推計している。

（5） SDGsの目標とする貧困の多元的貧困指標とは

第1章でも触れたように貧困とは所得の大小という経済的な一元的な把握だけでなく，人間として享受すべき教育や医療などの社会サービスが受けられない状況も含めて多角的，多元的に測定する「多元的貧困指標」もある。例えば，途上国における子どもにとっての「貧困」は，所得だけでは把握できないであろう。水，衛生施設，栄養，住居，教育，情報などの基本的な社会サービスを利用できなければ，子どもたちの生命・健康はもとより，子どもたちの潜在能力も十分に発揮できない[13]。

先進国，途上国に共通して，貧困は所得面の貧困状態という一元的な指数ではなく，同時に複数の指標，健康，教育，生活水準において，衛生環境施設，十分な栄養，初等教育といった多元的な面から貧困に該当する世帯・人々を「多次元貧困」状態を把握する必要がある。

（6）「多次元貧困指数（MPI）」の意義

政策が目標を達成したのかどうかは，それを把握するための指数が重要である。SDGsが掲げる「貧困の撲滅」の貧困をどのように把握すべきであろうか。従来の所得の多寡のみの貧困指標だけではなく，多元的な貧困指標が重要になる[14]。

国連開発計画はOPHI（オックスフォード大学オックスフォード貧困

13　ユニセフ（国連児童基金），世界保健機関（WHO），国連経済社会局（UNDESA）の人口部門および世界銀行グループにより構成される国連の「死亡率推計に関する機関間グループ（IGME）」の報告書「Levels and Trends in Child Mortality 2018（2018年度版　子どもの死亡における地域〈開発レベル〉別の傾向）」によると，2017年に死亡した15歳未満の子どもの数は630万人と推計される。死亡原因は，「技術のある助産師が立ち会わない出産」や「不十分な健康管理・不衛生な環境」を起因とした，「肺炎」，「マラリア」，「はしか」といった多様な感染症・合併症である。ユニセフホームページより。https://www.unicef.or.jp/news/2018/0152.html

14　OPHIの推計では，2016年時点で16億人が多次元的貧困にあるとしており，これは同時期の世界銀行の推計の7億3600万人の2倍以上になる。https://ophi.org.uk/global-multidimensional-poverty-index-2017/

人間開発イニシアティブ）が開発した「教育・健康・生活水準から多面的に貧困の『多次元貧困指数（Multidimensional Poverty Index: MPI）』」を，2010年人間開発報告書において導入した[15]。

このグルーバルMPI（以下，MPI）は，「多次元貧困状態にある人の割合（発生率）」および，その人たちが直面している「貧困形態の平均数（強度）」を捉えるものである[16]。

その構造は，図11-7で示すように，健康，教育，生活水準の3つディメンジョンから構成され，具体的には栄養，乳幼児死亡率，教育年数などの10項目がウエイトづけられて指数が作成される。

具体的には，表11-1に示すすべての構成指数の貧困度の加重平均が33.3%を上回る場合に，その世帯とその世帯の構成員すべてが「多次元貧困」状態にあるとされる[17]。MPIの基準によって貧困とみなされる人が人口全体に占める割合と貧困の平均強度（人々が同時に直面している貧困形態の数の平均値）[18]が計算され，国連開発計画によって公表され

15　人間開発指数（HDI=Human Development Index）は「健康，教育，所得」という3つの要素に関して，その国の発展レベルや豊かさを測るための指標である。一方，人間貧困指数（HPI Human Poverty Index）は基本的な人間開発の剥奪（Deprivation）の程度，つまり，短命，初等教育の欠如，低い生活水準，社会的排除について測定した指数である。

これに対して多次元貧困指数（MPI）は世帯レベルで複数の形態の貧困がどの程度重なり合っているかを表す指標であり，多次元貧困状態にある人の割合，および多次元貧困状態にある世帯が直面している貧困の深刻さを映し出すものである。多次元貧困指数（MPI）は，人間貧困指数（HPI）に代わって採用された指標で，「絶対的貧困率」だけでは捉えることができない貧困を把握することができるとされる。

16　具体的にどのようなデータがどのように分析されたかはMPI統計プログラムが公開されている。なお日本についてはデータ不足によりMPIは報告されていない。https://hdr.undp.org/en/content/mpi-statistical-programmes

17　MPIに基づく多次元貧困と1日当たり1.25ドル未満を基準とする所得貧困の間には一定の関連性はある。MPIは，所得をもっぱらの基準とする貧困の指標を補完する性格を持つ。

18　ジニ係数で測定されるような経済的不平等とMPIの間には，相関関係がほとんど，または全くないとされている。出典：内閣府公式サイト「国連開発計画『多次元貧困指数』」を構成する項目。

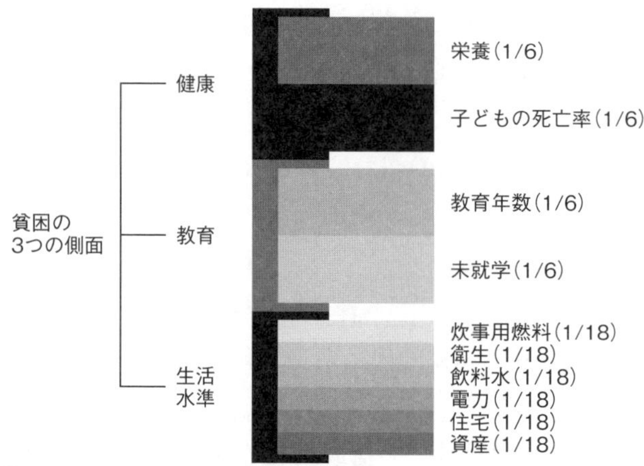

Source: OPHI（2018）. *Global Multidimensional Poverty Index 2018: The Most Detailed Picture to Date of the World's Poorest People.* Report. Oxford Poverty and Human Development Initiative, University of Oxford.
注：指標の定義や2018年のデータは「UNDP, "Human Development Reports"」内閣府資料を基に著者作成。

図11-7　MPI のイメージ；改変

出典：https://ophi.org.uk/multidimensional-poverty-index/

ている。

以上，MPI は，貧困層がどのような貧困の形態に直面しているのかを明らかにし，同時に様々な貧困形態の間の関連性を明らかにする上で有益な尺度である。SDGs はこの MPI を使って貧困の撲滅を目指している。

実際の状況を見ると，2019年版の MPI は，57億人が暮らす101か国を対象とし，世界人口の約76%をカバーしている。多元的貧困層は，全世界で13億人であり，3分の2が中所得国の国民で，残り約3分の1は低所得国の国民である。

また年齢別に見ると，多次元貧困に陥る者の割合は，成人よりも子ど

表11-1　国連開発計画「多次元貧困指数」を構成する項目一覧

指標の分類	具体的な指標項目		ウエイト	SDG エリア	インジケータ
教育（1/3）	1. 就学年数	就学経験年数が6年以上の世帯員がいない	1/6	SDGs 2：飢餓ゼロ	栄養
	2. 子供の就学	学校に通うべき年齢の子供が就学していない	1/6	SDGs 3：健康と福祉	乳幼児死亡率
健康（1/3）	3. 子供の死	調査日までの過去5年間のうちに子供が亡くなった世帯	1/6	SDGs 4：質の高い教育	学校教育の年
	4. 栄養	栄養不足の成人又は子供がいる（15歳以上の場合，BMI＜18.5を栄養不足とする。15歳未満の子供の場合，体重＜WHO基準のz値（中央値－標準偏差×2）を栄養不足とする。）	1/6	SDGs 4：質の高い教育	学校への出席
生活水準（1/3）	5. 電力	電気の供給を受けていない	1/18	SDGs 7：手頃でクリーンなエネルギー	調理用燃料
	6. 衛生	改善された下水設備がない，又は，改善された下水設備を他の世帯と共用している	1/18	SDGs 6：きれいな水と衛生	衛生
	7. 安全な飲料水	安全な水が得られない，又は安全な水を入手するのに往復30分以上かかる	1/18	SDGs 6：きれいな水と衛生	水を飲んでいる
	8. 床	家の床が泥，砂又は糞である	1/18		
	9. 炊事用燃料	糞，木材又は木炭で料理をする	1/18	SDGs 7：手頃でクリーンなエネルギー	電気
	10. 資産	ラジオ，テレビ，電話，自転車，二輪車，冷蔵庫，自動車，トラックのいずれも持っていない	1/18	SDGs11：持続可能な都市とコミュニティ	ハウジング

注：指標の定義や2018年のデータは「UNDP，"Human Development Reports"」，内閣府資料をもとに著者作成。
出典1：内閣府 子供の貧困に関する新たな指標の開発に向けた調査研究報告書
https://www8.cao.go.jp/kodomonohinkon/chousa/h28_kaihatsu/2_02_2_2.html
出典2：https://ophi.org.uk/multidimensional-poverty-index/

もで高く，貧困層13億人のうち，ほぼ半数が18歳未満の子どもであり，特に10歳未満の子どもの貧困層は4億2800万人となっている。

MPIでみる子どもの貧困率は，成人の2倍で，3人に1人の子どもが，多次元貧困に陥っているのに対し，成人の割合は6人に1人である[19]。

さらにMPIの状況を地域別に見ると，貧困者の84%がサブ・サハラアフリカ（5.58億人）と南アジア（5.3億人）に暮らしている。

またこれまでの動向を見ると，COVID－19以前には，分析対象75か国の96%に相当する65か国がMPIの削減を達成していた。このトレンドが続けば2015年から2030年の間に貧困半減を達成するとされた国々が

19　多次元貧困層のうち1.07億人が60歳以上である。

47か国であった。しかし，新型コロナにより，MPI 指標のうち栄養と学校出席という２つの指標が悪化しており，新型コロナの悪影響を克服できないと，過去10年の成果が帳消しになってしまうとされる。

3.「惑星の限界」と貧困の撲滅

（1）「惑星の限界」から考える

地球環境の面からも SDGs が重要であるということは，多くの科学研究が明らかにしている。「惑星の限界（プラネタリー・バウンダリー）」は特に重要なテーマである。ストックホルム・レジリエンス・センターのヨハン・ロックストローム所長らが開発した「惑星の限界」とは，安定した地球で人類が安全に活動できる範囲を科学的に定義し，定量化したもので，９項目の「惑星の限界」があり，特に，地球資源の過剰開発に対する回復不可能な変化[20]のうち，生物種の絶滅，リン・窒素の排出量，気候変動，土地開発はすでに高リスク領域であり，早期の目標達成が求められている。

「惑星の限界」を踏まえると SDGs の17ゴールは，三層からなるウェディングケーキモデルに表現される（図11-８）。三層目の土台は環境（水，気候，海洋，森林の４個），二層目の社会（貧困，飢餓，健康・福祉，教育，ジェンダー平等，クリーンエネルギー，都市・居住，平和の８個），一層目の経済（雇用，インフラ，格差，生産消費，グローバルパートナーシップの５個）で構成され，各ゴールは密接に関連している。

（2）「惑星の限界」と公正な移行

「惑星の限界」のなかで，「誰も取り残されない社会」すなわち世界に残る貧困を撲滅するためにはどのような方法があるのか。

20　国際連合（2018）「持続可能な開発目標（SDGs）報告2018」

貧困の撲滅には経済発展や成長に期待が集まる。「惑星の限界」に応じて，全般的に経済成長を抑制してしまうと，貧しい人や国は取り残され，貧困解消の阻害要因になるという見方もある。

例えば，脱炭素社会の移行を進めるなかで，先進国は先に経済成長をし，「惑星の限界」の主な原因をもたらしたにもかかわらず，遅れて経済成長を経験している途上国は，炭素などを出すべきではないと制限をつけるのは公正ではないという途上国からの不満もある。

貧困と温暖化の関係と公正な移行については，以下の３つの関係を留意する必要がある。

１）世界の高所得層ほど地球温暖化の責任がある。英 NGO の Oxfam とスウェーデンの Stockholm Environment Institute（SEI）が共同でまとめた「Confronting Carbon Inequality」によると，①1990年から2015年の間の所得階層別の CO_2排出量を分析した結果，全世界の１％の最富

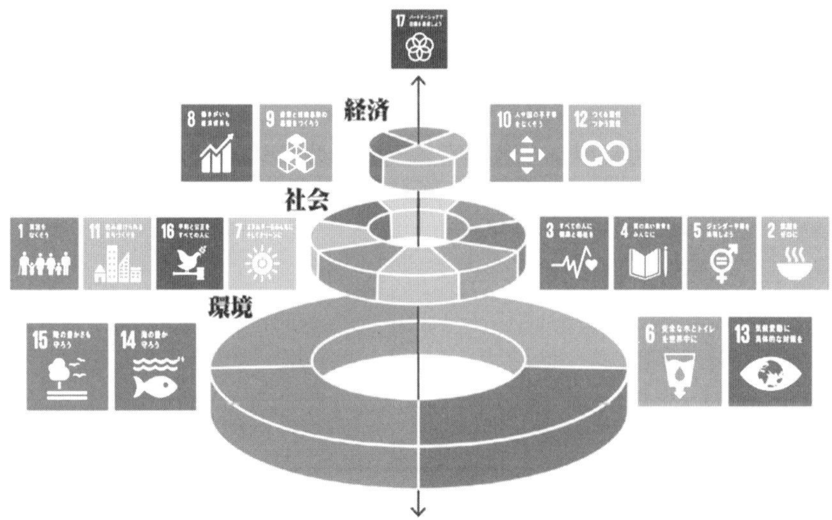

図11-８　SDGsのウェディングケーキモデル（ヨハン・ロックストローム）
出典：ストックホルム・レジリエンス・センター
https://www.stockholmresilience.org/research/research-news/2016-06-14-the-sdgs-wedding-cake.html

裕層の排出量は，人類の半分を占める30億人の最貧層全体の倍以上に相当する，②過去25年間でCO_2排出量は約２倍に増えているが，このうち，所得階層上位10％（約６億3000万人）の排出量が全体の過半（52％）を占め，最上位１％の排出量は全体の15％となり，人類の半分を占める最貧困層の排出量約７％の倍以上になる。

脱炭素社会に向けて，具体的には2015年の国連気候変動会議（COP21）で採択されたパリ協定の目標である「1.5℃」の気温上昇に抑制する必要性があるが，上位10％の富裕層の排出量は「1.5℃」の気温上昇分の全体の３分の１を占める。これに対して，人口の過半を占める最貧層の「1.5℃」への貢献度は４％でしかない。

２）貧困層ほど温暖化，異常気象の影響を受けやすいところに居住しており，また途上国ほど対応政策の余力がない。したがって，貧困層ほど地球温暖化や気候変動の影響を受けやすく，脆弱であり，かつ十分な対策もできない[21]。

３）地球温暖化対策は貧困層・困窮層ほど負担が大きくなる。例えば，炭素税・カーボンプライス[22]のような形で化石燃料に課税や費用負担をかけ，カーボンの排出を減少させるという方法で地球温暖化対策を行うと，貧困層，低所得層ほど経済的ダメージが大きくなる[23]。その理由は，炭素税・カーボンプライスは，家計の光熱費を引き上げるが，光熱費は

21　低所得者ほど収入の変動に影響を受けやすい。また異常気象の影響を受けやすいところに住んでいるためである。

22　排出されるCO_2（二酸化炭素＝カーボン）に価格付け（プライシング）を行い，CO_2を排出した企業などに費用を求める仕組みであるが，最終的にはその費用の大半は，光熱費の値上げという形で，消費者の負担に転嫁されることになる。

23　杉野誠・有村俊秀・森田稔（2012）は，東京都が導入を進めている化石燃料のほかに電力に対しても消費段階で課税する地球温暖化対策税は，化石燃料や電力は家計にとって必需財であるため，課税の影響は大きいという。その影響を所得階層別で比較すると低所得者層ほど大きく，最も低い層と高い層の間では1.5倍の差があるとしている。

必需財であり，消費に占める割合は，低所得者ほど大きくなるためである[24]。これを「温暖化対策の逆進性」と呼ぶ。ただし，この問題については，解決策もある。例えば，政府が課税された炭素税を基金にして，国民全員に一律に現金給付をするという方法，つまり環境政策と福祉政策を連携させれば，「地球温暖化対策の逆進性」を克服できる[25]。

このような1）～3）の関係を踏まえて所得階層間，途上国と先進国との間で，温暖化の責任の違い，影響などを考慮した上で，脱炭素社会に移行するという「公正な移行（Just Transition)」が重要になる。そのためには，国内においては，高所得者層から低所得者層・貧困層への所得再分配，国際的には先進国から途上国への充実した資金および技術的支援が重要になる[26]。

（3）　地球環境への負荷を考慮した人間開発指数

産業革命以降，人類は地球が有限であることを考慮せず，一方的に開発の対象にし，豊かさを追究してきた[27]。しかし，「惑星の限界」でも明らかになったように，地球環境は限界に直面し，これ以上の野放図な開発が行われれば，異常気象のみならず，食糧危機，水危機，生物多様性の喪失といった人類の生存を左右する状況が発生することが明らかになっている。貧困の撲滅と地球環境への負荷軽減を組み入れた指数の開発が必要である。

24　当然，こうした逆進性は貧困層・低所得者層から不満がでる。2018年に，燃料税の引き上げをきっかけにフランスで発生した「黄色いベスト運動」は，この問題が顕在化したものといえる。

25　このアイデアは，米国の著名経済学者約3600人が2019年にグローバル気候変動問題に対処する方法として，ウォールストリートジャーナル紙に一面広告提案をしている。https://www.clcouncil.org/economists-statement/

26　技術的な援助，インフラ整備といった援助は当然としつつ，政府ガバナンスの改善なども重要である。その一方で，その国の自然環境はもちろん，伝統，文化への理解や敬意といったものも留意しないといけない。

27　この問題は第15章で再度議論する。

そこで，国連開発計画（UNDP）は人間開発報告書2020年版（HDR）「新しいフロンティアへ：人間開発と人新世」で，従来の人間開発指数（Human Development Index=HDI）に加え，開発が地球に及ぼす負荷についても分析し，これを反映した「地球負荷調整済み人間開発指数」(PHDI: Planetary-Pressures Adjusted HDI）を開発，発表している。

新しい指数は，各国の健康，教育，生活水準を測定するHDIに，各国の二酸化炭素排出量とマテリアル・フットプリント[28]の２つの要素を勘案して調整したものである。この調整により，人間中心の視点で，人類の進歩を定義，測定するだけではなく，「惑星の限界」，「地球の健全性」も考慮した場合，開発の意味がどのように変化するのか，人類の進歩と地球の健全性の両立の状況を把握することができる。

HDIとPHDIの各国順位には大きな違いが出ており，HDIでは上位にもかかわらず，PHDIでは順位が下がる国が50か国存在する[29]。このように「公正な移行」のためには，適切な指数の開発が重要であることがわかる。

28　消費された天然資源量を表す指標。

29　例えば，ノルウェーはHDIでは１位であるが，マテリアル・フットプリントの成績が悪くPHDIでは15位になる。日本はHDIは19位であるが，PHDIは２ランク上昇している。日本の詳細（人間開発指数〈HDI〉，不平等調整済み人間開発指数〈IHDI〉，ジェンダー開発指数〈GDI〉，ジェンダー不平等指数〈GII〉）については，UNDPの「2020年版人間開発報告書に関する国別ブリーフィング・ノート日本」を参照。
https://www.jp.undp.org/content/tokyo/ja/home/presscenter/pressreleases/2020/Human_Development_Report_2020.html

コラム：格差と生物多様性の関係

「惑星の限界」に直面するなかで，温暖化防止，脱炭素社会への移行とともに生物多様性の確保も重要な人類の課題になっている。しかし，図11-9で示すように所得格差の拡大は，絶滅危惧種を増加させることがわかっている。50か国における生物の種（植物と脊椎動物）の喪失の状況を，人口密度，環境ガバナンス[30]，1人当た

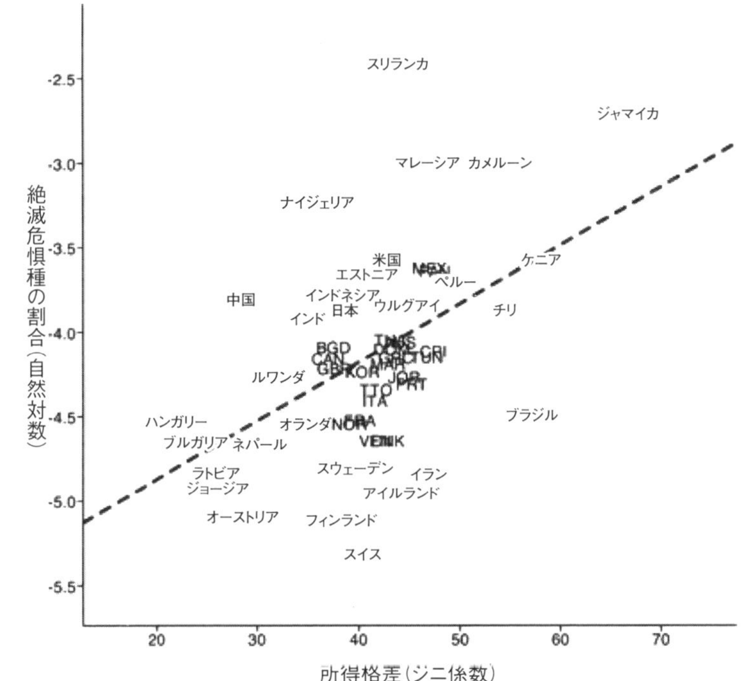

注：図中心部は各国が集中分布しているため個別の国名は示さない。

図11-9　格差と絶滅危惧種の割合

Holland, T.G., Peterson, G.D., Gonzalez, A., (2009) 参照

30　腐敗や民主主義のレベルといった一般的なガバナンス指標と環境に固有の要因（環境科学における知識など）の変数を組み合わせている。

り国民総生産，所得格差（ジニ係数），固有の脊椎動物の種の数で回帰分析した研究によると，所得格差は２番目に大きく種の喪失の原因になっていることが確認されている（図11-10）[31]。この原因として，所得格差の存在が社会全体の自然環境保全への取り組みを阻害するためであるとしている。

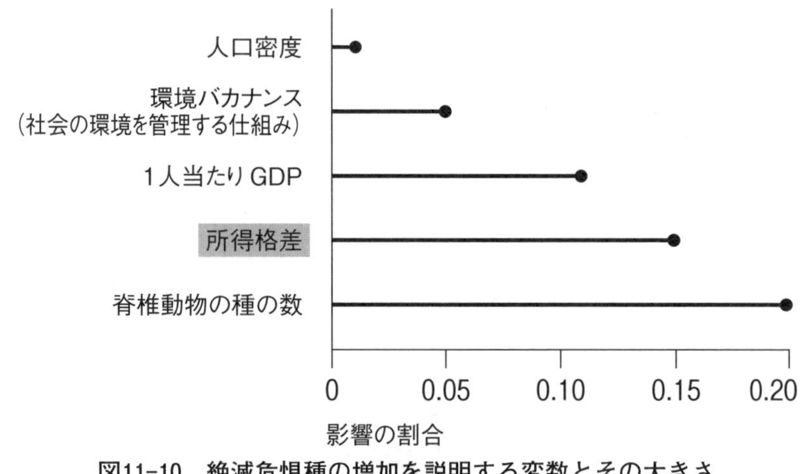

図11-10　絶滅危惧種の増加を説明する変数とその大きさ

出典：Holland, T.G., Peterson, G.D., Gonzalez, A., (2009) 参照

[31] Holland, T.G., Peterson, G.D., Gonzalez, A., (2009) 参照。

学習課題

1．SDGsの掲げる貧困撲滅は所得の増加だけで達成できるであろうか。MPIの意義も踏まえて考えよう。
2．「惑星の限界」のなかで，世界的な貧困を撲滅するためには，どのような政策を行うべきか。

参考文献

●配列は50音順，アルファベット順

1．伊藤啓介（2020）「『大飢饉』のない一四世紀 ― 一三世紀の社会の変化飢饉への対応」
2．ジェフリー・サックス（2009）『地球全体を幸福にする経済学』（野中邦子訳），早川書店
3．杉野誠・有村俊秀・森田稔（2012）「地球温暖化対策税による産業・家計への影響―東京都税制調査会での検討案の評価」環境科学会誌，25(2)，126-133
4．中塚武・伊藤啓介・田村憲美・水野章二『気候変動から読みなおす日本史4　気候変動と中世社会』臨川書店
5．中塚武（2022）『気候適応の日本史　人新世をのりこえる視点』吉川弘文館
6．リンダ・グラットン・アンドリュー・スコット（2016）『LIFE SHIFT（ライフ・シフト）―100年時代の人生戦略』，池村千秋訳，東洋経済新報社
7．Jozef L. Teugels（Editor），Bjørn Sundt（Editor）（2004）*Encyclopedia of Actuarial Science*, 3 Volume Set
8．Holland, T.G., Peterson, G.D., Gonzalez, A., (2009). A *Cross-National Analysis of How Economic Inequality Predicts Biodiversity Loss.* Conservation Biology 23, 1304-1313.. doi:10.1111/j.1523-1739.2009.01207.x.

12 新型コロナと貧困―明らかになった生活保護の限界と包括的な最低所得保障制度の必要性

駒村　康平

《目標＆ポイント》 新型コロナとその影響による景気後退，困窮問題の拡大については，今だ出口が見えない。今後，しばらくの間は新型コロナとの共存は避けがたいが（＝ウィズ・コロナ社会），新型コロナは社会保障制度の潜在的なアキレス腱の存在を明らかにした。個人事業主，自営業者，雇用類似の働き方をしている人や外国人，非正規労働者が社会保険，労働保険によって守られておらず，生活保護も利用しにくいことが明らかになった。今こそ新型コロナ後の社会（＝ポスト・コロナ社会）も見通した新しい最低所得保障制度を考える必要がある。
《キーワード》 新型コロナ，パンデミック，女性不況（シー・セッション），雇用調整助成金，特例貸付，社会福祉協議会

1.「女性不況：She-Cession（シー・セッション）」としての新型コロナ不況

大きな景気後退が発生すると，失業率が上昇し，賃金・所得が下がり貧困や格差の問題がクローズアップされる。例えば2008年のリーマンショックによる深刻な景気後退は様々な問題を生み出した。

そして，2020年初めから突如発生した新型コロナは世界の様相を一変させた。この規模のパンデミックは1919年のスペイン風邪以来とされ

る[1]。当時は，第一次世界大戦終了後で，福祉国家の黎明期であった。

新型コロナによる失業者，困窮者の増加などに対して，貧困に陥らないよう制度化された現代のセーフティネットがいかに機能したのか，あるいはいかなる問題が発生したのかを考えて，今後のセーフティネットの改善を提案する。

2. 経済か感染防止かという議論の問題点

（1） 新型コロナが雇用に与えた影響

2020年４月に新型コロナの蔓延防止のために政府が発出した緊急事態宣言により，多くの経済活動が突如停止された。政府は後述のように雇用調整助成金などを使って企業の雇用の維持支援を行ったが，離職者が増加し，非正規労働者数も減少した。離職者が感染防止のために求職活動を控えたために完全失業率はあまり上昇しなかったが，無業者数は増加した[2]。

加えて企業の生産活動の停滞により，正規労働者，非正規労働者とも

1　Marani M, Katul GG, Pan WK, Parolari AJ（2021）は，COVID－19と同程度の影響力を持つパンデミックが発生する確率は，１年当たり約２％としており，2000年に生まれた人が現在までにパンデミックを経験する確率が約38％であった。他方，1918年－1920年に3000万人以上が死亡したスペイン風邪と同等のパンデミックが発生する確率は，１年当たり0.3％～1.9％であり，これと同等のパンデミックは400年に１回程度と推計されている。他方で，感染症の発生リスクが急速に高まっており，過去50年間で新型コロナウイルスのようなヒトに感染する病原体が新たに出現するスピードが上がっているため，今後数十年で新たな疾患が流行するリスクは３倍になり，COVID－19と同規模のパンデミックは，今後59年以内に起こる可能性があるとしている。

2　なお，新型コロナ１年目（2020年）と２年目（2021年）では雇用の状況は異なっている。2020年４月は正規雇用も非正規雇用も減少したが，2020年の後半からは，正規雇用が，2021年４月からは非正規雇用が回復をし始めている。正規雇用は医療，福祉，情報・通信などで拡大しているが，背景には正規雇用の人手不足傾向や同一労働同一賃金の適用（2020年４月（大企業），2021年４月（中小企業））により非正規労働者の正規労働者化が進んだことがあるとされている。

に残業代などの所定外給与が大きく減少した[3]。

特に影響の大きかった業種は，飲食店・娯楽業・宿泊業などの業種の従事者，非正規労働者が特に新型コロナによる影響を大きく受けたが，その多数を占めるのが女性だった。

2008年に金融，製造業を直撃し，男性の失業者を多く出したリーマンショックを「男性不況 Man-Cession（マン・セッション）」とすると，新型コロナによる不況は特に女性に影響を与えた[4]。このため新型コロナによる不況は「女性不況：She-Cession（シー・セッション）」と呼ばれる[5]。

このような女性不況になったのは，伏線がある。リーマンショック以降，女性の就業率は大きく上昇した。2019年時点で15歳－64歳の日本における女性の就業率は70.9％で，米国，フランスを上回り，ドイツ，カナダ，英国と同水準であったが，女性の雇用増加の65％が非正規労働者による増加であった。こうした状態で新型コロナによる急激な経済活動の停滞が発生し，非正規労働者の割合が相対的に多い女性の雇用機会が縮小・悪化した[6]。

（2） 新型コロナとセーフティネット

ここでは，新型コロナ下での社会保障制度，特に生活保護の役割を考えよう。新型コロナによる景気後退の難しさは，感染防止と従来型の景

3　労働政策研究・研修機構（JILPT）「新型コロナウイルス感染拡大の仕事や生活への影響に関する調査（2020年５月調査）」によると，労働者の「３割」が収入減となっていると報告されている。

4　例えば，就労人口の状況をみると2020年４月には女性は70万人の減少，男性は39万人の減少と，女性の減少幅の方が大きかった。

5　内閣府『令和３年男女共同参画白書』参照。なお，この間，女性の失業率はあまり上昇しなかったが，これは労働市場から退出し，就職活動をあきらめた女性が多いためである。

6　女性の負担増は労働市場だけではない。家庭内の役割分担でも新型コロナが悪影響を与えている。小学校などが休校になり子どもの在宅時間が増えたが，育児時間が「増えた」と回答した割合は，夫は26.2％であったが，妻は31.2％であった。

気刺激策が矛盾するという点にある。従来型の景気刺激策で経済を活性化すると人々の活動が活発になり，感染が広がることになる。

そこで新型コロナ対応をめぐっては，「感染防止」と「景気刺激・経済活動」のいずれを優先するのかという議論が交わされた。この議論は究極には感染防止で新型コロナによる死亡者数を抑制するのか，経済活動停滞による倒産，失業を引き金にした自殺者を抑制するのかという原因の異なる死亡者のいずれを許容するのかという問題に行き着く。すなわち「ある人を助けるための他の人を犠牲にすることは許されるのかという」，倫理学上のいわゆる「トロッコ問題」にも似た問題である[7]。確かに失業と自殺の間に密接な関係があることは，日本のみならず各国で確認されており，2008年からのリーマンショックによる不況下では各国で自殺者が増加した。大幅な経済活動の停滞により，雇用や所得の低下が発生した。加えて，今回の景気後退は中小・零細企業の倒産など自営業者にも深刻な影響を与えている。

しかし，このような２択の議論で違和感を覚えるのは，社会のセーフティネットを担う社会保障制度，特に生活保護制度の役割が全く期待されなかったという点である。

急激な景気後退において当然「失業→生活困窮→自殺」といったつながりを引き起こしてはならない。まず「失業」と「生活困窮」の間に，雇用保険や生活保護といった所得保障制度が存在する。そして「生活困窮」と「自殺」の間にも，精神的な問題が介在することがわかっており，それには生活困窮者支援や精神的なケアを拡充する政策によってくさび

[7]　トロッコ問題とは以下のような問題である。トロッコの制御が不能になり，このままでは前方で作業中だった５人が轢き殺されてしまう。回答者の手元には線路の分析器があり，線路を切り替えることができるが，切り替えると別の線路で作業している１人が轢き殺されることになる。線路を切り替えるべきことが道徳的に「許される」あるいは「許されない」のいずれかで答えよという問題である。「５人を助けるために他の１人を殺してもよいか」という問題であり，功利主義で考えれば，１人を犠牲にして５人を助けるべきとなるが，しかし，誰かを他の目的（５人を助けるため）のために利用する（１人を犠牲にする）ことが許されるのかということも倫理上では重要な問題である。

を打つことで，自殺者を抑制することもできる。こうした物心両面で社会保障が充実すれば，感染防止か経済優先かという命のトレードオフを軽減することができる。本来，大不況下では社会保障制度，特に生活保護制度の出番になる。しかし，実際には，日本ではその役割および機能強化が十分，認識も機能せず，感染症対策か経済活動かという２択に議論が集中した。なぜ日本では社会保障制度，特に生活保護が期待されていないのか。その原因としては，１）複雑で手続きが面倒な社会保障制度への不満・不信，２）制度への知識や理解の不足，３）セーフティネットを担う生活保護制度への嫌悪感・スティグマ，が存在した。

新型コロナとそれに伴う困窮は，低所得層，非正規労働者，ひとり親世帯，高齢者，障害者，子どもといったそれ以前からリスクや社会変動に対して脆弱な人々を直撃している。そこでは，経済面のみならずDV，児童虐待，孤独・孤立など健康，メンタル面も含めてかなりの深刻な状況が起きていることが各国から報告されている。こうしたメンタル面での問題は，長期間にわたって社会に深刻な傷を残す可能性があり，早急な対応が必要である。また新型コロナがさらなる貧困・格差拡大の原因になる可能性もあり，それが更なる社会不安を増幅する可能性もある。

3. 新型コロナと生活不安―低所得者世帯，ひとり親世帯への影響

新型コロナ不況は特に母子世帯に深刻な影響を与えた。第14章「子どもの貧困と貧困の世代間連鎖（２)」でふれるように過去30年に子どものいる世帯に占めるひとり親世帯の割合は急激に上昇し，特に母子世帯の割合は著しく上昇した。

新型コロナは特に母子世帯を直撃した。例えば，内閣府男女共同参画局の令和３年男女共同参画白書によると2020年７－９月期の完全失業率

は，子供のいる有配偶の女性にはほとんど影響がなかったが，母子世帯の親は約３％ポイント上昇している。加えて母子世帯は非正規雇用が多く，母子世帯の働く母親の52.3％が非正規雇用となっている。

厚生労働省「国民生活基礎調査」（2019）によると，母子世帯のうち31.0％が年間所得金額200万円未満で，41.9％が生活を「大変苦しい」と感じていると新型コロナ前の調査でも報告されていたが，新型コロナにより状況はより深刻になった。

図12-１は，内閣府政策統括官（政策調整担当）（2021）「令和３年子供の生活状況調査の分析　報告書」による新型コロナが家計収入に与えた影響である[8]。親の所得階層を中央値より上の層，中央値の２分の１以上，中央値未満層，中央値の２分の１未満層に分けて分析している。

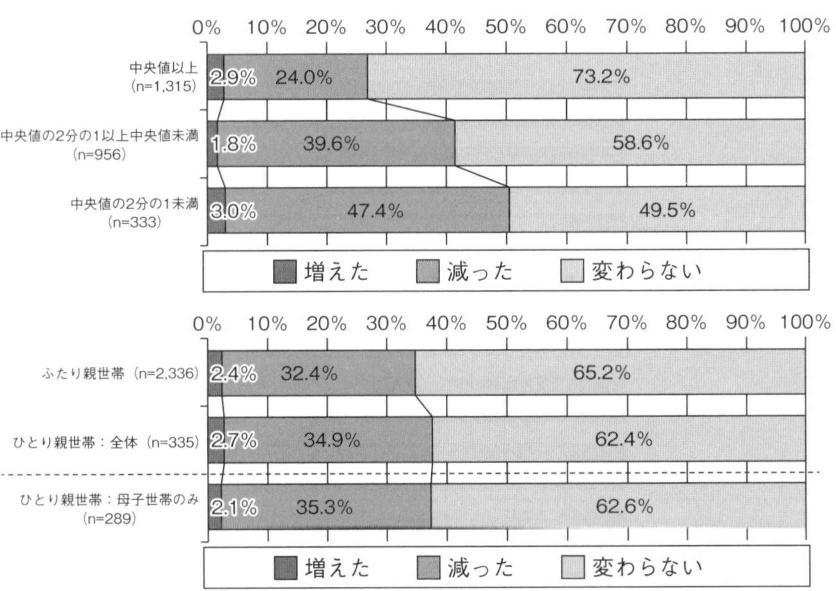

図12-１　新型コロナが家計収入に与えた影響（世帯全体の収入の変化）；改変

[8] 質問の内容は，「あなたのご家庭の現在の生活（『世帯全体の収入の変化』，『生活に必要な支出の変化』，『お金が足りなくて，必要な食料や衣服を買えないこと』等）は，新型コロナウイルス感染症の拡大により学校が休校する前（2020年２月以前）から比べて，どのように変わりましたか」である。

中央値の２分の１未満は一般に貧困層とされる。

世帯収入が「減った」の割合は，「中央値以上」の世帯では24.0%，「中央値の２分の１以上中央値未満」の世帯では39.6%，「中央値の２分の１未満」の世帯では47.4%となっている。さらに世帯の構成別にみると，「減った」の割合は，「ふたり親世帯」では32.4%，「ひとり親世帯」全体では34.9%，「母子世帯」のみでは35.3%となっている。

図12-２は，同じく「生活に必要な支出の変化」についての回答である。

等価世帯収入の水準別にみると，支出が「増えた」の割合は，「中央値以上」の世帯では35.3%，「中央値の２分の１以上中央値未満」の世帯では48.7%，「中央値の２分の１未満」の世帯では63.4%となっている。

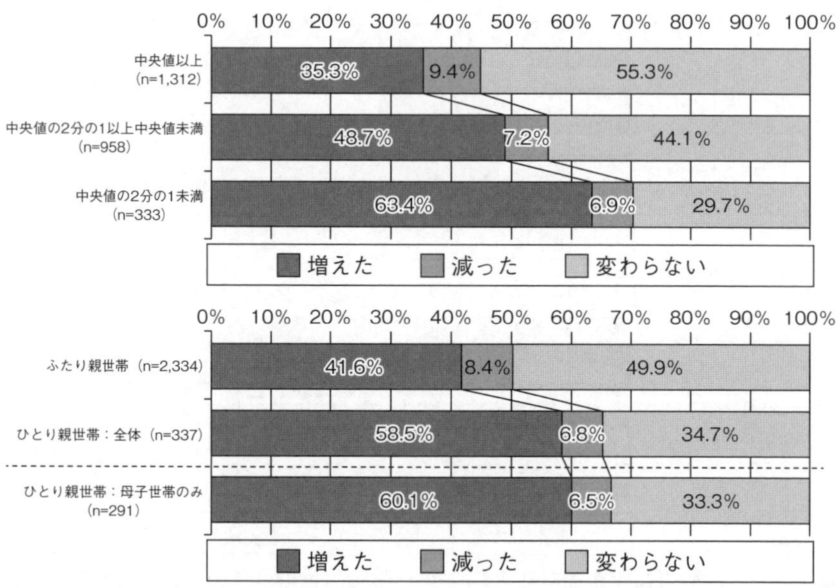

図12-２　新型コロナが家計収入に与えた影響（生活に必要な支出の変化）；改変

世帯構成別にみると，「増えた」の割合は，「ふたり親世帯」では41.6%，「ひとり親世帯」全体では58.5%，「母子世帯」のみでは60.1%となっている。

このように貧困世帯，ひとり親世帯ほど，収入は減少し，支出が増加していることがわかる。この結果，基本的な生活費の支出に影響を与えている[9]。

図12-3は，新型コロナウイルス感染症の拡大により変化があった内

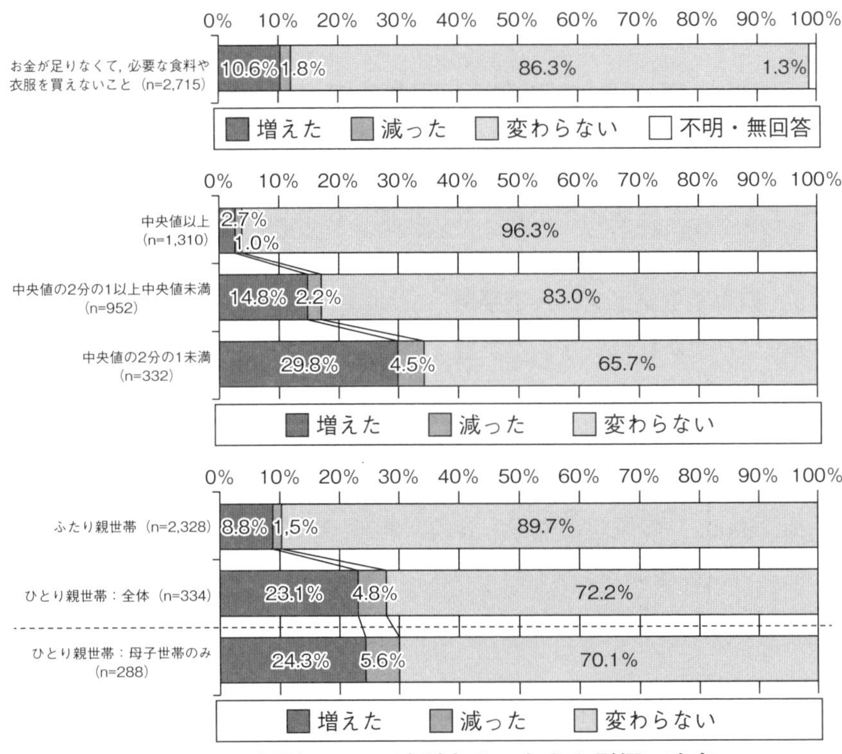

図12-3　新型コロナが家計収入に与えた影響；改変
（お金が足りなくて，必要な食料や衣服を買えないこと）

9　新型コロナに伴う様々な出費，例えば不足して一次的に値上がりをしたマスクや衛生用品への出費は，生活にゆとりのない貧困・低所得者世帯にとっては，大きな不安要因であった。

容について，「お金が足りなくて，必要な食糧や衣服を買えないこと」については，そのようなことが「増えた」が10.6%，「減った」が1.8%，等価世帯収入の水準別にみると，「増えた」の割合は，「中央値以上」の世帯では2.7%，「中央値の２分の１以上中央値未満」の世帯では14.8%，「中央値の２分の１未満」の世帯では29.8%となっている。世帯構成別にみると，「増えた」の割合は，「ふたり親世帯」では8.8%，「ひとり親世帯」全体では23.1%，「母子世帯」のみでは24.3%となっている。

新型コロナがいかに低所得者世帯，ひとり親世帯，母子世帯とその子どもたちを直撃したのかがよくわかる。

4．女性・子どもの孤独・孤立とその影響

新型コロナは，経済面以外にも精神面でも悪影響を及ぼすが，特に女性や子どもにその悪影響が長く及ぶ可能性がある[10]。

（1） 拡大するジェンダー不平等

新型コロナが女性に与えた影響としては，福祉，介護，保健・医療，保育といったエッセンシャルワーカーの女性割合が高い産業分野での問題，そして家庭内の家事負担ジェンダー不平等の拡大が指摘されている。日本では男女間で就業する職種の違い，「性別職業分離（Occupational Segregation)」の傾向が強く，介護，看護，保育といった分野は圧倒的に女性の比率が高いため，多くの女性が新型コロナのなかで働くことで強いストレスを感じていた。

（2） 子どものストレス

全国的なロックダウンが開始された直後の2020年５月－６月に行われた認定こども園協会による「新型コロナウイルスに係る緊急アンケート

10　新型コロナ下の生活不安やストレス，外出自粛による在宅時間の増加などにより，DV 相談件数が増加している。

調査（設置者・子育て家庭向け）」では，就学前の子供を抱える保護者の4人に1人が厳しい心身状況に追い込まれていること，特に母親の負担が著しく，感情の強い変化やストレス，一部に虐待の危険性が高まっていることが確認された。

また国立成育医療研究センター社会医学研究部「コロナ×こども本部」が2020年11月～12月に実施した「コロナ×こどもアンケート」（第4回調査）は，1）小学4～6年生の15%，中学生の24%，高校生の30%に，中等度以上のうつ症状がある，2）小学4年生以上のこどもの6%が「ほとんど毎日」自殺や自傷行為について考えた（死んだ方がいい，または自分を何らかの方法で傷つけようと思った），3）回答した保護者の29%に中等度以上のうつ症状がある，と報告しており，相当深刻な状態となっている。

（3）　増加する自殺

女性の自殺も深刻である。日本は自殺が多い国として知られている。男女別に自殺者をみると男性のほうが多いが，国際的にみると，日本の女性の自殺率は高く，OECD のなかでも上位に位置する。

自殺数の長期傾向としては，1998年以降，14年間連続して年間3万人を超えていたが，2010年以降は減少傾向に入り，2019年は2万169人と1978年の統計開始以来最小になっていた。しかし，新型コロナによる困窮と不安が拡大すると，女性は2020年6月以降，男性は2020年8月以降，前年同月との比較で，増加傾向になり，男女ともに，2020年10月に自殺者数が大幅に増加した。そして，2019年に比較して，2020年は男女で自殺者は4.5%増加したが，女性は15.4%増加している。

5. 新型コロナによる困窮拡大への政府の対応とその評価

(1) 雇用確保と生活困窮者自立支援制度の貢献

新型コロナがもたらした貧困，困窮の拡大に対して政府はどのように対応したのであろうか。政府は，まず雇用保険制度の仕組みである雇用調整助成金を使って，企業が経済活動を縮小しても労働者を解雇せず，休業という形で雇用を維持する仕組みの活用を促進し，雇用調整助成金の対象，支給内容も特例として大幅に拡充した[11]。

また困窮者の生活相談，家計改善助言，就労支援，子どもの学習支援など，包括的な支援を行う生活困窮者自立支援制度の相談者も急増した。2020年度は，自立相談支援機関への相談数が全国では78.6万件となり前年度の3.2倍になった。また相談者の属性は従来の40代，50代中心から大きく変化し，20代，30代が増加した。相談内容も社会的孤立，住居の不安・ホームレスなどが増え，ほかにもひとり親世帯からの相談も増えた。相談内容も「経済的困窮件数」が3.2倍，「住まいの不安」が2.2倍増えたが，加えて「外国籍」の相談件数が7倍になっている。新型コロナで増えた相談者像は，1）解雇・雇い止めの急増により困窮した非正規労働者，2）母子世帯，3）自営業・個人事業主，4）外国人であり，生活困窮者自立支援制度がこれまで想定していなかった人たちであった[12]。

(2) 各種給付金と特例貸付

政府は2020年4月の全国民を対象にした10万円の特別定額給付金を始め，子育て世帯，ひとり親世帯への支援のために臨時特別給付金を支給

---

11 労働時間が週20時間未満で，雇用保険の加入者でない雇用者も支給対象にし，雇用調整助成金とは別に，労働者自らが申請できる新型コロナ感染症対応休業支援金，雇用保険加入者以外でも申請できる休業給付金などが導入されたが，これらの特例措置等の支給対象者には女性が多かった。

12 厚生労働省「生活困窮者自立支援のあり方等に関する論点整理のための検討会」参照。

した[13]。さらに岸田政権の発足後の2021年11月にも住民税非課税世帯，厳しい状況にある学生，年収960万円以上の世帯を除いた高校３年までの子どもに対する現金給付を行った。こうした現金給付の効果は人々の不安を抑える効果はあったと思われるが，一方で，消費に回され経済の下支え効果は限定的という指摘もある[14]。

また政府は，社会福祉協議会が従来行っていた既存の緊急小口資金等の貸付を拡大し，①一時的な生計維持のための生活費を貸し付ける緊急小口資金（月20万円×３ヶ月），②日常生活の立て直しのため一定期間，生活費を貸し付ける総合支援資金（月20万円×３ヶ月，最大９ヶ月）について，貸付対象者の範囲や貸付上限額などの特例措置を行い，貸付手続きの簡素化も行った（以下，特例貸付）。

この結果，2021年11月までに，これらの特例貸付は，約300万件，累計額約１兆3000億円に達している。これら貸付は，2023年１月から償還が開始される。償還免除される要件は，「償還時において，所得の減少が続く住民税非課税世帯」ということであり，実際に償還免除される世帯数は不明である[15]。しかし，１）貸付において簡易な手続きが行われており，貸付の必要性や家計相談，助言，償還計画がきちんと確認されたわけではないこと，２）貸付においては担保，保証を求めていないこと，３）償還免除までは至らないが，依然として生活が苦しい世帯も多数存在すること，ということを考えると人員や情報の限られた社会福祉協議会による償還の作業はかなり困難なものになるであろう[16]。

13　この他2021年７月より自立支援給付金「新型コロナウイルス感染症生活困窮者自立支援金」が始まった。

14　兼田充・久保田荘・田中聡史（2021）参照。

15　住民税非課税世帯が全世帯に占める割合は，２～３割とされる。しかし，様々な税制上の控除の存在により現役世帯より高齢者世帯のほうが，住民税非課税世帯の割合が多いとされる。

16　関西社協コミュニティワーカー協会「新型コロナウイルス感染症特例貸付に関する社協職員アンケート報告書」に現場の意見が示されている。

（3） 脆弱だった最後のセーフティネットと包括的な所得保障制度の重要性

住居は生活の基礎であり，住居を失うと生活，就労の基礎が失われることになる。生活困窮者自立支援制度の住居確保給付金制度は，その支給実績が2020年－2021年９月までの累計で支給決定件数は16万件，総額423億円となり，住居の維持に大きく貢献し，ホームレスや生活保護受給者の増加を抑制したと評価できる。しかし，本来，就労訓練と連動した住居確保給付金制度ではなく，住居の確保をより経済的に支援する仕組み，本格的な住宅手当に相当する制度が必要であろう。

前述のように，緊急事態宣言により経済活動が停滞した直後から，新型コロナ罹患による死亡，健康問題も重要であるが，他方で経済活動の停滞でも失業や破産する人が自殺するので，それを許容するのかという論調もあった。新型コロナによる死者数と不況による死者数を比較するような議論であるが，前述の通り本来は経済停滞が続いても失業などで自殺に追い込まれないように，多様な「セーフティネット」が用意されるべきである。

では，セーフティネットの中核である生活保護は機能したのであろうか。新型コロナの蔓延後，生活保護の申請者数は当初はやや増加したが，次第に落ち着いた。また被保護世帯数についてその他世帯の受給者は増加傾向にあるものの大きな増加は見られなかった。このことをどう評価するか[17]。

被保護世帯が増えなかった原因は，これまでにみてきたように，１）雇用調整助成金などによって雇用が維持された，２）特例定額給付，臨時特別給付金などによる家計の下支え，３）特例貸付による家計の支援，４）住居確保給付金による住宅費の保障などが行われた，が有効であっ

[17] 生活保護制度については，厚労省は，１）国民の権利であるとして，速やかな保護決定を福祉事務所等に求めた，２）資産保有等の柔軟な扱い（通勤用の自動車や自営業者の資産の一時的な保有），３）扶養照会の運用の弾力化などを行ったが，生活保護制度の利用はそれほど増えなかった。

たと評価されている。

他方で福祉事務所や相談支援の現場からは，貧困者，困窮者にとって生活保護の敷居は高く，1）生活保護の申請を勧められても，強いスティグマからくる「生活保護だけは利用したくない」という感情，2）母子世帯は扶養照会への不安から，あるいは保育所・職場などへの自家用車の使用の制限を心配して申請をためらうケースも多い，3）自営業者・個人事業主は，事業と生活が一緒になっていることから，生活保護を利用すると事業継続，資金の借り入れが難しくなるというため申請をためらう，という意見がある。やはり生活保護制度に対する拒否感，嫌悪感などが根強く存在することがうかがわれる。その背景には，社会全体に存在する生活保護，福祉に対するスティグマの存在もある。過去に盛んに喧伝された不正受給への強い反感なども影響したと考えられる。

ほかの問題もある。自営業者や個人事業主の短期の所得保障制度の不在である。確かに自営業者・個人事業主にとって一時的かもしれない経営難のために，個人資産の売却を求められる生活保護を選択することは現実的ではないのかもしれない。被用者は失業などによる収入減が短期的である場合は，雇用保険があるが，自営業者・個人事業主そして現在増えている雇用類似の働き方にはそうした所得変動リスクヘッジの方法がない。今後増えるであろう雇用類似の新しい働き方に対する被用者保険の適用や特に自営業者，個人事業主，雇用類似の働き方をする人への短期的な所得保障の仕組みを用意すべきである。このような新しい仕組みを創設することで包括的な最低所得保障制度が成立することになる。

学習課題

1．新型コロナが明らかにした生活保護制度や従来の所得保障の問題とは何か。
2．新型コロナがもたらした景気後退，不況は従来のそれとどのような点で異なるか。

参考文献

●配列は50音順，アルファベット順

1．兼田充・久保田荘・田中聡史（2021）「コロナ禍における特別定額給付金の家計消費への影響―家計簿アプリデータを用いた実証分析―」RIETI Special Report　https://www.rieti.go.jp/jp/special/special_report/135.html
2．関西社協コミュニティワーカー協会（2021）「新型コロナウイルス感染症特例貸付に関する社協職員アンケート報告書」
https://blog.canpan.info/kancomi/img/E789B9E4BE8BE8B2B8E4BB98E381ABE996A2E38199E3828BE7B78AE680A5E382A2E383B3E382B1E383BCE38388E5A0B1E5918AE69BB80707webEFBC89.pdf
3．駒村康平（2021）「ポスト・コロナ社会における新たな社会政策―社会保障の持続可能性を超えたアプローチ―」『週刊社会保障』　2021.10.4 No.3139
4．内閣府男女共同参画室（2021）『令和３年男女共同参画白書』
https://www.gender.go.jp/about_danjo/whitepaper/r03/zentai/index.html
5．Marani M, Katul GG, Pan WK, Parolari AJ. Intensity and frequency of extreme novel epidemics. Proc Natl Acad Sci USA. 2021 Aug 31; 118 (35): e2105482118. doi: 10.1073/pnas.2105482118. PMID: 34426498; PMCID: PMC8536331.

13　子どもの貧困と貧困の世代間連鎖（1）—成育環境を通じた影響と諸外国の政策

駒村　康平

《目標＆ポイント》　子どもの貧困問題は，きわめて重要な社会経済問題である。子どもの貧困は親の貧困に直接に起因するが，子ども時代の貧困経験は，その時点での生活の困窮のみならず，成人した後も，健康，就労，経済状況，心理面を通じて深刻な影響を与える。第13章と第14章の２回にわたって，子どもの貧困と貧困の世代間連鎖について考える。まず本書では，貧困という成育環境が子どもに与える影響について考えていく。第14章では，それを受けて貧困の世代間連鎖に対応した政策を考える。
《キーワード》　子どもの貧困率，相対的貧困ギャップ，貧困の世代間連鎖，認知能力，非認知能力，ペリー・プレスクール・プロジェクト，ヘッドスタート，シュア・スタート

1.　子どもの貧困と貧困の世代間連鎖について

（1）「赤ちゃん取り違い」事件から子ども貧困を考える

2013年11月に，東京で，60年前に起きた赤ちゃん取り違い事件が報道された。都内の産院で同じ日に産まれた２人の新生児が取り違えられ，60年の歳月を経て，取り違えの真相が発覚したというものだった。本来なら経済的に恵まれた家に生まれたはずだったA氏は，生活保護を受けながら母親に女手一つで育てられ，家電のほとんどない６畳一間のアパートに家族４人で暮らしてきたという。A氏は中学卒業後に就職，働きながら定時制高校に通うのが精一杯で，大学進学は全く期待すること

もできなかった。他方，取り違えられて裕福な家に育ったＢ氏には子どもの頃から家庭教師がつき，当然のように大学にも進学し，豊かな生活をしてきたという報道である。この事件をどのように考えるべきなのか。「貧しい家に行ってしまったＡ氏は不運だったね」ということで，いいのだろうか。貧困世帯に生まれてくるというのは子どもの責任では全くない。親が貧しかろうが，豊かであろうが，子どもの持つ多様な可能性を引き出す社会が望ましい。

（２） 子どもの貧困と貧困の世代間連鎖の国際比較

OECDの公表による子どもの相対的貧困率は，2015年時点で日本は14％で，OECD42カ国中21番目である[1]。さらに，UNICEF（2016）によれば，日本の子どもの貧困の深刻度は先進国のなかでも上位にあるとしている。貧困の深刻度は，所得階層の下から10％目の子どもが属する世帯の世帯所得を，中位の世帯所得の子どもたちに比べ，その差を中央値の割合として示した指標である「相対的所得ギャップ」で測定している[2]。

日本の相対的所得ギャップは，60.21％となっている。これは所得階層の下位10％の子どもの世帯所得は，中位の子どもの世帯所得の４割に満たないことを意味する。「相対的所得ギャップ」で比較すると日本は，先進諸国41カ国のなかでは，高いほうから８番目であり，相対貧困率よりさらに上位にある。

では，子ども時代の貧困経験が，子どもの将来，成人後にどのような影響を与えるだろうか。貧困世帯で成長した子どもが，成人した後の収入はどうなっているのか，貧困状態から脱することができているのか。こうした問題を明らかにするためには子どものときの「一時点の調査」

1　OECD（2022）, Poverty Rate（indicator）. doi: 10.1787/0fe1315d-en（Accessed on 29 March 2022）

2　これは，所得階層の下から10％目の子どもの所得が，所得階層の中位の子どもの所得に比べてどれほどかけ離れているかを示す指標であり，その差が60％を超えているということは，下位層の子どもの所得は中位層の40％弱程度に過ぎないということを意味する。

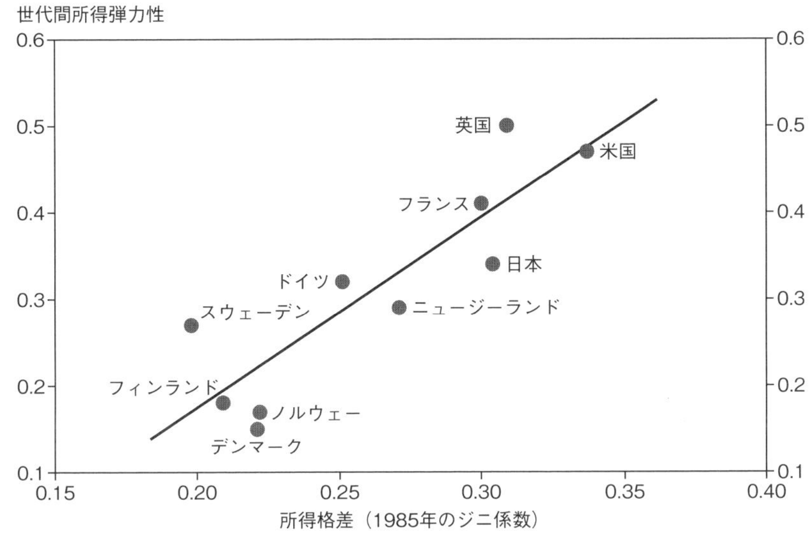

図13-1　ジニ係数と親子間の所得の関係性

出 典：Corak (2013) "Inequality from Generation to Generation: ? The United States in Comparison," in Robert Rycroft (editor), The Economics of Inequality, Poverty, and Discrimination in the 21st Century からの引用

ではなく，子どもたちの成長過程，そして成人したあとも追跡調査する必要がある[3]。

図13-1は，所得格差と世代間所得弾力性の国際比較である。縦軸の世代間所得弾力性とは，ある特定の年齢のときに親の所得が高かった場合，子どもが親と同じ年齢になったときにその所得がどのような影響を受けるのかというものである。親の世代の所得が1パーセント上昇すれば，子どもが同じ歳の大人になったときの所得が何パーセント影響を受けるかということであり，これがゼロならば親の影響はなく，これが高

[3] 子どもの貧困に関する追跡調査の重要性について，Esping-Andersen (2005) は，子ども時代だけ，つまり一時点の「スナップショット」の分析では，その原因や影響を明らかにするには限界があり，生涯にわたる貧困動態や不平等の連鎖を分析するには，長期的な追跡調査が不可欠であるとしている。しかし，日本ではそうした調査はほとんど行われていないのが現実である。

いほど影響が高く，1になると完全に影響を与えるということになる。他方，横軸は子ども時代（1985年）の所得格差の大きさを示すジニ係数である。図13-1は，所得格差が大きい国（横軸のジニ係数）ほど，親子間（父親と成人した息子）の所得の関係が強い，世代間の流動性が低いことを示している。

例えば，米国や英国は所得格差が大きい国では親子間の格差の連鎖がとても強いことがわかる。米国は，成功のチャンスにあふれている国と思われていたが，実際にはそうではなく，どのような親の下に生まれたかで人生の可能性が決まってしまう国であることがわかる。これに対して北欧各国は，格差の世代間連鎖が弱い国であることがわかる。米国と北欧の違いは何か。それは，米国ではユニバーサルな保健・医療サービスがすべての国民に保障されず，保育サービス，初等教育の質も所得階層によって大きな差がある。言語能力などは豊かな家の子どもと貧困世帯の子どもでは3歳までに1年の差が発生するという研究もある。他方，北欧はどのような家に生まれてもすべての子どもに同質の保健・医療サービス，保育・教育サービスが保障されている。米国は人生のスタートで，所得層によって大きな差があるのに対し，北欧はそうした差は小さい。

2．貧困の世代間連鎖の構造

では，どのように貧困の世代間連鎖が発生するのであろうか。その複雑な仕組みについて考えてみよう。

（1） 貧困の世代間連鎖の複雑なルート

世代間の貧困の連鎖については，経済学のみならず多くのアプローチがあり，それらの研究を整理すると，①経済力（所得）を通じたルール，②健康を通じたルート[4]，③コミュニティや周囲の環境影響，それ以外

[4] 極端な健康上の問題としてはスタンディング（発育阻害）がある。子どもが栄養を十分取れないと慢性的に栄養不良となり，年齢相応の身長を確保できなくなる。

に④親子間のIQなど能力の遺伝的要素，心理面，生活習慣，価値観，交友関係を通じたルート，などが考えられる。そして，これらの要因は相互に複雑に絡みあっている。

まず①については，所得の不足が進学機会，学力を制限し，そして就労機会も左右するというものである。日本においても親の所得によって学力や大学進学率に差があることが知られている。

次に，②の貧困と子どもの健康の関係であるが，遺伝的やエピジェネティクスにより親から受け継いだ健康上の課題[5]，環境からの影響，健康に関する知識・リテラシーの差，そして栄養摂取や医療・保健サービスなどへのアクセスの差がある[6]。厚生労働省の2016年「乳幼児栄養調査」によると，栄養バランスのとれた食事をしている者の割合は所得階層で大きな差があることが確認されている。低所得者世帯の子どもたちは，野菜，果物，魚，などの摂取が少なく，菓子，カップ麺，インスタント麺などいわゆるジャンクフードを食べる割合が高いことが確認されている[7]。

また貧困は③の住んでいる地域のコミュニティなどの環境の影響もある。貧困者，困窮者の多い地域においては，周りに高等教育機関に進学している人がいない，働いている人がいないという地域の状況が子どもの意欲や可能性に大きな影響を与えるとされる。社会的排除，物理的および

5　エピジェネティクスのメカニズムとは，DNAの塩基配列は変わらないがDNAそのものやDNAが巻き付く糸巻きタンパク質は化学修飾を受けることで遺伝子から作られるタンパク質の量が変化する現象である。エピジェネティクスは母だけではなく父からも世代を超えて伝わることが指摘されている。このことは親の貧困による栄養失調や喫煙などの生活習慣生活苦によるストレスなどによって生じた子供のエピジェネティクスの変化が次の世代にも引き継がれ，同様の健康問題を引き起こすリスクを示している。

6　詳細は緒方・横山・秋山・山縣（2021）参照。

7　村山（2018），栄養と病気の関係については，より衝撃的な研究もある。動物実験による研究によると，飢餓と病気との関連の起源は遺伝ではなく「エピジェネティクス」によるものであって，特定の遺伝子が蛋白質として「発現」する仕方が変わるためであることが示されている。例えば妊娠しているマウスで長時間カロリー制御を行うと仔マウスの遺伝子発現に変化が生じて，糖尿病にかかりやすくなる。こうした影響は代々受け継がれる可能性がある。Janct Curric（2020）参照。

社会的に孤立した状態は，子どもや青少年に有害な影響を与える。また住民の社会的規範への意識が低い状態も子どもの判断，行動に有害な影響を与えることも確認されている。このような地域社会が貧困に与える影響については，社会関係資本の問題や「近隣効果」として知られている。

社会関係資本とは，社会的ネットワークである。豊かな世帯の子どもは親から有利な社会的なコネクション，友人，知人を引き継ぐことができる。

近隣効果は，地理的に世帯や子どもに与える有利，あるいは不利な影響である。さらに地域の倫理感，法律遵守の強さ，ボランティア意欲，政治参加などの地域社会が持っている文化，価値観，さらには学校，病院，図書館などといった公共サービスへのアクセスも含める。近隣効果は実証されており，貧困率の高い地域で成長した子どもは，貧困率の低い地域で成長した子どもに比較して，大学進学率が低く，年収も低いことが確認されている[8]。こうした問題に対応するためには，家庭や個人の努力だけではなく，コミュニティ自体の抱える課題の解消が重要である。

④については，IQ に着目し，「IQ が高いほど学歴が高い」，「学歴が高いほど所得が高い」，そして「IQ は親子間の遺伝的な関係がある」とされ，「IQ が高い親は所得が高い。そして IQ の高い親から生まれた子どもは高い IQ となり所得が高くなる。貧困層では親の IQ が低いから所得も低く，親の IQ が低いから子どもの IQ も低くなり，貧困になる」ということから，貧困の世代間連鎖の原因を「生まれ（才能)」に求める見方もある[9]。

こうした「生まれか（才能か)」それとも「育ちか（環境か)」という議論は古くからある（コラム１参照)。確かに，「生まれ」が重要など思われがちであるが，少なくとも IQ は認知能力の尺度としても不完全であり，また決して安定したものではなく，影響も生活環境によって変わ

8　この他，男性については，犯罪の発生率が低い地域で育った子どもは，犯罪率の高い地域で育った子どもより年収が高いこと，女性については10代出産率が低いことが確認されている。フィリップ・ジェファーソン（2021）p.220。

9　この点に関する論争は，ベルカーブ論争として紹介されることがある。ポール・タフ（2021）pp.34－42を参照。

りうるものであること，所得に与える影響もそれほど大きいわけではないことから，少なくともIQを根拠にして貧困の連鎖の遺伝的要素はそれほど大きいものではない[10]。

むしろ貧困のもたらすストレス，社会的排除・孤立，虐待といった環境や経験が，子どもの発育，心理的な影響，認知能力・非認知能力，さらには脳機能に大きな影響を与えることが明らかになっている。しかし，こうした子どもの成育環境が貧困の世代間連鎖の原因であれば，社会政策でそうした原因を克服し，貧困の世代間連鎖を防止することができる。

（2）　貧困が子どもの脳の発育や心理面で与える影響

貧困の世代間連鎖が所得要因だけであれば，現金給付・所得保障による貧困解消によって貧困の世代間連鎖は解消されることになる。しかし，所得保障だけでは，貧困の世代間連鎖を解消できない。貧困以外にも様々な不利な要素が貧困の連鎖に影響を与える。（第14章 コラム1：逆境経験の影響を参照）

子ども時代から「自己肯定感」や「忍耐」に基づいて「自己規制の技術」，非認知能力を身に着けることは，学習といった認知能力の向上への影響のみならず，健康維持など，生涯にわたり重要な影響を与える。

正しい健康習慣によって児童期や青年期に，栄養摂取，体力，薬物乱用，非行，暴力に対する自己管理法を身につけることができる。しかし，ある程度の成功を経験しないと学習意欲も健康習慣も形成されない。持続的な貧困はこうした成功体験の阻害要因になりうる。

加えて，長期の貧困や劣悪な成育環境そのものが子どもの学習能力に悪影響を与える可能性もある。すなわち，長期間に貧困状態にさらされることなどから派生するストレス，分泌されるストレスホルモンが，子どもの記憶力・一時メモリーに悪影響を与え，前頭前野などの学習を司

10　Steven Fraser. ed.（1995）p.130.

る脳機能の発育に悪影響を与えるという研究がある[11]。貧困は，ストレスを経由し，子どもの認知機能，一時メモリーの機能に悪影響を与え，学力を下げ，自己肯定感を持てなくさせる可能性もある。例えば，人生の初期における学業不振は，不登校，反学校的な生活習慣のほか，攻撃的なライフスタイルと反社会的な行動を誘発することが確認されている。社会的，知的効力感の低い子どもは学業的な価値や健康的なライフスタイルに重きをおかない仲間達に引き寄せられ，進学や良好な職業の機会を失うことになる[12]。

さらにストレスは，健康面でも免疫能力を下げるということも明らかになっている。

貧困に伴うストレスによって認知能力[13]・学力が低下すると貧困の世代間連鎖はより強まる。加えて貧困世帯で発生する虐待・ネグレクトは子どもの心理面，非認知能力に深刻な影響を与える。友田（2011）によると，虐待・ネグレクトは脳の成長（脳の各部位における容積）に深刻

---

[11] その他持続的な社会的心理的ストレスによって脳や免疫系 DNA などに影響が発生する。計画立案や意思決定に重要な前頭前皮質や学習と記憶を支える海馬の機能低下，不安，恐怖を感じる扁桃体の活性化，モチベーションを支える中脳辺縁系ドーパミンの既往低下，様々な病気を引き起こす慢性炎症，血圧の上昇などの循環系の乱れ，代謝の低下といった部分に悪影響を与えるということが確認されている。また，前頭前野の変化は子供の行動にも大きな影響を与え，貧困世帯の児童は糖質コルチコイドのレベルは高く，前頭前皮質が薄くその活動が低下しており衝動の抑制と実行機能に劣る傾向がある。さらに自分の社会経済的地位が低いように誘導された被験者に対する実験では，意思決定における時間割引率が高くなり，被験者は将来の収入を当て込んで過大な借り入れをする傾向が強いことが確認されている。ストレスにより前頭前野の機能が低下すると，時間割引率が高くなる。時間割引率とは将来のためにどのくらい我慢できるかということを意味するが，時間割引率が高い人は，多額の報酬が用意されない限り，「今」を優先し，近視眼的であり，衝動的になる。ストレスと時間割引率の議論は，センディル・ムッライナタン，エルダー・シャフィール（2015）を参照。この他親の子どもへの向き合い方が子どもの知能に与える研究の紹介はタフ（2020）p.52を参照。

[12] 貧困・生活不安世帯で不登校率が高いとされる。貧困と不登校の関係については，原（2022）が最近の研究を整理している。第2章参照。

[13] 認知能力については p.143参照。

なダメージを与えるとしている[14]。

このように貧困は直接の就労や健康に与える影響以外に，貧困に伴うストレス，劣等感，自己肯定感の低下，あるいは貧困世帯の子どもの多くが経験する虐待などが子どもの精神面，知能面に深刻な悪影響も与えていることが心理学などによって明らかにされている。

（3）　出生時点からの不利の蓄積

栄養不良の問題は，胎児のときからでも問題になる[15]。低体重児や発育遅延の悪影響は10代から成人後も病気への耐性の低下，より高い疾病罹患リスクにつながり，特に女性にとっては深刻な影響をもたらすことが確認されている。

短期間であっても，極貧状況は深刻な影響を引き起こす。特に出生直後の極貧は子供にとって回復不能な精神的，身体的，心理的な損傷を与える。

Starfieldほか（1991）によれば，貧困家庭において低体重児が生まれる確率が高いことに着目し，研究対象を白人の子どもに限った上で，母親の学歴や喫煙などをコントロールしても，母親の貧困状況は低体重児出産につながりやすく，さらに母親自身が幼少期に貧困であった場合には低体重児をさらに出産しやすいことが明らかになっている[16]。

3.　子どもの貧困に関する欧米の実証研究

（1）　継続的な貧困の影響

養育された家庭の所得や環境面での不利益と青年期や成人後の貧困と

14　友田（2011）pp.63－67参照。

15　この問題は，「オランダ飢餓の冬」の研究が有名である。第二次世界大戦下，ナチスに占領されたオランダで飢饉が深刻になった数十年後，軍や医療および雇用記憶から妊娠中にこの飢饉にさらされた母親から生まれた成人男性はそうでない男性と比較して，2倍の肥満になりやすく統合失調症や糖尿病，心臓病にもなりやすいことが示された。Janet Currie（2020）参照。

16　低出生体重時は，成長後，喘息や注意欠陥多動性障害（ADHD）にかかる可能性が高いことも示されている。

いう状況の負の連鎖に関する実証研究は，世代間連鎖が深刻な問題となっている英国，米国で多くの蓄積がある。

これまでの研究でも，貧困状態が長期化するほど貧困状態から離脱することは困難になることが明らかにされている。つまり貧困は持続時間の依存性があるとされる。そのメカニズムは，成人においては，失業状態が継続すると技能や精神面で就労意欲が低下していくことが考えられる。さらに，子ども時代における貧困経験はより長期にわたって貧困リスクを引き上げる。こうした長期影響に関する研究を行うためには，長期間にわたって特定の世帯の所得の変動を追跡調査（縦断調査という）したデータが不可欠である[17]。日本ではこうしたデータは限られているが米国ではPSIDという長期追跡データを行った研究が数多くある[18]。

Panel Study of Income Dynamics（PSID）を用いたWagmiller and Adelman（2009）によれば，15歳未満の期間に貧困経験がない者は，その後の人生において貧困を経験する割合は最大で４％～５％である一方で，わずか１年でも貧困経験があると，その後の貧困率は全く経験がない者に比べ，急激に高くなる。表13-１は，この米国における世代間の貧困連鎖に関する調査結果を整理したものである。０～15歳の貧困期間

---

[17] 個人を調査したデータには，ある時点で様々な人の状況を調査した「横断データ」と同じ人の状況を繰り返し調査した「縦断調査」がある。「横断データは」，例えば所得と消費の関係，性，年齢など様々な特徴のある人を分析するには適している。しかし，時間の経過とともに人々の所得や健康がどのように変化していくかということを分析するためには不十分である。時間とともに人々の所得や健康がどのように変化するのかということを知るためには，多数の人を長期間にわたって追跡的・継続的に調査するデータが必要になる。このように繰り返して同じ人を調査した縦断データをパネルデータとも呼ぶ。しかし，パネルデータは，転居や回答拒否などで，途中で回答が得られることができなくなることもある（回答者の脱落）。多くの人に継続的に調査を協力してもらい，パネルデータを作成するためには，膨大な費用がかかる。

[18] PSIDとは，Panel Study of Income Dynamicsの略であり，5000世帯の18,000人を超える個人を対象とした米国・ミシガン大学社会研究所が実施している縦断的世帯調査である。1968年から雇用，収入，富，支出，健康，結婚，出産，子どもの発達，慈善活動，教育などのデータを集めている。

表13-1　子ども時代の貧困経験と成人後の貧困率の関係

	子ども時代（15歳未満）の累積貧困年数（%）		20歳時点の貧困率	25歳時点の貧困率	30歳時点の貧困率	35歳時点の貧困率
合計	0%	(0年)	4.1	5.3	4.3	0.6
	1-100%	(最低1年以上)	20.8	20.1	13.6	13.3
	1-50%	(1-7年)	12.4	13.6	7.3	8.1
	51-100%	(8-14年)	46.0	40.0	33.6	45.3
白人	0%	(0年)	4.0	5.1	4.2	0.4
	1-100%	(最低1年以上)	15.2	13.9	7.9	7.3
	1-50%	(1-7年)	10.7	10.4	4.7	4.2
	51-100%	(8-14年)	40.0	31.7	25.0	**
アフリカ系アメリカ人	0%	(0年)	4.7	8.1	6.9	5.2
	1-100%	(最低1年以上)	34.6	38.9	29.6	27.1
	1-50%	(1-7年)	19.4	29.8	19.0	20.0
	51-100%	(8-14年)	51.3	48.4	41.8	43.4

出典：Wagmiller and Adelman (2009)

が長期化するほど，成人後の貧困リスクが上昇することが確認される。

Corcoran and Adams (1997) は，PSIDを用い，調査対象者から生まれた子どもを追跡調査している。その結果，15歳以下の貧困経験の期間と，成人後の貧困率には相関があり，さらに，白人に比べ，黒人の方が貧困の継承率が高く，非経済的要因（親の教育水準，親がひとり親（有無，期間)，親の障害，世帯主の就業時間）を調整すると，親子間の貧困連鎖は低下傾向にはあるが，なお高い数値である。また，①貧困の深さ，貧困期間の長さと成人後の貧困経験には高い相関があり，②女性の方が成人後の貧困率は，男性よりも低く（結婚による影響と推測)，③黒人男性については親の就業時間と現在の就業時間に強い相関があること，④現在の所得と親の非経済的要因との相関は，親の経済状況よりも小さい。また，⑤10代の出産経験がある女性に貧困率が高いことなど，様々な指標を組み入れた分析をしている。

英国については，Blanden and Gibbons (2006)，２世代を超えた貧困の連鎖の実態を異なるコホート（世代）で分析している。彼らは，10代の貧困と成人後の貧困の因果関係は強く，コホート（世代）の効果でみると，1970年代に10代であった世代層と1980年代に10代であった層とは貧困に至るプロセスに違いがみられると指摘する。前者は，低学歴や無職の親などの家庭環境に起因した貧困が多いが，後者は貧困そのものの影響が強く，10代で貧困を経験した者が成人後に貧困である確率は，後者の方が前者の２倍と高くなっており，英国社会では若いコホート（世代）ほど貧困の世代間連鎖が強くなっているとしている。

英国ではブレア政権時代に「子どもの貧困撲滅」が公約にかかげられ，2004年９月の政府報告書 Office of the Deputy Prime Minister (2004) “Breaking the Cycle: Taking stock of progress and priorities for the future” において，英国の児童貧困の状況，不利の連鎖につながる社会的排除の実態が詳細に分析され，政府として10代の貧困経験と成人後の所得との相関を認めている。

またニュージーランドのダニーディーン市で行われた約1000人の子どもに対する20年に及ぶ長期追跡調査では，家庭の社会経済状態と子どもの発達についての多くの重要な点を明らかにしている。そこでは，１）家族状態，夫婦の関係や離別，母親の精神状況，出産年齢が子どもの認知能力，学力，精神状態に影響を与えること，２）両親の歯の健康状態と子どもの歯の健康状態の関連性の強さ，３）ネグレクトや虐待が長期的には子どもの反社会，犯罪行動の大きな要因になることなどが確認されている。

ダナ・サスキンド（2018）は，家庭内での親子の会話の量と質（内容）に着目している。この研究は，貧困層，労働者階層，専門職階層別に親子間の会話の量とその内容を録音して分析したものである。この結果，貧困層とそれ以外の層で，三歳までの期間で約3100万語の量の違いが発生し，その内容も貧困層では「否定的・命令」的な会話が多く，「肯定的・応援」的な会話が少ないことを確認している。この影響は，子どもの言語能力や認知能力に大きな影響を与えることを確認している。

（2）　逆境経験と貧困の世代間連鎖

人生の初期における学業不振は攻撃的なライフスタイルと反社会的な行動を誘発する可能性を高める。しかし，教育不振だけが貧困の世代間連鎖の要因ではない。これまでもみてきたように，子どもの貧困は，その経済的側面のみならず子どもを巡る様々な環境や経験が，相互に複雑に影響しあって貧困の世代間連鎖を強めることになる。特に貧困世帯が直面するストレス，環境，社会的排除・孤立，虐待といった経験が，「毒性ストレス」あるいは「逆境経験」として非認知能力，価値観・行動パターン，精神的課題に大きな影響を与える[19]。

リチャード・レイヤード，デイヴィッド・クラーク（2017）は，①感情面での課題を持っている子どもは，そうでない子どもと比較して，喫煙・ドラック依存，自傷行為などの問題の発生率は4倍高く，②子どもの頃に行為障害を持つ場合，そうでない子どもに比較して，成人後に暴力犯罪の確率が10倍，薬物依存，10代で親になる確率，自殺確率は4倍，生活保護利用率は3倍高い，③さらに身体的虐待を受けた子どもはそうでない子どもと比較して，虐待的な親になる確率は6倍高い，ということを確認している。

貧困世帯で多発する虐待・ネグレクトは子どもの心理面，認知機能に

19　ロバート・パットナム（2017）参照。

深刻な影響を与える[20]。

このように，貧困はストレスを引き起こし，子どもの認知機能，学力に負の影響を与え，自己肯定感を失わせる。加えて逆境経験がもたらす毒性ストレスは，脳内の感情調整を司る部分の機能に障害を起こし，社会への信頼度を引き下げ，健康面でも免疫能力を下げる。このように貧困（ここでは相対的貧困）とその派生した問題が子どもの可能性を奪うことになる。

(3) 認知能力と非認知能力

貧困世帯への子どもへの支援を巡っては，どうしても学力向上，教育強化が重視される。学力テストのように点数で数値化できる知能のことは「認知能力」と呼ばれる。これに対して，テストなどで数値化することが難しい内面的なスキル認知能力は「非認知能力」と呼ばれる。非認知能力の定義は研究者によって様々であるが，具体的には，自己認識（自分を信じる力，自己肯定感），意欲（やる気，集中力），忍耐力，セルフコントロール（自制心），メタ認知（自己認識），協調性などを意味する。

非認知能力の重要性について確認した実験プロジェクトとして米国の「ペリー・プレスクール・プロジェクト」が有名である。これは，3～4歳のアフリカ系米国人の子どもたちに対し，1960年代に米国で研究を対象に行われた教育である。

子どもたちはランダムにこのプログラムを受けるグループと受けないグループに分けられ，プログラムを受けた子どもは，「子どもたちが主体となる学び方（アクティブ・ラーニング）」や家庭訪問による親子支援が行われた。その後，40年間の追跡調査の結果，プロジェクトの対象

20　虐待の背景に親の貧困問題があることについては，2009年に公表された全国児童相談所長会の調査結果が確認している。松本編著（2010）p.19，田口（袴田）・河原・西留（2014）参照。米国における研究は同書，pp.198－199，p.205参照。また虐待の世代間連鎖については，研究によって結果が多少異なるが，30％～50％程度とされている。木本・岡本（2007）参照。

であった子どもと対象ではない子どもの比較において，両者の認知能力には大きな差がないものの，プロジェクト対象の子どもたちは，学習成績が高く，学生時代は中退や留年は少なく，成人になっても，より安定した社会生活を送り，犯罪率や失業，生活保護，麻薬使用者も少なかったことが確認され，これは非認知能力が高かったこととされた。またこのプロジェクトの費用と上記のような犯罪や失業などの社会的コストが節約されたことを考慮すると，プロジェクトの費用１ドル毎に約９ドルも生み出すほど投資効果が高いことが確認されている。

図13-２で示すように，人生のスタート時点で恵まれない子ども（幼児）に対する支援は社会的に極めて高い投資収益率（社会全体にとって意味がある）を生むことが確認されている。

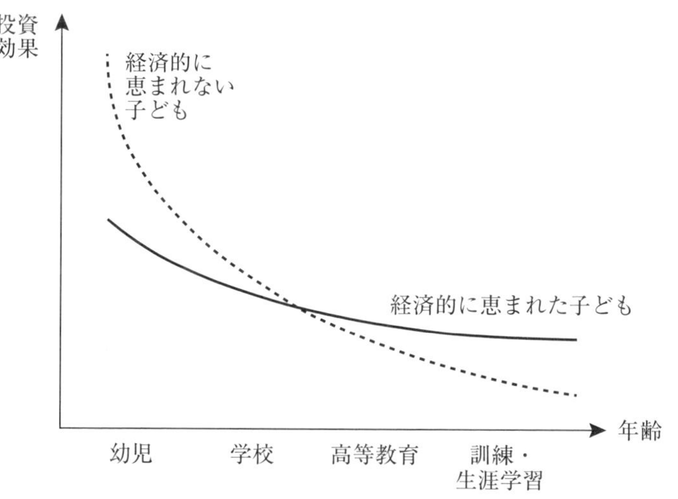

図13-２　社会的投資としての子育て支援

出典：Ludger Woessmann and Gabriela Schuetz, Efficiency and Equity in European Education and Training Systems, EENEE Analytical Report No.1 2006

4. 子どもの貧困と貧困の世代間連鎖に対する各国の政策

以上みたように貧困の世代間連鎖は多様な経路で発生する。世代間連鎖を解消するための政策としては，有名な取り組みとしては，1965年にリンド・ジョンション大統領が導入した米国の低所得者層の3歳から4歳の子供を対象としたヘッドスタート（Head Start）プログラムであり，教育だけでなく，健康，栄養，そして両親をも巻き込んだサービスを提供し，現在でも重要な政策となっている。

英国でも1998年よりシュア・スタート（Sure Start）政策が採用され，「子供たちに人生の最良のスタートを与える」の目標のもと，アウトリーチとコミュニティ開発に重点を置いて，育児，早期教育，健康，家族支援の改善が行われた。その後も英国では，2010年に「子どもの貧困法2010」が成立し，子どもの貧困解消の政策が続けられ，さらに「社会移動と子どもの貧困委員会」が創設され「2020年までに相対的貧困（中央値の60％を下回る年収の家庭に住む子ども）を10％以下にするように目標が示された[21]。

[21] その後，「子どもの貧困戦略2014－2017」も制定されたが，キャメロン保守党政権のもとで「ライフチャンス戦略」に衣替えとなった。ライフチャンス戦略は「社会移動」をもたらす手段を意味する。ライフチャンスの概念や政策に対する評価は，子どもの貧困アクショングループ（2022）が詳しい。ライフチャンスについて，ルース・リスター（2022，pp.29－30）は単なる機会の平等にとどまらないとし，「個人のライフチャンスはその人の特性，努力，態度によってのみ形づくられるものではなく，梯子の構造そのもの，つまりハシゴの高さ，勾配，桁のあいだの距離によっても形成されるものなのだ。ライフチャンスへの取り組みは，すべての子どもと若者に前に進むための平等な機会を保障する方法を模索するだけものであってはならず，得られるものの分配が社会全般により公平になるような方法を探るものであるべきで，さらに，現在子どもたちの機会がこれほどまでに不平等になってしまっている原因となる構造に向かい合うものでなければならないだろう」としている。

コラム1：社会経済の変動が子どもの人生に与えた影響

最後に歴史的な大事件や社会経済の変動が子どもに与える影響について考えてみよう。グレン・H・エルダー編（1997）は，世界大恐慌を経験した子どもたちの成人後までの縦断調査を分析し，年齢，階層や性別によってその影響が異なることを明らかにした。経済困窮に対する子どもたちの適応力には階層によって差があり，労働者階級より中流階級の子どもの方が，知的能力が高く，現実を概念化する能力に長けているため，変化の激しい不確実な状況に対してうまく適応したとしている。また，子ども時代の大恐慌の経験は，①労働者階級出身者の成人期の健康により深刻な影響を残し，②男性は経済的困窮度が相対的に低かった者がより高い学歴を達成したが，女性は学歴のハンディは結婚によって補われた，③家族の安定性が，子どもに与える大恐慌の負の影響を遮断した。さらにこの研究では，大不況期を経験した子どもの年齢によって，その後の影響が異なったことが，オークランドとバークレイにおける調査を比較することから明らかになっている。バークレイの研究の対象年齢は，オークランドよりも年上であったが，このことにより，大恐慌とそれに続く第二次世界大戦が，貧困の世代間連鎖に異なる影響を与えたことが明らかになった。より年長のバークレイの調査対象の世代は，1）兵役が自己決定，熟練，積極性を促進させ，職業選択の猶予をもたらしたこと，2）第二次世界大戦と戦後の復興，急速な経済成長によって，貧困状態から脱出できたものも出てきている。

この様に歴史的な大事件が子どもの貧困連鎖に与える影響は，様々であることにも注意が必要である[22]。現在，私たちが直面して

22　歴史的な大事件が，子どもの育ちに与えた影響については，大災害などもある。日本では，2011年3月11日の東日本大震災が子どもの育ちに深刻な影響を与えたという報告もある。世界的にみると旧ソ連（現ウクライナ）のチョルノービリ原発事故が子どもの育ちに深刻な影響を与えている。

いる新型コロナ禍もまた，子どもたちに深刻な影響を与える可能性が高いため，長期的な調査・研究が必要である。

コラム2：生まれか育ちか

貧困の世代間連鎖の要因については，日本の研究では十分確認されていない。遺伝的要因，所得要因，親の学歴など複雑な要因が相互に関わり合うために，子どもの発達に課題をもたらす要因を特定化して，克服する政策を提案するためには，同じ人を長期に追跡するコホートデータが不可欠であるが，日本では十分な参加者を出生時から追跡調査したコホートデータは存在しない。世界的には英国の1946年生まれの子ども達を長期追跡しているコホートデータが有名である。英国では，その後も一定の間隔で出生時からのコホートデータを作成しており，健康や学力，経済状況に関する重要な事実を発見している。特に有名な研究が，1970年代のコホートで確認された知的発達と所得階層の関係を確認したファインスタイン・グラフ（図13-３）である。

図13-３は，縦軸に1970年生まれの子ども達の生後22ヶ月，42ヶ月，60ヶ月，120ヶ月の知能テストの親の社会経済的地位別の平均点を取っている。４つの線は，「親の社会経済的地位が高く，生後22ヶ月時点で知能テストにおいて高得点を取っていたグループ（グループA）」，「親の社会経済的地位が低く，生後22ヶ月時点で知能テストにおいて高得点を取っていたグループ（グループB）」，「親の社会経済的地位が高く，生後22ヶ月時点で知能テストで低得点を取っていたグループ（グループC）」，「親の社会経済的地位が低く，生後22ヶ月時点で知能テストにおいて低得点を取っていたグループ（グループD）」の４つのグループの知能テストの得点が，月齢の

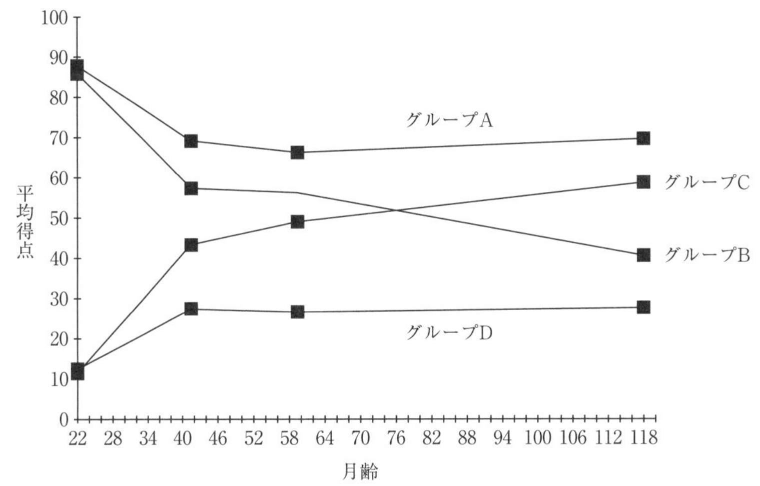

図13-3　ファインスタイン・グラフ

出典：Feinstein, L. (2003)

変化とともにどのように変化するかを観察したものである。このなかで注目されたのが,「親の社会経済的地位が低く，生後22ヶ月時点で知能テストにおいて高得点を取っていたグループ（グループＢ）」と「親の社会経済的地位が高く，生後22ヶ月時点で知能テストにおいて低得点を取っていたグループ（グループＣ）」の動きである。前者の知能テストは少しずつ低下し，後者は上昇し，76ヶ月で逆転している。すなわち生まれたときに知能が高い子どもでも，低所得者世帯で過ごすことにより，知能テストのスコアが低下し，他方で生まれたときには知能が低かった高所得者世帯の子どもに抜かれてしまうということになる。この研究は，さらに厳密な検討がなされて，部分的に修正が行われ「キラーチャート」と発表されたが，生来，優秀な可能性を持った子どもが貧困・低所得によってそれを生かしきれず，逆に優秀ではない高所得世帯の子どもに抜かれるという本質的な結論は変わらなかった。ヘレン・ピアソン（2017）参照。

学習課題

1．子どもの貧困はなぜ社会にとって重要な問題なのであろうか。
2．子どもの貧困は，どのように貧困の世代間連鎖につながるのであろうか。貧困の世代間連鎖のメカニズムについて考えてみよう。

参考文献

●配列は50音順，アルファベット順

1．青木紀（2003）「貧困の世代内再生産の現状―B市における実態」青木紀編著『現代日本の「見えない」貧困』明石書店
2．緒方靖恵・横山美江・秋山有佳・山縣然太朗（2021）「経済格差と3歳児の食生活習慣との関連」『日本公衆衛生雑誌 68（7）』
3．木本美際・岡本祐子（2007）「母親の被養育経験が子どもへの養育態度に及ぼす影響」『広島大学心理学研究』（7）2007
4．グレン・H. エルダー（1997）『大恐慌の子どもたち』，本田時雄，川浦康至，伊藤裕子，池田政子，田代俊子訳，明石書店
5．子どもの貧困アクショングループ（2022）『イギリスの政策と議論に学ぶ子どもの貧困とライフチャンス』，松本伊知朗監訳，松本淳翻訳，かもがわ出版
6．センディル・ムッライナタン（著），エルダー・シャフィール（2015）『いつも「時間がない」あなたに―欠乏の行動経済学』，太田直子訳，早川書房
7．田口（袴田）理恵・河原智江・西留美子（2014）「虐待的行為指標の妥当性の検討：母親の虐待的行為得点と社会経済的状況・育児感情の関連」『共立女子大学看護学雑誌1巻』
8．ダナ・サスキンド（2018）『3000万語の格差―赤ちゃんの脳をつくる，親と保護者の話しかけ』，掛札逸美訳，高山静子解説，明石書店
9．友田明美（2011）『子どもの脳に残る傷跡―癒やされない傷（子ども虐待）―（被害の実態）』．こころの科学159　63-67
10．原未来（2022）『見過ごされた貧困世代の「ひきこもり」―若者支援を問い直す』大月書店

11. フィリップ・ジェファーソン（2021）『14歳から考えたい貧困』（神林邦明訳），すばる舎
12. ヘレン・ピアソン（2017）『ライフ・プロジェクト』，大田直子訳，みすず書房
13. ポール・タフ（2020）『貧乏人は教育で抜け出すことができるか？　ハーレム・チルドレンズ・ゾーンの挑戦』，高山真由美訳，みすず書房
14. 松本伊智朗編著（2010）『子ども虐待と貧困―「忘れられた子ども」のいない社会をめざして―』明石書店
15. 村山伸子（2018）「子どもの食格差と栄養」阿部彩・村上伸子・可知悠子・鳫咲子編著『子どもの貧困と食格差』大月書店
16. リチャード・レイヤード，デイヴィッド・M. クラーク著（2017）『心理療法がひらく未来　エビデンスにもとづく幸福改革』丹野義彦監訳，ちとせプレス
17. ルース・リスター（2022）「ライフチャンスという考え方」子どもの貧困アクショングループ（2022）『イギリスの政策と議論に学ぶ子どもの貧困とライフチャンス』，松本伊知朗監訳，松本淳翻訳，かもがわ出版
18. ロバート・パットナム（2017）『われらの子ども』，柴内康文訳，創元社
19. Alex Cobham（2013）Palma vs Gini: Measuring post-2015 inequality. https://www.cgdev.org/blog/palma-vs-gini-measuring-post-2015-inequality
20. Blanden, Jo and Gibbons, Steve（2006）, The persistence of poverty across generations: A view from two British cohorts: The Policy Press, 2006.（http://www.jrf.org.uk/bookshop/eBooks/9781861348531.pdf）
21. Corak, Miles（2013）“Inequality from Generation to Generation: The United States in Comparison,” in Robert Rycroft（ed）, The Economics of Inequality, Poverty, and Discrimination in the 21st Century, Routledge, 107-126.
22. Corcoran, M. and Terry Adams（1997）“Race, sex, and the Intergenerational Transmission of Poverty” in Duncan, G., and J. Brooks-Gunn（eds）, Consequences of Growing Up Poor., Russel Sage Foundation.
23. Esping-Andersen, Gosta. “Children in the welfare state. A social investment approach.”（2005）.
24. Esping-Andersen（2005）“Inequality of Incomes and Oportunities”, in Giddens, Anthony and Patric Diamond,. eds., The New Egalitarianism, Policy Network.

25. Feinstein, L. (2003), Inequality in the Early Cognitive Development of British Children in the 1970 Cohort. Economica, 70: 73-97. doi:10.1111/1468-0335.t01-1-00272.

26. Janet Currie (2020) "Inequality before Birth Contributes to Health Inequality in Adults Improving newborn health is more essential now than ever", SCIENTIFIC AMERICAN October 2020.
https://www.scientificamerican.com/article/inequality-before-birth-contributes-to-health-inequality-in-adults/

27. Mishel Lawrence and Bivens Josh (2017) "The zombie robot argument lurches on There is no evidence that automation leads to joblessness or inequaity" Economic Policy Institute, May 24, 2017.

28. Oeppen, J., and Vaupel, J. W. (2002) Broken limits to life expectancy. Science, 296(5570), 1029-1031.

29. Robert M. Sapolsky (2019) The Healyh-Wealth Gap, SCIENTIFIC AMERICAN November, 2019.

30. Steven Fraser, ed. (1995) The Bell Curve Wars: Race, Intelligence and the Future of America (New York: Basic Books).

31. Teugels, Jef L and Sundt, Bjrn (2004) Encyclopedia of actuarial science, John Wiley & Sons.

32. Wagmiller and Adelman (2009) "Childhood and Intergenerational Poverty: The Long-Term Consequences of Growing Up Poor" National center for Children in Poverty (http://hdl.handle.net/10022/AC:P:8870)

14　子どもの貧困と貧困の世代間連鎖（２）—日本における貧困の世代間連鎖とその対策

駒村　康平

《目標＆ポイント》 第13章でもみたように子どもの貧困は，生涯にわたって様々な点で不利な状況をもたらし，成人後も貧困になるという貧困の世代間連鎖を引き起こす。日本でも，貧困の連鎖とそのメカニズムがようやく明らかにされつつある。貧困の連鎖を解消するためには，貧困世帯の子どもに良好な教育の機会を保障すべきであるという議論もある。しかし，それだけでは限界もあり，生活全般での支援が必要である。本章は，日本における子どもの貧困と貧困の世代間連鎖の実態とその解消のための様々な政策を紹介する。

《キーワード》 ヤングケアラー，ニート，引きこもり，子どもの貧困対策法，児童福祉法，社会的養護，家庭的養育，子ども家庭庁

本章では，日本の子どもの貧困と貧困の世代間連鎖の研究と貧困の世代間連鎖を解消する政策を考えていきたい。

1．日本における貧困の世代間連鎖の研究の課題

（1） 日本における貧困の世代間連鎖の状況

第13章では諸外国での子どもの貧困と貧困連鎖の実態，子どもの貧困に対する政策を紹介した。こうした研究は，最近では内閣府政策統括官（共生社会政策担当）(2020)「令和元年度　子供の貧困実態調査に関する研究　報告書」でも，１）教育面から認知能力（学力）と非認知スキ

ル（社会情動スキル），生活健康面からは逆境体験や健康が貧困の世代間連鎖に与える影響をレビューしている[1]。

日本での貧困の世代間連鎖に関する研究については，「データ」上の制約がある。残念ながら，米国のPSIDのように，現時点では日本には子どもから成人後までの所得，資産，家庭状況，健康，学力を追跡できる長期にわたる大規模パネルデータはそれほど多くない[2]。

そこで研究者は，「貧困の世代間連鎖」を研究するために，成人した親子間の所得階層や学歴，職業の移動という間接的な指標で，親子の社会経済的地位の連関性を分析したり，成人になった人に15歳のときの暮らし向きを思い出してもらって，今の暮らし向きとの関係を分析したりするような研究手法をとっている。

これとは別に，生活保護受給世帯を貧困世帯とみなし，被保護者台帳などの資料から成育歴を使ったり，あるいはアンケート調査，聞き取り調査を行ったりする研究がある。ただし，この方法にはいくつかの課題がある。まず生活保護を受給している貧困世帯は，貧困世帯の一部に過ぎない。第９章でも紹介したように，生活保護の捕捉率は２～３割程度に過ぎないので，被保護世帯をもって，貧困世帯を代表しているとは必ずしもいえない。むしろ生活保護制度からこぼれ落ちた貧困世帯に重要な問題がある可能性もある。なお，被保護世帯は生活保護費を受給しているので，厳密には憲法の定めた生存権以上の生活はしているという意味では，経済的には貧困状態を脱しているとみることもできる。また被保護世帯のデータを使うとしても，１）行政目的収集されたデータを研

1　内閣府の報告書では認知能力以外の心の性質全般を「非認知スキル」とし，①目標を達成する力（例：忍耐力，意欲，自己制御，自己効力感），他者と協働する力（例：社会的スキル，協調性，信頼，共感），情動を制御する力（例：自尊心，自信，内在化・外在化問題行動のリスクの低さ）を指すとしている。
https://www8.cao.go.jp/kodomonohinkon/chousa/r01/pdf/s2-2.pdf

2　日本での代表的なパネル調査としては，慶応義塾大学パネルデータ設計・解析センターの作成する「日本家計パネル調査（JHPS/KHPS）」，「日本子どもパネル調査（JCPS）」がある。

究者が使うことは難しいこと，2）聞き取り調査の場合は，多くのデータを集めることができないことや，3）アンケート調査の場合も生活保護を受給した経験者が少ないことからかなり多くの人にアンケートを行う必要が出てくる，という問題がある。こうした問題があるが，被保護世帯は，所得面だけではなく様々な課題を抱えているので，貧困の連鎖を分析するために多くの手がかりを得ることができる。

以下，日本における貧困の世代間連鎖に関する研究を紹介していこう。

（2） 世代間連鎖の研究

社会学の分野では，SSM 調査[3]などを使用した階層移動を検証する研究が「社会的流動性」の研究として，従来から行われてきた。これらの研究では，主として父親と息子の職業階層の関係を，「親子間の階層移動」として分析しているが，直接的に，所得を把握していないので，職業という代理指標を使って「貧困の世代間連鎖」を把握しようとしている。

経済学をベースとした貧困の連鎖に焦点をあてた研究でも，長期間の所得の変化を把握するデータがないため，代わりに15歳時点の暮らし向きの主観的評価を子ども時代に貧困状態であったかどうかということの指標として使用する研究がある。大石（2007）と阿部（2007）は，ともに国立社会保障・人口問題研究所の「社会生活に関する実態調査」から回答者の15歳時点における世帯所得に関する回顧的評価を手がかりに，世代間の貧困連鎖を分析している。大石（2007）は親の低学歴は子どもの低学歴につながるものの，現在の所得環境の間には明確な相関関係がみられないとしている。他方，阿部（2007）では現在の所得や配偶関係をコントロールしても，子ども期の貧困が成人となってからの実質的な生活水準（基礎的ニーズや物質的はく奪）に影響しているとしている。

3　SSM 調査とは，Social Stratification and Social Mobility 調査の略である。社会階層と社会移動の研究を目的とする社会調査である。

また小塩（2010）は，子ども時代の貧困経験は，最終学歴，成人後に得る所得，幸福度や主観的健康度も低く，その将来に無視できない影響を及ぼしているとしている。

さらに阿部（2011）は国立社会保障・人口問題研究所による「社会保障実態調査」を用いて，15歳時点で「暮らし向きが大変苦しい」と回答した者を「子ども時代の貧困経験」とみなして，その後のライフコースを分析している。子ども時代の貧困の影響の一部は，低学歴・非正規労働・低所得という一般に考えられる経路を介したものであったが，それ以外にも，子ども時代の貧困経験の多様な影響が確認され，教育投資だけでは貧困の世代間連鎖の解消は難しいとしている。また，若いコホートと中年コホートを比較すると，若いコホート（世代）の方が子ども期に貧困で育った経験が現在の生活困難に及ぼす影響が強くなったとしている。

（3） 生活保護の世代間連鎖に関する研究

貧困状態になると申請に基づいて生活保護費を受け取ることができる。生活保護被保護状況や被保護歴を手がかりに貧困経験の連鎖について焦点をあてた研究は，被保護世帯の持つ複数の家庭環境の不利が子どもの成長に与える影響を明らかにしている。

表14-1は，日本の生活保護被保護世帯における貧困の世代間連鎖の研究成果の一覧である。

世代間の貧困連鎖の強さは，現在，生活保護を受けている世帯主のなかで，自分が子どもの頃自分の親も生活保護を受けていた割合（%）で判断している。ここで留意点がある。

利用されたデータによって世代間連鎖の程度は異なるが，福岡県立大学附属研究所（2008）は，「ケース記録には児童期の生活保護受給歴の

表14-1　日本における生活保護受給の世代間連鎖に関する先行研究

論文名	利用データ	受給世帯の世代間連鎖の有無，程度
青木（2003）	北海道Ｂ市の被保護母子世帯の聞き取り調査（19ケース）	3/19件（15.8%）件が生活保護受給歴あり。経済的困窮経験は15/19件（79%）。
中囿（2006）	北海道釧路市被保護母子世帯アンケート（181ケース）	14.6%（結婚するまでの期間）
福岡県立大学附属研究所（2008）	福岡県田川地区の生活保護廃止台帳（502ケース）	8.4%。ただし世帯主の年齢が若くなるほど，連鎖は高くなる。1966年以降の生まれでは，29.4%。児童期に保護歴がある者の46.4%が，親や兄弟姉妹，親族も受給中。
道中（2009）	Ａ市のケースワーク記録	約25%。母子世帯では約40%と高い。
駒村・道中・丸山（2011）	Ｘ市の被保護母子世帯のケースワーク記録（318ケース）	32%。

出典：駒村・道中・丸山（2011）

調査が必須項目となっていないため，低めに出やすいこと」を言及している。また，中囿（2006）はアンケート調査であるために，保護被保護歴を隠している可能性や「わからない」とする者が多い傾向にある。

生活保護を受けている母子世帯に対して，丹念な聞き取り調査を行った青木（2003）は，被保護母子世帯の母親は，低学歴や疾病という直接的な経済的不利の要因を抱えているだけでなく，幼少時代にも経済的困窮の経験がある者が多く，前夫もまた経済的困窮のなかで育っていたことを明らかにしている。

中囿（2006）は北海道釧路市の被保護母子世帯のアンケート調査から，母親の父母の学歴，職業，生活保護受給歴などを調査している。父では

4割，母では5割が中卒・高校中退者であり，父母とも雇用形態は無職や非正規社員が多く，経済的に不安定な家庭での成育経験者が多いことを明らかにしている。

福岡県立大学付属研究所（2008）は，旧産炭地の福岡県田川地区における生活保護廃止台帳の詳細な分析を行い，被保護経験2世，3世，4世と代を重ねるごとに深刻化する長期の貧困状態や貧困の悪循環による負の影響を指摘している。

道中（2009）は，被保護世帯の貧困の世代間連鎖について調査し，被保護世帯の4分の1が生家での生活保護受給歴があり，母子世帯ではこの割合が約4割にもなり，被保護世帯のなかでも母子世帯の貧困の世代間連鎖の強さを指摘している。

駒村・道中・丸山（2011）はX市の被保護母子世帯のケースワーク記録を分析し，被保護母子世帯の32%が，成育期に生活保護を経験しており，高卒未満という学歴や10代出産，児童養護施設や里親，祖父母による養育経験などの事柄が現在の生活の負荷になっていること，DV[4]，児童虐待，非嫡出子などの割合も高く，母子ともに健康状態が悪い世帯が多く，単に貧困だけではない家族内のハンディが累積・集中していることを確認している[5]。

これら生活保護世帯を分析した多くの研究は，貧困の世代間連鎖の存

4　家族を巡る大きな問題として配偶者・パートナーに対する暴力，DV（ドメスティックバイオレンス）の問題がある。DVはパートナーに対する暴力にとどまらず子どもへの暴力，そしてDVを目撃する自体が子どもへの心理的虐待になる。DVの発生は複雑な要因が絡まっており，社会経済的階層の問題だけではない。バンクロフト・シルバーマン（2004）によると，「貧困家庭のほうがDVの発生率が高いことは多くの研究によって示唆されるが，同時に，最富裕層で発生率が高いことや，社会的地位の高い男性は常習的な暴力をふるう比率が高いこと，暴力をふるうパートナーと別れることを最も困難に感じているのは，最富裕層と最貧困層の女性であることも明らかになっている。また学歴の高さとDVの発生率には関連はみられず，加害者の学歴と子どもの身体的虐待の発生率との間には有意な関連はみられない」（P.11）としている。これらは海外の実証研究の結果であり，日本で同様の傾向になるかは不明である。

5　ひとり親世帯が抱える課題と虐待の発生の関係は，松本編著（2010）p.55参照。

在を確認している。なお，こうした研究を紹介するにあたって，よく誤解されることがあるので，その点に触れておきたい。生活保護の受給経験を使った貧困の世代間連鎖の研究を聞いた人のなかで，「子どもが将来生活保護を受けるような境遇になるのがいやだからどんなに生活が苦しくても生活保護は受けない」と主張する人に出会うことがある。この理解は間違っている。生活が苦しければ，必ず生活保護を利用すべきである。生活保護のデータを使って貧困の世代間連鎖を研究するのは，客観的な貧困の代理指標として生活保護の受給履歴しかないからである。そして，重要なことは，なぜ親が生活保護を受けると子どもも成人後，生活保護を受ける可能性が高まるのかという仕組みの理解が重要である。生活保護を利用すれば，決してゆとりはないものの金銭面で一定水準の生活はできる。しかし，貧困の連鎖はそうした経済面だけで発生しているのではなく，これまでもみてきた金銭以外の生活をめぐる様々な環境や経験が子どもの成長に大きな影響を与える。経済的な保障である生活保護だけでは，子どもの貧困の問題は解消できないし，貧困の世代間連鎖を防止できない。経済的な保障以外にも貧困世帯の子どもたちに良好な成育環境の保障がきわめて重要になる。

（4）　多様化する子どもの貧困

これまでみてきたように，貧困の世代連鎖は環境，家庭内など様々なルートで発生している。これまでみてきてようにひとり親世帯の子どもの貧困率は極めて高いが，図14-1でみるように，近年は子育て世帯に占めるひとり親世帯の割合が継続的に増加している点も重要である。過去約30年間（1988年－2016年）の間に，子どものいる世帯総数は減少しているが，ひとり親世帯は102.2万世帯（母子世帯数84.9万世帯，父子世帯数17.3万世帯）から141.9万世帯（母子世帯数123.2万世帯，父子世帯

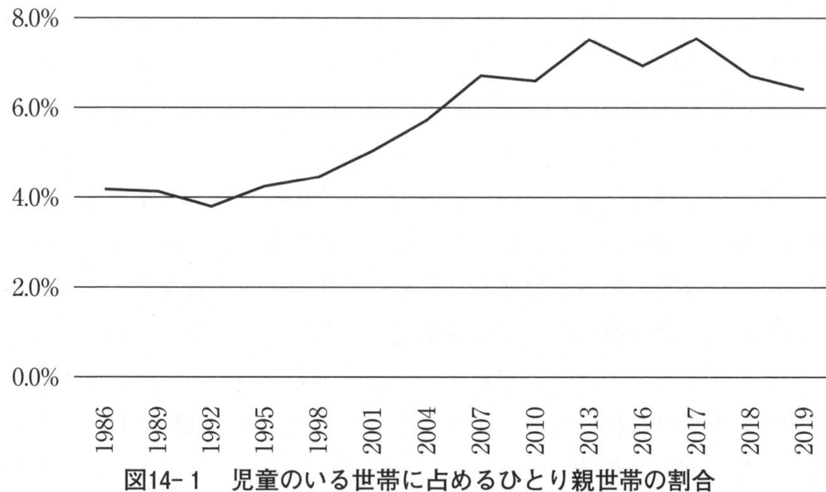

図14-1　児童のいる世帯に占めるひとり親世帯の割合
出典：厚生労働省『国民生活基礎調査』（各年版）より筆者作成

数18.7万世帯）へと増加していた。このため，図14-1で示すように子どものいる世帯に占めるひとり親世帯の割合は上昇傾向になっている[6]。

さらに最近注目を集めているのが，「ヤングケアラー」の問題である。家庭で，両親や祖父母，兄弟姉妹の世話や介護などをしている18歳未満の子どもは「ヤングケアラー」と呼ばれるが，2021年4月に公表された厚生労働省と文部科学省による実態調査では，中学生の5.7%，全日制の高校生の4.1%がヤングケアラーであるとされる。また家族の世話にかけている時間は，平日1日平均で，中学生が4時間，高校生は3.8時間となっており，学習や進学の妨げになる可能性もある。介護保険や障害者福祉サービスの利用は可能であるが，すべての身の周りの介護・介助をそうした公的サービスで行うわけではなく，制度を知らない人も少なくない。また経済的にゆとりがない状態で，障害や要介護の家族がいると，外部のヘルパーを使うこともできず，結局子どもに頼ることにな

6　この間，母子世帯数は約1.5倍，父子世帯数は約1.1倍増加している。

る。こうした問題も子どもの貧困連鎖の要因になる（コラム2　参照）。

子どもの貧困の解消だけでは不十分な点もある。若年期・青年期の貧困，困窮は，子ども期の貧困・困窮の影響を受けており，その後のキャリアをも左右する。若年期・青年期の問題は，社会との関係を拒絶する「引きこもり」[7]，「ニート」という教育から労働を跨いだ問題がある。これらの問題が注目されたのは2000年代に入ってからであるが，いずれも90年代後半から深刻になっていた。その背景には，バブル崩壊により悪化した就労環境，特に学校から就職の変わり目に経験した「就職氷河期」の影響もある。

ニート，引きこもりの問題と貧困との関係は双方向ある。まずニート，引きこもりによる家計収入の減少，支出の増加という点で貧困につながる。逆に貧困がニート，引きこもりの原因になるのかという点は重要である。就職も就学もしないというニートや「社会参加できない，しない」という引きこもりは，高学歴が中心で，裕福で経済力のある中間層・高所得層世帯の問題であるという印象も流布されている。しかし，ニートや引きこもりの背景には，貧困問題があるという指摘もある[8]。

ヤングケアラー，ニートや引きこもりの背景には，貧困要因があり，

7　引きこもりとは，内閣府の定義では，「様々な要因の結果として社会的参加（義務教育を含む就学，非常勤職を含む就労，家庭外での交遊など）を回避し，原則的には6ヶ月以上にわたって概ね家庭にとどまり続けている状態（他者と交わらない形での外出をしていてもよい）を指す現象概念である（引きこもりは，原則として統合失調症の陽性あるいは陰性症状に基づくひきこもり状態とは一線を画した非精神病性の現象とするが，実際には確定診断がなされる前の統合失調症が含まれている可能性は低くない）」とされる。引きこもりの年齢層は，当初は，若年層（15歳～39歳）を想定してきたが，引きこもりの長期化で，中高年層（40歳～64歳）も含めることになっており，若年者の引きこもり人数は54万1千人，中高年層の引きこもりは61万人（平成30年）と推計される。また中高年層の引きこもりは「8050」問題とも呼ばれるようなっている。

8　若者の貧困とその支援の問題はここでは深く議論はしない。しかし，ニートや引きこもりが中高所得層の「贅沢病」や家族責任として捉えられる問題点について，その背景にある貧困問題や，低所得階層で無業状態にある若者が見過ごされてきたことについては，原（2022）が詳しい。

貧困の世代間連鎖の大きな要因になっていることに注意する必要がある。

2. 子どもの貧困と貧困の世代間連鎖に対応する政策

日本でも貧困の世代間連鎖が確認され，子どもの貧困対策，貧困の世代間連鎖の防止が重要な社会課題になっている。

（1） 子どもの貧困対策法と大綱およびその改定

政府は子どもの貧困対策のために，2013年6月に「子どもの貧困対策法」（子どもの貧困対策の推進に関する法）（2014年1月施行）を成立させた。さらに内閣府「子どもの貧困対策会議」は，2014年8月に「子供の貧困対策に関する大綱について（以下，大綱）」を閣議決定した。対策法と大綱では，「子どもの将来がその生まれ育った環境によって左右されることのないようにする」ということを目的とし，関係施策の実施状況や対策の効果などを検証・評価するために，子どもの貧困対策に関する25の指標が提示された。

2014年の大綱は，保育所・幼稚園への就園率の上昇，進学率の上昇，高校中退防止，学力課題の解消などが掲げられたが，その力点は「教育の機会均等」に置かれていたと思われる。

子どもの貧困対策法は2019年に改正され，さらに「子どもの貧困に関する有識者会議」で大綱の見直しが議論され，2020年11月には改定された大綱が閣議決定されている。新しい大綱では，1）教育の支援，2）生活の支援，3）就労の支援，4）経済的支援による子どもの貧困解消をより強調している。また「親の妊娠・出産期から子供の社会的自立までの切れ目のない支援体制を構築」，「支援が届いていない，又は届きにくい子供・家庭に配慮して対策を推進する」，「学校を地域に開かれたプラットフォームと位置付けるとともに，高校進学後の支援の強化や教育費負担の軽減を図る」,「親の妊娠・出産期から，社会的孤立に陥ることのないよう配慮など」といったように教育，経済問題のみからではなく，親の生活支援，地域の役割も含めた包括的な支援を必要としている。加えて貧困指標も見直しが行われ39の指標が掲げられた。

またこの間，全国の自治体も地域の子どもの貧困を把握した上で，「子どもの貧困対策計画」を策定し，各地で子どもの貧困の現状と対策が進められている。

（2） 子どもの貧困対策の様々な政策

もちろん実態把握と計画だけでは子どもの貧困は解消されないため具体的な施策の充実が必要である。

2015年に成立した生活困窮者自立支援法では，子ども向けの支援としては,「学習支援」が柱になっている。しかし，学習支援は，1）自治体の任意事業で，国の補助率が低いこともあり，導入する自治体数が伸び悩んでいること，2）学習支援という目的に引きずられて「塾」の代替機能という理解をしている自治体もあり，親支援の側面と子どもの自己肯定感，社会への信頼感の向上という目的が十分に理解されていないこと，3）子どもに対するアウトリーチの手法や親との関係強化などがカギになることが見過ごされがちになる，という限界もあった。

貧困の世代間連鎖を解消するためにも，1）教育・学力面のみならず，2）生活の安定・安心できる成育環境の確保，3）心理・健康面，4）自己肯定感や社会への信頼への形成が重要である。

2018年の生活困窮者自立支援法の改正により,「学習支援」は子ども本人と世帯の双方にアプローチし，子どもの将来の自立を後押しすることで，貧困の連鎖を防止する「子どもの学習・生活支援事業」に改められ，子ども食堂やフードバンクとも連携して支援の強化をしつつある。

この他政府は，教育面での支援を充実し，奨学金制度を充実させるなど，子どもの貧困対策を強化しつつある。子育て世帯の経済的負担を軽減するために「幼児教育・保育の段階的無償化」が行われた。加えて低所得世帯の授業料以外の教育費負担[9]を軽減するために，高校生等奨学給付金事業が創設された。そして2017年には大学無償化制度（高等教育の修学支援新制度）として，授業料等の減免制度と給付型奨学金の２つの支援が創設された[10]。2018年には，生活保護世帯の子供の大学進学時の進学準備給付金支給が行われた[11]。

（３） 広がる虐待問題と児童福祉法の対応

虐待などによる児童相談所への通報件数は増加を続けている。図14-2と表14-2は児童虐待相談対応件数の増加とその内容を示したものである。第13章［子どもの貧困と貧困の世代間連鎖（１)］でも触れたように，この背景には，貧困や格差の拡大が存在すると推測される。川松ら（2016）は児童虐待に関する文献レビューから貧困による生活不安が児童虐待につながっているとしている。

政府は，成育環境に課題があり，虐待や不適切な養育を受けている子どもなど，困難を抱えた妊婦などが増えてきている状況を受けて，その対応を強化している。

9　教科書費，教材費，学用品費，通学用品費，入学学用品費，教科外活動費が対象となる。

10　１）授業料等の減免制度は，支援対象となる大学，専門学校等では，授業料を決められた上限額まで毎年減免する制度である（入学年度では，授業料〈約17万円～約70万円〉。２年次からは授業料が減額や免除の対象)。

２）給付型奨学金は，必要な生活費（約21万円～約91万円）を日本学生支援機構が，対象者に支給する返還不要の奨学金。

11　１）大学等進学時の一時金を創設し，生活保護受給世帯の子供が大学等に進学した際に，新生活の立ち上げ費用として一時金（自宅通学で10万円～自宅外通学で30万円）を給付する。なお，大学進学後も引き続き，出身の生活保護世帯と同居して通学している場合は，大学等に通学している間に限り，子供の分の住宅扶助額を減額しない。p.98の注９を参照。

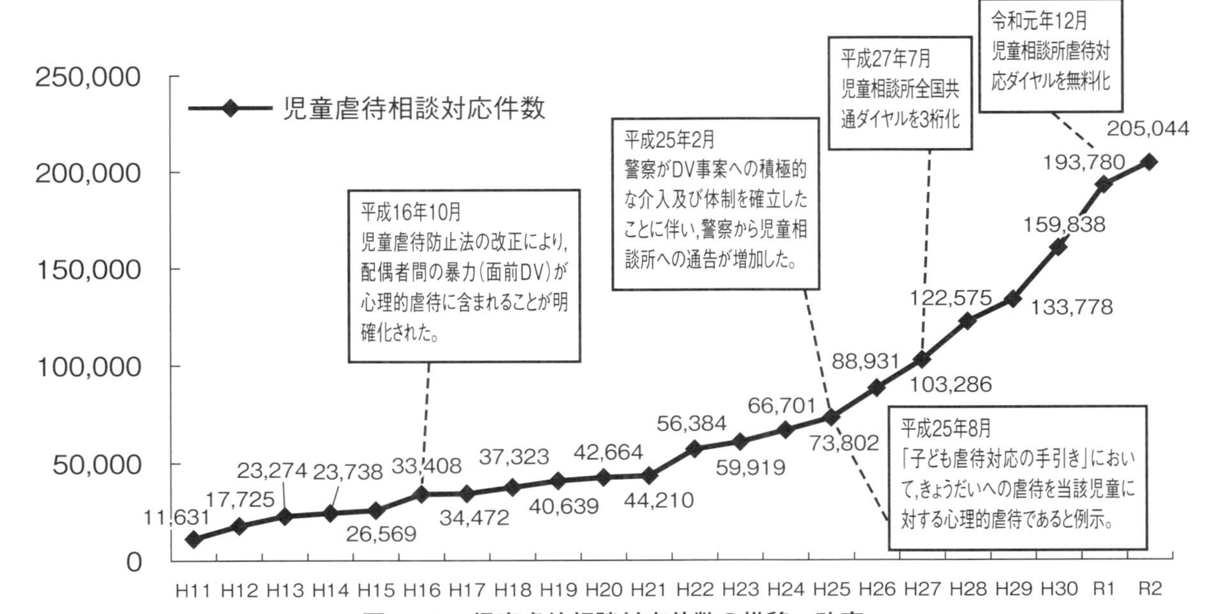

図14-2　児童虐待相談対応件数の推移；改変

出典：内閣府　少子化社会対策大綱の推進に関する検討会（第４回）令和４年２月７日資料６厚生労働省資料
https://www8.cao.go.jp/shoushi/shoushika/meeting/taikou_suishin/k_4/pdf/s6.pdf

表14- 2　児童虐待相談対応件数の推移；改変

虐待相談の内容別割合

	身体的虐待	ネグレクト	性的虐待	心理的虐待	総　数
令和2年度	50,035(24.4%) (+795)	31,430(15.3%) (−1,915)	2,245(1.1%) (+168)	121,334(59.2%) (+12,216)	205,044(100.0%) (+11,264)

出典：内閣府　少子化社会対策大綱の推進に関する検討会（第４回）令和４年２月７日資料６厚生労働省資料
https://www8.cao.go.jp/shoushi/shoushika/meeting/taikou_suishin/k_4/pdf/s6.pdf

児童福祉法の規定では，虐待などを受けるリスクの高い子どもは「要保護児童」[12]，「要支援児童」[13]として，また同様に子育てにリスクのある妊婦は「特定妊婦」[14]とされる。厚生労働省によると，要支援児童は約８万人，要保護児童は約15万人（2019年），特定妊婦は約７千人（2018年）存在する。これら要支援児童，要保護児童，特定妊婦は，児童相談所，保育所，児童養護施設，警察など関係する複数の機関で援助を行うため「子どもを守る地域ネットワーク」として，地方公共団体が設置・運営する「要保護児童対策地域協議会（要対協）」（図14- 3）の支援対

12　「要保護児童」とは，「保護者のない児童」（孤児，保護者に遺棄された児童，家出した児童など），「保護者に監護させることが不適当である児童」（被虐待児童や非行児童など）や「ネグレクト」や「不良行為をしているあるいはその恐れがある児童」である。「要支援児童」は，「要保護児童」の下位概念に位置付けられる。要支援児童に対して，養育支援訪問事業の実施，その他の必要な支援を行うと定められている。

13　「要支援児童」とは，「保護者の養育を支援することが特に必要と認められる児童」，「育児不安，過度な負担感等を有する親の下で監護されている子ども」や，「養育に関する知識が不十分なため不適切な養育環境に置かれている子ども」とされる。

14　「特定妊婦」とは，養育上の公的支援を妊娠中から要するような環境にある妊婦であり，「経済苦」や「予期せぬ妊娠」，「心身の不調を持った妊婦」，「望まない妊娠」，「飛び込み出産」，「若年妊娠」，「すでに養育の問題がある妊婦（要保護児童や要支援児童を養育している妊婦）」などで育児に困難を抱えると予測され，出産前から支援が必要と行政に認定された妊婦である。

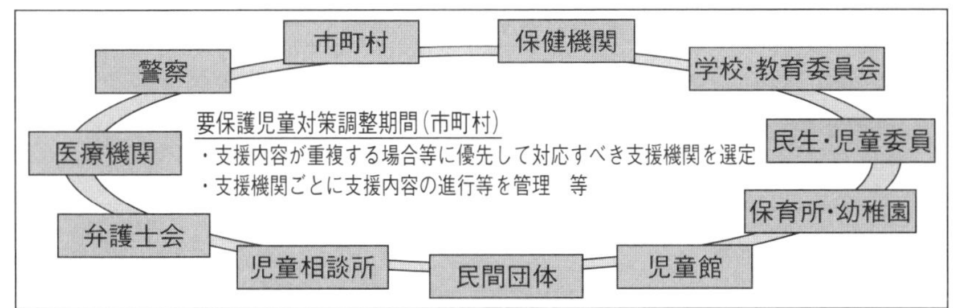

図14-3　要保護児童対策地域協議会（要対協）のイメージ図；改変
出典：厚生労働省
https://www8.cao.go.jp/souki/drug/kachoukaigi/h290117/pdf/s7.pdf

象となっている。

（4）　社会的養護にある子どもたちへの支援と虐待防止強化

親と一緒に暮らすことができず，児童養護施設や里親のもとで暮らす社会的養護にある子どもも厳しい状況に直面している。特に成人して施設などを退所し，自力で生活するように求められるときに，大きなハンディキャップに直面する。進学の費用，住居や就職の保証人も確保できないと，自立した人生をスタートすることはできないため，政府は社会的養護を経験した人に自立支援を強化している。

具体的には2015年に「児童養護施設退所者等に対する自立支援資金貸付事業」が創設され，児童養護施設等を退所後に生活基盤を築くために，入所中の子どもなどを対象に，就職に必要な各種資格を取得するための経費，家賃相当額の貸付および生活費の貸付を行うものである。2017年には，社会的養護自立支援事業が導入され，1）18歳（20歳の場合もある）到達後も原則22歳の年度末までの間，引き続き里親家庭や施設等に居住して必要な支援を提供するとともに，生活相談や就労相談等を行う事業に要する費用を補助するというものである。他にも身元保証人確保対策事業として，児童養護施設を退所する後に，就職したり，アパートなどを住宅賃借したりする際に，施設長等が身元保証人となる場合の損害保険契約の保険料に対して補助を行うというものである。

施設の子どもたちは進学面でもハンディキャップがある。厚生労働省「社会的養護の推進に向けて（令和３年５月）」によると，2020年の施設出身の子どもたちの進学状況は，大学等進学17.8％，専門学校等進学15.3％であり，全高卒の大学等進学率約53％，専門学校等進学21.5％に比較するとかなり低い。この理由は，当然ながら施設退所後の生活費，学費が確保できないからである。そこで，2020年度からの「高等教育の修学支援新制度」により，給付奨学金と大学等の入学金・授業料が減免となり，施設出身の子どもたちは利用資格を得るようになった[15]。

最近も虐待対策や社会的養護にある子ども支援の動きは強化されている。2019年６月には，児童虐待防止のために，児童の権利擁護や市町村および児童相談所の体制強化，児童相談所の設置促進のための児童福祉法改正が行われた。

また2022年にも，１）児童虐待防止のために子育て世帯に対する包括的な支援体制の強化（母子保健分野の子育て世代包括支援センターと児童福祉分野の子ども家庭総合支援拠点の一体化を自治体の努力義務として，児童相談所の質の向上を進める），２）里親を支援するフォスタリング機関の設置，３）児童養護施設の退所年齢の見直し[16]，４）児童養護施設を退所した子どもへの居住費，生活費の支援はこれまでは22歳までとしてきたが，この年齢制限を撤廃し，退所後も通所や訪問などで自立するまで支える体制をつくる，５）子どもの意見を聞くなど権利擁護に向けた環境整備，６）一時保護開始時の判断で司法審査を導入，７）子ども家庭福祉ソーシャルワーカー（仮称）を児童福祉司の任用要件に

15　利用資格は，収入基準は「住民税非課税世帯およびそれに準じる世帯」であるが，一定の学力基準も満たす必要がある。

16　現行制度では原則として18歳までだが，規定の年齢を超えても個々の生活状況に応じて支援を継続する。

追加するなどを内容にした児童福祉法改正が成立した。

3．今後の子どもの貧困対策の展開―子ども家庭庁の発足

虐待・ネグレクト，マルトリートメント（不適切な養育）やいじめ，不登校などの課題の解消や社会的養護の子どもたちに良好な成育環境を保障するために，子ども家庭庁が2023年４月に発足することになった。

子ども家庭庁の守備範囲は図14-４で示す通りである[17]。子ども家庭庁の組織は，子ども政策に関する総合調整機能を一元的に集約し，子ども政策に関連する大綱を作成・推進する「企画立案・総合調整部門」，子どもの安全・安心な成長，施設の類型を問わずに共通の教育・保育を受けられるよう，幼稚園や保育所，認定こども園の教育・保育内容の基準を策定する「成育分門」，児童虐待やいじめ，ひとり親家庭など，様々な困難を抱える子どもや家庭の支援，重大ないじめに関して対応する「支援部門」[18]の３部局で構成されることになっている。

これまで様々な省庁でバラバラに行われてきた子ども関連政策，特に子どもの貧困対策，貧困の世代間連鎖防止が包括的・体系的に推進され，確実に困難な状態にある子育て世帯や子どもに届くことが期待される。

注：本章は駒村・道中・丸山（2011）の一部を改編している。

17　図14-４の濃い色で示されるように，保育所，認定こども園は，子ども家庭庁の所管になったが，幼稚園は文部省にとどまっているため，保育・就学前教育の一元化までは意図していない。

18　この他，家族の介護や世話などをしている子どもたち，いわゆる「ヤングケアラー」について，福祉や介護，医療などの関係者で連携して早期の把握に努め，必要な支援につなげるほか，施設や里親のもとで育った若者らの支援を進めるとしている。

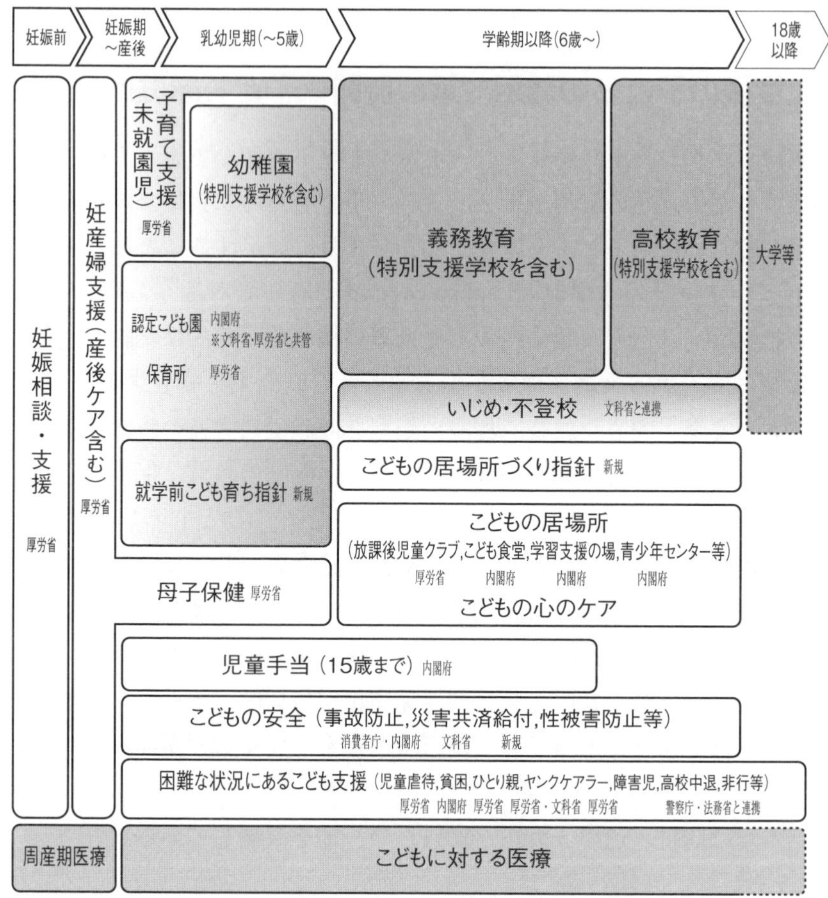

図14-4　子ども家庭庁の担当領域；改変

出典：内閣府 少子化社会対策大綱の推進に関する検討会（第４回）令和４年２月７日（月）資料７－３：事務局説明資料（報告事項３）
https://www8.cao.go.jp/shoushi/shoushika/meeting/taikou_suishin/k_4/gijishidai.html

コラム１：逆境経験の影響

親との早くからの離別，親の失業，親からの虐待，ネグレクト，親の薬物依存，アルコール依存，ギャンブル依存など子どものときの逆境経験が子どもの成長に大きな影響を与えることが確認されている。Felitti, V. J., Anda, R. F., Nordenberg, D., Williamson, D. F., Spitz, A. M., Edwards, V., & Marks, J. S.（1998）によると，逆境経験のない人を基準にすると，逆境経験のある人は，１）習慣的喫煙になる確率を２倍，２）病的肥満になる確率を1.6倍，３）運動習慣の欠如を招く確率を1.3倍，４）過去１年間で２，３週間の鬱状態を経験する確率を4.6倍，５）自殺未遂の確率を12.2倍高めることが確認されている。

コラム２：障害者の貧困

障害者は働く場が限られたり，低賃金であったりすることで低収入，貧困にあると思われる。

山田ら（2015）は「国民生活基礎調査（2013年）」を使って，「障害や身体　機能の低下などで，手助けや見守りを必要としていますか」という回答者を障害者と定義し，「障害のある人」では「『ない』人」との貧困率の比較を行った。この結果，表14-３で示すように，障害のある人の貧困率は障害のない人の２倍と推計された。障害のある人の貧困率が高いのは，障害者が働ける場が少ない，賃金も安い，公的年金の水準などが影響を与えていると考えられる。

表14-3　「障害のある人」と「障害のない人」の貧困率の比較

年　齢	障害なし	障害あり
20～39歳	13.8%	28.8%
40～49歳	13.4%	26.7%
50～64歳	14.6%	27.5%

コラム3：親の職業と乳児死亡率

Kanamori, M., Kondo, N., & Nakamura, Y. (2020) は，親の職業別の乳児死亡率を推計している。傾向としては，常用勤労世帯（Ⅰ 中小企業），常用勤労世帯（Ⅱ 大企業），自営業，農業とともに長期低下傾向にあり，1000人当たり2人程度まで低下している。しかし，親が無職の乳児死亡率はむしろ高止まりから上昇傾向に入っており，1000人当たり14人程度と著しく高い。

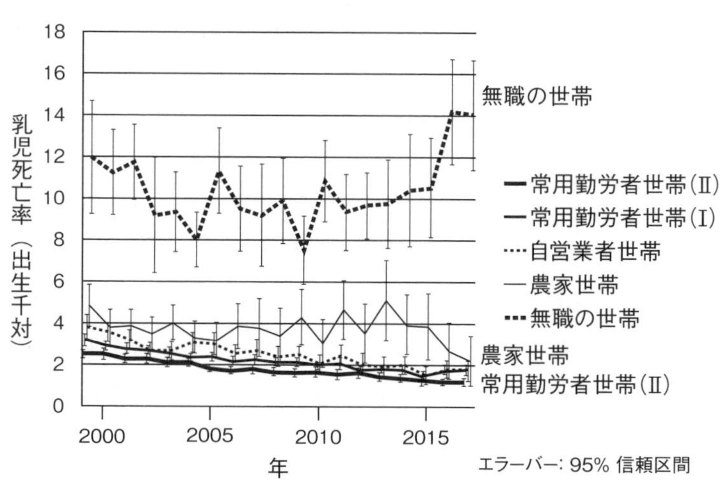

図14-5　世帯主の主な仕事別　乳児死亡率の経年変化；改変

学習課題

1．貧困の世代間連鎖防止のために教育支援・教育の機会の確保が強調される傾向が強い。学費などの補助による教育支援で貧困の世代間連鎖は防止できるだろう。その意義と限界を考えてみよう。
2．貧困の世代間連鎖の大きな要因に家庭環境がある。家庭という私的な領域が抱える問題に社会がどの程度関わることができるのか，考えてみよう。

参考文献

●配列は50音順，アルファベット順

1．青木紀（2003）「貧困の世代内再生産の現状―B 市における実態」青木紀編著『現代日本の「見えない」貧困』明石書店
2．阿部彩（2007）「日本における社会的排除の実態とその要因」『季刊社会保障研究』Vol.43 No.1.
3．阿部彩（2011）「子ども期の貧困が成人後の生活困難（デプリベーション）に与える影響の分析」『季刊社会保障研究』第46巻４号
4．アン・ケース，アンガス・ディートン（2021）『絶望死のアメリカ』松本裕（翻訳），みすず書房
5．大石亜希子（2007）「子どもの貧困の動向とその経済的帰結」国立社会保障・人口問題研究所『季刊社会保障問題研究』第43巻第１号
6．川松亮・山野良一・田中恵子・根岸弓・山邊沙欧里（2016）『児童虐待に関する文献研究　子どもの貧困と虐待』子ども虹情報研修センター
7．小塩隆士（2010）『再分配の厚生分析　公平と効率を問う』日本評論社
8．駒村康平・道中隆・丸山桂（2011）「被保護母子世帯における貧困の世代間連鎖と生活上の問題」『三田学会雑誌』103（４）.
9．松本伊智朗編著（2010）『子ども虐待と貧困―「忘れられた子ども」のいない社会をめざして―』明石書店
10．田口（袴田）理恵・河原智江・西留美子（2014）「虐待的行為指標の妥当性の

検討：母親の虐待的行為得点と社会経済的状況・育児感情の関連」『共立女子大学看護学雑誌１号』

11. 中囿桐代（2006）「第２部　母子世帯の母親の就労支援に関するアンケート調査」釧路公立大学地域経済研究センター『釧路市の母子世帯の母への就労支援に関する調査報告』
12. 原未来（2022）『見過ごされた貧困世帯のひきこもり―若者支援を問い直す』大月書店
13. 福岡県立大学附属研究所（2008）『生活保護自立阻害要因の研究―福岡県田川地区生活保護廃止台帳の分析から―』受託研究「田川郡における被保護者の自立阻害要因に係る分析」報告書
14. 道中隆（2009）『生活保護と日本型ワーキングプア―貧困の固定化と世代間継承』ミネルヴァ書房
15. 山田篤裕・百瀬優・四方理人（2015）「障害等により手助けや見守りを要する人の貧困の実態」『貧困研究』2015年12号.
16. ランディ・バンクロフト，ジェイ・G・シルバーマン他（2022）『DV にさらされる子どもたち 新訳版―親としての加害者が家族機能に及ぼす影響』幾島幸子訳，金剛出版
17. Felitti, V. J., Anda, R. F., Nordenberg, D., Williamson, D. F., Spitz, A. M., Edwards, V., ... & Marks, J. S. (1998). Relationship of Childhood Abuse and Household Dysfunction to Many of the Leading Causes of Death in Adults. *American Journal of Preventive Medicine*, 14(4).
18. Kanamori, M., Kondo, N., & Nakamura, Y. (2020) Infant Mortality Rates for Farming and Unemployed Households in the Japanese Prefectures: An Ecological Time Trend Analysis, 1999-2017. *Journal of Epidemiology*, JE20190090.

15 環境，貧困そして幸福

駒村　康平

《目標＆ポイント》 本講義では，社会経済の発展とともに貧困および貧困への政策がどのように変化してきたのか考えてきた。現在，人類の最大の問題は，経済活動により「地球の持続可能性」が揺らいでいることである。経済成長が人々の幸福に必ずしも結びついていないことを考慮すると，経済成長がなぜ必要なのか。社会経済システムを見直し，経済活動を「惑星の限界」の内側にとどめる「ドーナツ経済」や「仏教経済学」の発想も重要になる。

「惑星の限界」という新しい人類の制約のなかで，発展途上国の絶対的貧困や先進国内の相対的貧困を克服していく必要がある。

《キーワード》 ドーナツ経済，デカップリング，仏教経済，神経経済学

1．本講義の振り返り

本講義を簡単に振り返ってみよう。

第1章「はじめに―貧困を考える」では，貧困の概念，定義，把握方法，認識について考えた。第2章「貧困と救済の歴史」，第3章「近代日本の貧困」，第4章「現代日本の貧困と社会保障制度」，そして第5章「欧州と世界の貧困史」の4つの章では，貧困と人類の歴史を振り返り，社会経済の発展とともに，貧困の概念や貧困への対応がどのように変化してきたのかをみてきた。人類は長期にわたって，自然環境の変化によって発生する食糧の不足，すなわち飢餓のリスクに直面してきた。貨幣経済が定着した後は，飢饉イコール飢餓ではなくなったもの，経済力のない者や貧困者は飢餓に直面した。

生命や健康を左右する絶対的貧困に対して，近代までは国家による救済はほとんどなく，宗教団体や血縁，地域社会による救済に限定されていた。しかし，貧困が，社会経済の不安定要因，社会治安・社会秩序を揺るがすようになると，公的扶助という形で，国家による貧困への救済が行われた。ただし，その目的はあくまでも社会治安，社会秩序の維持であり，その内容も取り締まり的な性格をもち，処遇も劣悪，苛烈であった。

近代社会に入り，産業革命を経て，資本主義経済が確立すると，貧困が必ずしも個人の責任に帰するものではないということが，明らかにされた。様々な社会政策により貧困の救済が行われ，第二次世界大戦後は福祉国家が確立し，人権，生存権として貧困からの救済が確立した。他方で，継続的な経済成長とともに貧困の概念に変化が生まれた。グローバル経済や技術革新のなかで，社会経済構造が変化すると，格差が拡大し，社会の標準的な生活ができないような所得水準，すなわち相対的貧困の問題が深刻化した。そして，相対的貧困もまた様々なルートで心身に深刻な悪影響を与えるという点も研究で明らかにされた。

第6章，第7章，第8章の3つの章では，現代の貧困状態の量的把握を行っている。

第6章「貧困の測定」では，第1章で紹介した貧困の測定について，特に経済的な意味での貧困について，その測定の歴史，測定方法，多様な貧困基準での把握について整理している。

第7章「日本における貧困」では，貧困基準を相対的貧困基準，生活保護基準などを当てはめ，現代日本における貧困率の把握を行った。

第8章「貧困の国際比較」では，先進各国の貧困率が過去から現在までどのように変化してきたのか，子どもや高齢者の貧困率を比較した上での，その特徴などを紹介している。

第９章，第10章は現代日本における貧困問題に対する社会保障の仕組みと役割，課題について議論している。

第９章「貧困問題に対する社会保障（１）」と第10章「貧困問題に対する社会保障（２）」では，現代日本における貧困者，困窮者を救済する社会保障制度として，生活保護制度や生活困窮者自立支援制度を紹介した。生活保護制度は社会保障制度を下支えし，他の社会保障制度が対応できない貧困問題に対応してきた。しかし，格差の拡大，高齢化が進展のなかで，生活保護制度の限界が明かになってきている。また生活保護制度も対応できないような複合的，複雑な困窮問題に対応するために生活困窮者自立支援制度が2015年に成立した。

世界全体に目を向けてみると経済成長，グローバル化は，途上国の絶対的貧困の縮小にも貢献した。子どもの死亡率は改善し，世界の人口は増え続けた。しかし，人間の経済活動が，地球環境の持続可能性を揺るがすような状況，すなわち大加速時代を迎えた。地球温暖化・異常気象，食料・水資源の枯渇，生物多様性の喪失を「惑星の限界」に人類は直面しつつある。

第11章「SDGs と貧困の撲滅」は，SDGs と貧困の問題について考えた。途上国には依然として，貧困の問題が存在する。SDGs はその重要な目標として，「誰一人取り残さない」を掲げている。人類はこれまで，経済成長により貧困の克服を行ってきたが「惑星の限界」のなかで，従来のような成長による貧困の克服は困難になりつつある。

第12章「新型コロナと貧困」は，グローバル経済のなかで突如発生した新型コロナにより，新たな貧困，困窮問題が発生したが，既存の社会保障制度，セーフティネットが十分対応できていないことを指摘した。

第13章，第14章は，子どもの貧困について考えた。グローバル経済がもたらした先進国内の格差拡大は，子どもの貧困も深刻にした。第13章

「子どもの貧困と貧困の世代間連鎖（1）」は，子ども時代の貧困経験が，子どもの心身，認知能力，非認知能力などに影響を与え，成人後の貧困率を引き上げることを紹介した。さらに第14章「子どもの貧困と貧困の世代間連鎖（2）」は，子どもの貧困率を解消するための様々な制度，政策の動向を紹介した。

本章で，まとめとして本講義全体を通じて，経済と環境，貧困そして幸福の問題を整理したい。

2. 貧困の解消と地球の持続可能性の両立のために

（1） 「惑星の限界」と「ドーナツ経済」

英国の経済学者ケイト・ラワースは，産業革命から今日まで続く制約のない経済成長は今後困難であり，「環境的な上限」のなかで許容される経済活動を行うべきとして，この概念を「ドーナツ経済」として提案した。図15-1は，「環境的な上限」すなわち「惑星の限界」の枠のなかでの経済活動を概念化した「ドーナツ経済」のイメージである。産業革命以前は，経済活動は「惑星の限界」の内側であり，人間の経済活動，生産・消費活動は，地球の環境を壊すほどのものではなかった。しかし，産業革命以降の経済成長，人口増加は，地球の環境とその再生を困難にするほどになっている。

（2） 加速する SDGs への取り組み

本書の第11章では，SDGs と貧困を議論したが，ここでは，SDGs 以外の地球温暖化，資源対策，生物多様性確保の動きを紹介しよう。

まず金融市場では，E (Ecology 環境)・S (Society 社会)・G (Governance ガバナンス）への投資を評価する「ESG 投資」や社会的な意義のある領域への投資である「ソーシャル・インパクト・ボンド」の影響力が強

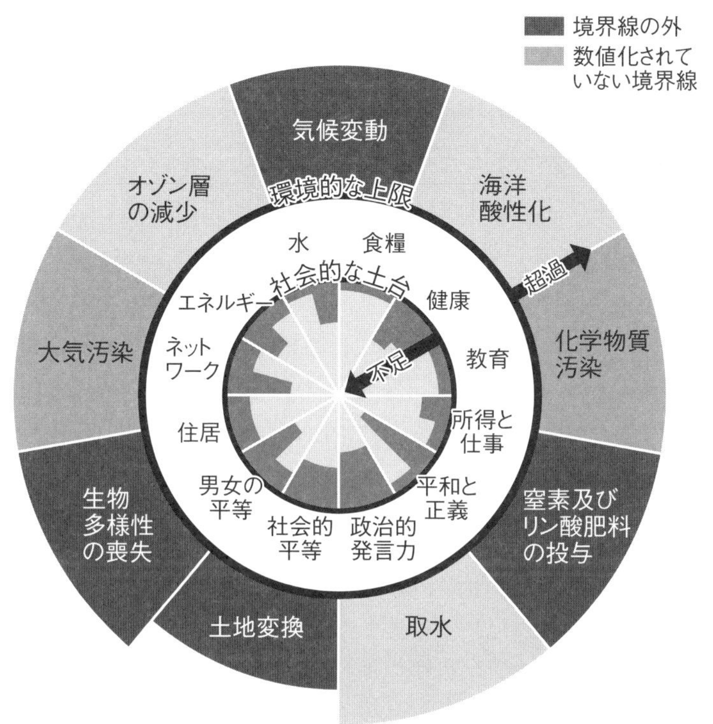

図15-1　ドーナツ経済の概念図
出典：ケイト・ラワース（2018）

まっている[1]。

2006年に国連が定めたPRI（Principals for Responsible Investment：国連責任投資原則）では，ESG投資の基本となる環境・社会・ガバナンスの投資判断，議決権行使方針，企業との対話など6つの原則を定めている。PRIに署名した機関は2020年には3000機関が署名し，2020年の

[1] ESG投資のE（環境）以外について説明する。Sは，社会（Society）問題を解消するための投資であり，貧困に対するマイクロファイナンス債，飢餓に対するアフリカ債，平等に対するジェンダー債などの世界規模のソーシャルボンドが注目されている。G（ガバナンス）は，企業や組織が法令を守った上で利益を上げる顧客，債権者，社会，株主といったステークホルダーとの良好な関係のもと透明で良好なガバナンスが確保されるように，そのような企業に投資が行われるように誘導することである。

ESG 投資の残高は，世界で35兆ドル，約4300兆円に達し，金融市場における影響力を強めている。今後はESGに対応しない企業への投資は減少するため，その企業価値が低下する。

この他，再生可能エネルギーや森林再生などに使途を限定した債券であるグリーンボンドの発行総額も世界累計100兆円に達しており，CO_2削減を条件にした融資のSLL（Sustainability Link Loan：サステナビリティ・リンク・ローン）も世界累計11兆円となった。またスウェーデンやノルウェーの公的年金基金は化石燃料関連の企業からの投資引き上げ（ダイベストメント）など，より強力にESG投資を進めている。日本でも世界最大の年金基金である GPIF（年金積立金管理運用独立行政法人）が国内のESGの動きをリードしている。加えていくつかの国では，中央銀行も金融政策を通じて金融機関に温暖化対策，地球環境対策に積極的に誘導している。これら金融市場における温暖化対策などをサステナブルファイナンスと呼ぶが，金融機関が気候変動や温暖化対策に力を入れる理由は，地球の持続可能性が損なわれれば，膨大な経済損失，企業価値の下落が発生するという危機感があるためである。

ESG 投資は市場メカニズムを使って資本主義の生みだした問題を解決する仕組みである。

2015年にパリで開催されたCOP21において，京都議定書の後継にあたる「パリ協定」が採択され，「産業革命以前と比較して気温上昇を２℃未満に抑えること，できれば1.5度未満」が合意された。これ以上の気温上昇が進むと地球環境は制御不能になるという危機感が示され，カーボンバジェット（炭素予算）といった炭素排出の総量規制が導入された。排出枠に価格をつけて排出権を売買する排出権取引市場も各国で広がりつつある。

金融市場ルート，排出権取引以外にも環境対策は進んでいる。近年では，プラスチックゴミの海洋汚染などの意識が高まり，日本でもスーパーのレジ袋の有料化も社会で受け容れられ，食品ロスへの問題意識も高まっている。これらの動きは，SDGsの「使う責任」にもつながるもので「倫理的（エシカル）消費」として注目されている。

限りある資源を保全し，経済活動が環境に与える影響を抑制するために，製造業では，サーキュラー経済（CE），すなわち循環型生産・流通・消費システムモデルの確立が急がれている。サーキュラー経済は，従来のような資源を使って，生産し，その製造過程や消費によって発生した廃棄物を自然に廃棄するような一方方向の大量生産，大量消費経済モデルである「リニア経済」からの脱却を目指している。サーキュラー経済は，廃棄物をリサイクル・リユースをするのにとどまらず，製品の設計当初から資源が循環することを想定している。この動きは特にEUで急速に進められており，1）2015年の第1次CE行動計画では，廃棄物管理産業の育成，競争力向上が図られた。2）2020年の第2次CE行動計画では，持続可能な製品管理型ビジネスモデルの確立，資源循環型のプラットフォームビジネスの普及を図っており，サーキュラー経済をリードし，新しい産業として育成している。

従来の製造業は，短期的な売り上げを増やすために，製品の寿命を意図的に短く設計する「計画的陳腐化」と呼ばれるビジネスモデルも採用していた。頻繁にモデルチェンジを行い，また故障しても修理を難しくすることで，消費者に新しい商品の購入を促すようにしてきた。このような「計画的陳腐化」に対応するために，フランス，米国では消費者に製品を「修理する権利」を保障することが法制化されている。フランスでは，スマートフォンなどについて各企業の製品の修理可能性を比較した「修理可能性指数」を公表して，消費者が比較検討できるようにしている。EUでは，サーキュラー経済を今後の社会経済システムのなかに位置づけるという動きを進めている。

(3) 2つの分断

1) 経済成長と環境のデカップリング

これらの温暖化対策を巡る各経済領域での動きは，グリーン・エコノミー，そして関連する政策は，グリーン・ニューディールとして整理され，新しい経済成長のあり方を探る動きとして期待を集めている。

では，グリーン・エコノミーなどで，経済成長と脱炭素や地球温暖化回避は両立可能なのだろうか。UNEP 国際資源パネル報告書「資源効率性：潜在的可能性及び経済的意味」によると，「世界人口は2050年には97億人に達する見込みであり，継続する経済成長とともに，資源需要を大幅に押し上げる要因となる。世界の物質採掘量は2050年に現在の2倍以上の1830億トンに達すると予測される。地球上の資源供給には限界があり，資源利用とそれに伴う環境影響を経済成長から分断（デカップリング）する必要がある。」と指摘している。このデカップリングは極めて重要な意味がある。

図15-2は，国連環境計画が，デカップリングを説明した概念図であるが，いくつか前提がある。まず経済活動（経済成長）と人間の幸福，資源利用，環境影響の3つの間の関係である。図15-2では1）経済活動が幸福に強いプラスの影響を与えること，2）経済成長が資源利用に緩やかな影響を与えること（「弱いデカップリング」），3）経済成長が環境に与える影響はマイナス，つまり環境が改善する（「強いデカップリング」）というように想定されている。1）については，後述で議論するとし，2），3）について考えよう。

2）であるが，サーキュラー経済や再生エネルギーの活用が進めば，経済成長と資源利用の間にデカップリングが成立するかもしれない。さ

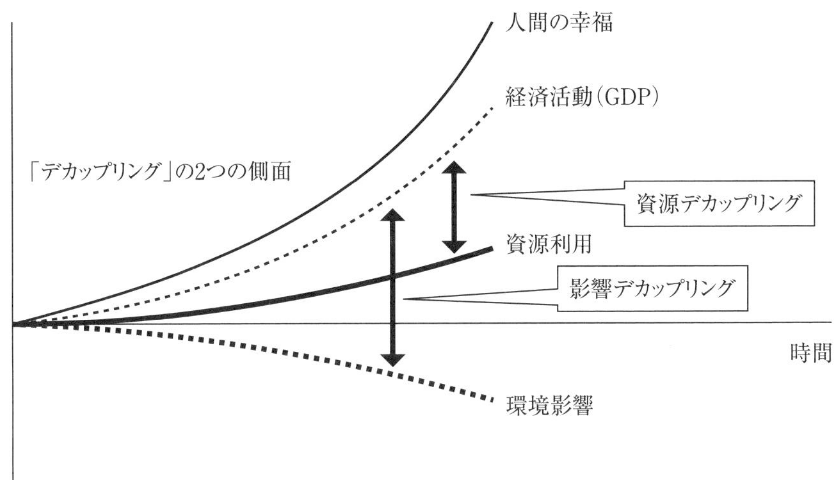

図15-2　経済成長と環境への影響を切り離す「デカップリング」
出典：国連環境計画（UNEP）(2011) Decoupling Natural Resource Use and Environmental Impacts from Economic Growth

らに脱炭素や生物多様性保持のためのグリーン・エコノミー，SDGsが進めば，すなわち「ドーナツ経済」が達成されれば，経済成長と環境負荷の間の「強いデカップリング」の可能性はあるが，現時点では，そのような経済システムに切り替わっていない以上，経済成長と環境負荷のデカップリングの実現は容易ではない[2]。

2）経済成長と幸福の断絶

さらに1）の経済成長と幸福の関係もこの想定が正しいのか。経済成長を追求する目的は，所得を高めて豊かで幸せな生活をすることである。しかし，所得が増えれば人は幸福になるのだろうか。

米国の経済学者イースタリンは，先進国（米国，日本など）において時系列データを元に，1人当たり実質所得が上昇しているにもかかわらず，生活満足度が向上しないという関係から，「イースタリン・パラ

2　こうした議論は，ティム・ジャクソン（2012）第5章を参照。

ドックス」(Easterlin paradox) を提唱し，所得と幸福度あるいは生活満足度との間に関係がないとした。イースタリンの使用した時系列データは，国別に時間の経過とともに所得と幸福度にどのような変化が生まれたかを追跡したものである。イースタリン・パラドックスの原因については，相対所得仮説，順応仮説があるとされる。相対仮説とは，人々の幸福度は所得や消費の絶対水準で決まるのではなく，社会のなかで相対的な位置づけによって決まるため，所得が豊かになっても自分の位置づけが変化なければ幸福度は上昇しないということになる[3]。

もう1つの「順応仮説」は，「ヘドニック・トレッドミル（幸福のトレッドミル）」とも呼ばれる考えで，人間はどんな贅沢をしてもその幸福感に慣れてしまうため，幸福感が長続きしない。まるでランニングマシン（トレッドミル）の上で走っているように前に進まない例えである。相対所得仮説も順応仮説も人間の心理的，認知的な特性に着目した考えである[4]。

イースタリン・パラドックスを巡っては，支持する研究，否定する研究がその後様々と発表された。

2015年にノーベル経済学賞を受賞した米国の経済学者ディートンは，ギャラップ社の世論調査を使って，図15-3のような1人当たりGDPと幸福を感じる人口の割合の関係を分析した。図15-3から幸福と1人

3　人は，自分の経済的な地位が他人と比べて高いのか低いのかで満足感を評価する傾向がある。例えば，年収1000万円の人がいるとし，その平均年収500万円の街に住んだ場合と平均年収2000万円の街に住むとでは満足度や幸福感が異なるだろう。このように人は自分自身だけの状況に関心があるのではなく，他人との比較，すなわち相対的に満足度や幸福度を感じるという点で社会的な生き物である。自分と誰を比較するのか，比較する対象を準拠集団と呼び，関連する研究は多く公表されている。他方で，自分の相対的な地位とは別に，社会のなかにある格差そのものが人々の幸福感に影響を与えるのかという研究もある。小塩（2010）第8章は，格差が人々の幸福度を下げるとしている。

4　経済活動に心理や認知機能が与える影響については，行動経済学や神経経済学という研究領域が発展している。神経経済学については，「コラム1：神経経済学」を参照。

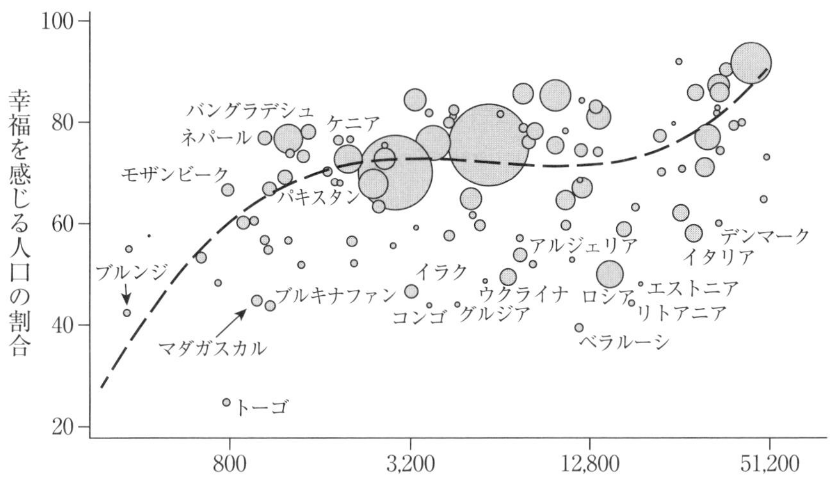

図15-3　1人当たりGDPと幸福を感じる人口の割合；改変
出典：アンガス・ディートン（2014）

当たりGDPの関係は強いとはいえない。ディートンと経済学者のカーネマンはさらに分析を進め，2008年と2009年のギャラップ社のデータ（健康と幸福に関する指数GHWBI）を使い，幸福は2つの心理状態（感情的な幸福と人生の評価）が反映されることを明らかにした。感情的な幸福は，個人の日常の経験，社会的な交わりなどから生まれる感情的な質である。人生の評価とは，自分の行ってきた人生を振り返り，自分の人生の目標を達成し，経済的に安定し，心理的にも満たされた人生を送ってきたかということを意味する。所得が幸福に与える影響については，年収が7.5万ドル（日本円で800万円）までは，所得の増加とともに幸福度は上昇するが，それを超えると幸福度は変化しない，所得が幸福度に与える影響は7.5万ドルで飽和するということ，すなわち「足るを知る」状態になることを明らかにした。

これらの研究が，明らかにしたことは，経済学が想定するように人々の幸福は，自分の所得だけではなく他人の所得の影響も受けること，満足ということは慣れていくと感じなくなること，幸福感というのは複雑な心理的構造を持っており，所得だけで決まるわけではないことなどである。経済成長すれば幸福感が高まるわけではない。

3. 新しい社会経済モデル，経済理論，成長尺度の必要性

最後に表15-１でまとめたように経済成長，幸福，地球の持続可能性の視点から，絶対的貧困と相対的貧困を考えたい。

本章でもみたように「惑星の限界」のなかでの経済活動，すなわちドーナツ経済を確立させる必要がある。際限のない消費への欲望は「惑星の限界」を超え，「地球の持続可能性」を失わせ，将来世代に再び「絶対的な貧困」＝「飢餓・栄養不足」に及ぼすリスクがある[5]。

また経済成長と幸福度の関係であるが，経済水準が一定以上を超えると両者の関係は弱くなる。

そして経済成長と貧困の関係（表15-１）であるが，本書でもみてきたように，産業革命以降，経済成長は多くの利益を人類にもたらして，飢餓，短い寿命，絶対的貧困から人類の多くを解放したことは事実であ

表15-１　経済成長の影響

環境負荷，地球の持続可能性，温暖化，生物多様性	悪化させる
幸福	関係は弱い
絶対的貧困	改善させる
相対的貧困	政策次第

出典：著者作成

5　「惑星の限界」は現在の世代よりは将来世代により深刻になるであろう。世代間の問題については「コラム２：世代間の問題」を参考。

る[6]。他方で，経済成長は先進国内の相対的貧困・格差の問題を悪化させてきた。ただし，経済成長と相対的貧困・格差拡大の関係は必然的ではなく，社会政策，分配政策の問題ともいえる。相対的貧困・格差の克服には，社会保障制度の拡充，社会保険・労働保険の適用拡大，累進性を強めた税制，最低賃金の引き上げ，労働法規が守られているかを監視するための政府の労働基準監督機能の強化と違反企業への罰則強化，労働者代表の企業ガバナンスへの参画，労使交渉における労働者の交渉力の引き上げなど広い意味での再分配政策の強化，すなわち社会政策の強化が必要になる[7]。

先進国内では，豊かな人をさらに豊かにするような経済成長モデルの見直しが不可欠である。少なくとも経済成長で豊かな層の所得をさらに増やし，そのしたたり落ちたもので，低所得者も豊かになるという「トリクルダウン」政策は有害である。

以上のように，相対的貧困や格差は完全には再分配政策で解消できないが，相対的貧困率を引き下げる再分配政策は様々ある。

これに対して，難しい問題は，「惑星の限界」というなかで，いかに途上国で取り残された絶対貧困の人々を救うかである。先進国は，環境負荷を抑制する責任と途上国に残る絶対的貧困の克服のため条件整備や支援を行っていく必要がある。

高い経済成長を指向する経済システムから「ドーナツ経済」への移行が重要になる。そのためには，現在の資本主義経済を理論的根拠となっている新古典派経済学の見直しや経済活動，経済成長の尺度であるGDPの見直しも必要になるであろう[8]。

6　ディートン（2014）第2章参照。

7　オリヴィエ・ブランシャール，ダニ・ロドリック（2021）は，先進国の格差が限界を迎えているという視点から，必要な政策を議論している。同書の21章では，ハーバード大学ロースクールでは労働者の交渉力を高めるために「クリーンスレートアジェンダ」を提示し，根本的に市場における労働者の交渉力を強める政策を提案している。

8　「コラム3：新古典派経済学と仏教経済学」と「コラム4：GDPという経済成長尺度の見直し」を参照。

コラム１：神経経済学

新古典派経済学の想定する人間像は，「ホモ・エコノミクス（合理的経済人)」とされる。近代社会に現れた「ホモ・サピエンス（賢い人)」という概念は，経済学のなかでは，「ホモ・オムニシエンス（全知)」であり，かつ「ホモオムニポス全能)」を兼ね備えた「ホモ・エコノミクス（全知・全能)」と想定された。

この想定のもとでは，人は自分にとって最適となる合理的な選択ができ，不確実状況でも，期待効用を最大化することで合理的な選択ができる。そして，個人が合理的な行動をできないような状態，すなわち選択に誤りが発生するのは，提供された情報が不十分すなわち「全知でなかった」せいになる。このような事態を避けるためには，完全情報を保障し，選択の自由の範囲を広げることにより，市場は効率的に機能するとされる。

しかし本当に「完全情報」＝「全知」であれば人間は新古典派経済学の想定した「ホモ・エコノミクス」のような「全能」の選択ができるのだろうか。ここに，現実の人間の持つ心理面や情報処理の問題，認知機能の限界の問題が発生する。

人間が必ずしも合理的な選択ができない理由を心理面に求めたのが行動経済学である。行動経済学では，人間は「ホモ・コノミクス」ではなく「経験則的人間（ホモ・ヒューリステック)」であり，「パターン探究的人間（ホモ・フォーマペタン)」と想定されている。すべての情報を処理し，判断するのではなく，過去のパターンなどを参考に，選択を決める。行動経済学は，ホモ・エコノミクスと実際の人間の行動の乖離を心理学に求めた。これに対して，情報処理，認知機能の限界を脳機能に求め，脳神経科学の成果を生かした経済学が神経経済学である。

脳，神経系統やホルモンの仕組みや機能を研究する脳神経科学は，加齢や疾病障害（認知症，高次脳機能障害，発達障害など）が脳機能と人間の行動に与える影響について多くの研究蓄積を持っている。

表15-２は脳神経科学により，人間の行動に影響を与える様々な脳の部位，神経伝達物質，ホルモンの機能を紹介したものである。

例えば神経伝達物質のドーパミンは幸福感を高める役割を果たしているとされる。消費行動によってドーパミンが刺激され，人々は満足感を得ることになる。しかし，その効果は継続せず，また満足も飽和しない。すぐ次の消費による刺激を求めることになる。

所得格差が生み出す羨望や嫉妬はドーパミンを刺激する。自分がいかに豊かな生活をしているかというステータスの見せびらかせるための消費（地位財）は，一過性のドーパミンの刺激をもたらすに過ぎない[9]。

GAFA などのデジタル大企業は，スマホの操作や SNS などのインターネット上の人々のリアクションをモニターし，それらをビックデータとして AI で処理し，個人の行動を解析している。この分析に基づいて，おすすめの商品などの情報を提供しており，一見，意思決定支援の役割を果たすようにみえる。しかし，情報提供のタイミングは，休日前日など人々が仕事に疲れ，自制心が弱くなった時間帯を狙って情報を送り，個人の消費欲を刺激するようなマーケティングの手段となっている。このようにGAFA に代表される巨大デジタル企業が，インターネットなどのデジタル空間で，人々の行動を監視し，そこから利益を得ることを，米国の経済学者ショ

[9]　スキデルスキー（2014）pp.57-58は，ステータスを強化するための消費として，１）バンドワゴン効果（みんなが持っているから持ちたい。他人への羨望），２）スノップ効果（みんなが持っていないからほしくなるが，高価なものとは限らず，持ち主が優越感を感じるもの）。３）ウェブレン効果（高価だからほしい。自分の財力を自慢する。見せびらかす）の３種類を示している。

表15-2　脳機能，神経伝達物質とホルモンの影響

脳領域とその機能

扁桃体	負の感情，恐怖
尾状核	報酬系
前頭前野	統合的機能，問題解決
小脳	注意，時間感覚，喜び，恐怖
島	空腹，嫌悪感，社会に対する冷淡さ
海馬	記憶と学習
側座核（腹側線条体の一部）	喜び，報酬，依存
後頭皮質	視覚処理
頭頂葉皮質	運動作用，数学的推論
PFC（前頭前皮質）	計画性，認知機能（指揮系統，脳の CEO）
PFC ブロードマン領野の10野（前頭極）	心の理論，マインドリーディング，将来計画，過去の意思決定への評価
側頭葉皮質	記憶，認識，感情

神経伝達物質の役割

ドーパミン	報酬系
セロトニン	幸福感，快楽
アセチルコリン	注意力，覚醒，報酬
ノルアドレナリン	中枢神経系の刺激などの作用をする。（ストレス，注意，闘争か逃走か）

ホルモンの役割

オキストシン	信頼，社会的絆
テストステロン	リスク耐性，攻撃性
コルチゾール	ストレス，恐れ，痛み

出典：Baddeley（2019）

シャナ・ズボフは，「監視資本主義」と呼び，その問題を指摘している。監視資本主義では，人々が決して「足ることを知る」ことがないように効果的に人々の購入欲望を刺激する手段を開発して，経済成長を高めようとしている。しかし，神経経済学が明らかにしたように，生活に必要なもの以上の欲望とは，ドーパミンの刺激に過ぎないとすると，何のための消費なのか，経済成長の意味を考え直す必要がある。

コラム２：世代間の問題

「惑星の限界」の問題は，現世代だけではなく，将来世代の幸福をどのように考えるという点で，世代間の問題である。異なる世代間で幸福の問題をどのように評価すべきかは難しい問題である。

まず無限の経済成長を信奉する経済学者の典型的な見方を紹介しよう。マット・リドレー（2013）は「経済成長が続けば2100年に生きている人々は平均して現在の私たちの４倍～18倍豊かになる。」，そして「豊かになれるほど，気象に対する経済の依存度が減る。」とし，経済成長により，将来世代が温暖化を原因とした不健康な生活は帳消しできるし，技術進歩がきっと温暖化を解消してくれるだろう期待している。無限の経済成長があれば，地球温暖化の問題は帳消しにできるのだから，未来の世代のために現世代が我慢する必要がないという見方である。

また時間割引率・時間選好という考えもある。あなたは，将来の価値をどのように評価するだろうか。もし１万円をもらえるとしたら，１年後よりも１ヶ月後，１ヶ月後よりも１週間後，明日より今日のほうが望ましいだろう。では，あなたは今日１万円を受けるかわりに，１年後いくら受け取れるならば，今日，受け取る１万円を待つことができるだろうか。今は金利が低いので，１万100円でも上出来かもしれないが，多くの人が１万3000円とか，待たされる分だけより多くの金額，割増を求めるだろう。この割増率のことを時間選好率（＝時間割引率）ともいう。あなたが１万100円でよいという人であれば割増率は１％に過ぎない。しかし，１万3000円ならば割増率すなわち，時間割引率は30％ということになる。つまり時間選好が高いほど，今が大切で，利益を待ちたくないということ，つまり将来の価値を低く見積もることになる。この時間選好率を現世代と将来世代に適用すると，時間選好率が高いほど，将来をつまり世代の厚生を低く評価することになる。極端な場合，なぜ存在するかわからない将来世代のために，なぜ現在の世代が生活を不便にしないといけないのかという見方につながる。時間割引率をどのように設定するかが将来世代のことをどの程度重視するかを左右する。ノーベル経済学賞を受賞したウィリアム・ノードハウスはこの割引率を3.5％と設定しているが，高すぎるのではないかという批判もあり，将来世代の厚生や幸せを考慮する場合は，割引率はゼロと設定すべきという議論もある[10]。

コラム３：新古典派経済学と仏教経済学

現在の市場メカニズムの学問的根拠になっている新古典派経済学の理論体系では，生産・消費のプロセスで必要とされる希少資源（労働，資本など）は原則すべて私有が許され，それらが市場で売買される想定となっている。各生産主体は利潤最大化をめざし，生産要素（労働，資本など）の雇用・購入を行う。また各個人は消費

[10] ローマン・クルツナリック（2021）を参照。

者として自分の効用が最大化するように財・サービスの購入を決め，労働者としてあるいは投資家として自分の保有する資源（労働や資本）を供給する。各主体の行動は市場における交換のプロセス，すなわち市場メカニズムで調整され，効率的な資源配分になる。いわゆる「神の見えざる手」によって，市場メカニズムは効率的な資源配分を達成できるのであり，政府また第三者により強制的に交換や効率的な資源配分が行われるものではない。ただし新古典派経済学は，市場メカニズムと経済的価値のみを対象にする学問であり，環境や非経済的な価値は考慮されない。新古典派経済学では，消費すればするほど効用が増し，自然はすべて開発，利用すべき資源に過ぎない。そして生産過程で発生する二酸化炭素の排出や自然破壊には無頓着で，相対的貧困や格差には無配慮である。

ただし，経済学の思想は多様である。ドイツ出身の経済学者であるシューマッハーが1970年代に提唱した仏教経済学は，新古典派経済学とは異なる経済思想であり，SDGsやドーナツ経済システムと親和性がある。最近ではクレア・ブラウン（2020）が仏教経済学に関する研究を発表している。仏教経済学は，「自分自身と他人の幸福を達成するために富を使うこと」を研究する経済学という説明がなされることもある。

精神面，欲望面の想定という人間像において，仏教経済学は新古典派経済学とかなり異なる想定をおいている。新古典派経済学の人間像は「利己的で合理的な経済人」が想定され，その前提として，他人の影響は受けず，自分の好みや信条などが確立した個人が存在し，コラム１で述べたように世の中のすべての情報を収集して，自身で「最大限の消費で最大限の幸福を得る」ような合理的な意思決定ができるという「合理的な人間」を想定している。

これに対して，ダライ・ラマが，「心の経済学」(Internal economics）とも呼ぶ仏教経済学の人間像はかなり異なる。仏教経済学では，新古典派経済学とは対照的に「最小限の消費で最大限の幸福を得ること」，つまり少ない消費で満足することに価値を見出すことが理想としている。この考えは，「われ足るを知る」（吾唯足知）につながる。精神面では，自分の内面と向き合うことを大事にし（マインドフルネス），さらに他者との関係の重要性，自然との向き合い方に重きをおく。このように新古典派経済学と仏教経済学は人間の精神的な想定がかなり異なる。

仏教経済学での自由とは「煩悩，有害な考えと行いに起因する苦悩から解放され，他の人たちや地球と相互に依存し合い，充実した意義のある生活をする能力」を持つことであり，欲望からの自由である。新古典派経済学の想定する限りない欲望の形成は，仏教経済学からみると苦しみの原因になる。

労働への見方も新古典派経済学と仏教経済学では全くことなる。キリスト教の影響受けている新古典派経済学では，労働は苦役であり，所得が保障されているならば労働時間は短いほどよい。これに対して，仏教経済学における労働の役割は，「人間にその能力を発揮・向上させること，1つの仕事を他の人とともにすることを通じて自己中心的な態度を棄てさせること，最後にまっとうな生活に必要な財とサービスを造りだすことである」としている。

自然の向き合い方も新古典派経済学と仏教経済学は異なる。最近は，新古典派経済学の想定する希少な資源をすべて私有するという考えを改め，自然環境の管理は将来世代から「フィデューシャーの原則」（信託されたもの）という発想も生まれている。しかしこの見方もまた人間中心の自然観である。これに対して第2章の注14

の聖武天皇の大仏開眼の詔で紹介したように仏教は，自然自身が権利を持つという思想である。現在では，仏教のみならず自然を開発する対象としてではなく，自然それ自体に価値を評価する考えは「ディープエコロジー」として知られるようになっている。

社会や自然との相互依存を重視する仏教経済学の社会経済への考えは，1）私たちは他の人たちの生活の質を高めるために，それぞれの資質を活用すること，2）すべての活動に大自然と環境への配慮を欠かさないこと，3）地域でも世界的にも苦しみを減らし，慈悲を実践すること，というようにまとめることができる。

コラム４：GDPという経済成長尺度の見直し

経済活動や経済成長をどのように測るか，測定方法と尺度は極めて重要である。なぜなら企業も家計の各経済主体の行動はこの尺度で左右されるためである。あたかも車の運転において速度計といった「ダッシュボード」が重要なのと同じである。現在の経済活動・経済成長の尺度は，市場での経済取引だけが反映されるGDPである。ただし，GDPには格差や地球温暖化・環境汚染は評価されない。どれだけ格差が拡大しても，自然環境が破壊されていても市場で価格が付く経済取引だけが増えれば，社会は豊さになっていることになる。しかし，GDPという豊かさの尺度自体が間違っているならば，経済主体の行動がゆがめられ，温暖化対策などの地球環境の維持や格差縮小につながらない。この問題は，経済学内部でも問題になっており，経済活動，経済成長の尺度としてのGDPの見直し，すなわちBeyond GDPの議論が出ている[11]。

例えば，かつてフランスのサルコジ政権ではスティグリッツなど

11　デジタル化による利便性向上のGDPに適切に反映されていないということも指摘されている。

の著名経済学者を招きGDPに代わる経済尺度の開発を進めた[12]。またOECDも以前から新しい尺度づくりの議論を進めている[13]。そして新古典派経済学の総本山ともいえるAmerican Economic Associationの2020年1月の年次総会では，ノーベル経済学賞を受賞したアンガス・ディートンや米国統計分析局（BEA）のエコノミストなどが参加し，Beyond GDPをめぐる議論を行っている[14]。

GDPに代わりうる経済活動の尺度はなにか？人類が進歩して，より幸福な社会を目指すためには経済活動やパフォーマンスを測定

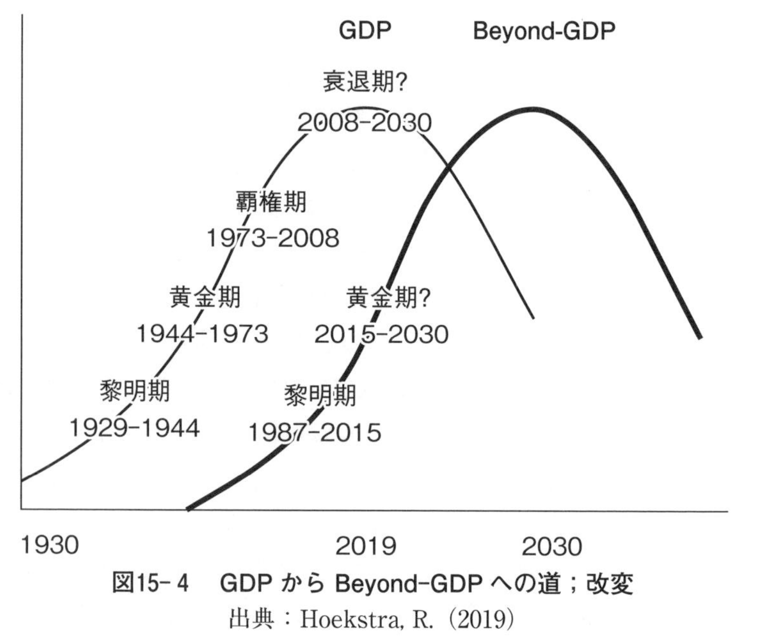

図15-4　GDPからBeyond-GDPへの道；改変
出典：Hoekstra, R.（2019）

12　他にもアマルティア・セン，ジェームス・ヘックマンなども参加し，報告書は「経済パフォーマンスと社会プログレスの測定に関する委員会」報告書（「スティグリッツ報告書」2009）として公表された。スティグリッツ他（2012）参照。

13　OECD（2018）

14　https://www.aeaweb.org/conference/2020/preliminary/1262?q=eNqrVipOLS7OzM8LqSxIVbKqhnGVrJQMlWp1lBKLi_OTgRwlHaWS1KJcXCArKbUyPy9FIT2lXDAolpJYCZXMzE2FsMoyU8tBBhUVFFwwBUwNlGprAYeGHzQ,

する尺度は必要である。

実は，自然破壊，格差拡大，非市場活動を金銭評価し，経済指数に反映させるという，仏教経済学の考えにも通じる経済尺度は，GPI（Genuine Progress Indicator：真の進歩指標）としてすでに開発されているが，政策や企業活動に採用され実体経済に影響を与えるほどの力を持っていない[15]。こうしたなか，Hoekstra，R. (2019) は，なぜGDPという経済尺度が成功したのか，そしてGDPに代わる経済尺度が社会経済で普及しない理由を分析した上で，新しい尺度の開発を進め，2030年までにGDPと入れ替えるという野心的な案を提示している（図15-４）。

学習課題

1．先進国において経済成長が必ずしも幸福度を高めないのはなぜかを考えてみよう。
2．経済成長と環境問題の視点から現在世代が将来世代に何ができるのか考えてみよう。

参考文献

●配列は50音順，アルファベット順

1．アンガス・ディートン（2014）『大脱出―健康，お金，格差の起原』松本裕翻訳，みすず書房
2．オリヴィエ・ブランシャール，ダニ・ロドリック（2021）『格差と闘え』（月谷真紀訳）慶應義塾大学出版会
3．クレア・ブラウン（2020）『仏教経済学―暗い学問―経済学に光明をあてる』村瀬哲司訳，勁草書房

15　クレア・ブラウン（2020）pp.126-127.

4．ケイト・ラワース（2018）『ドーナツ経済学が世界を救う』黒輪篤嗣訳，河出書房新社
5．小塩隆士（2010）『再分配の厚生分析―公平と効率を問う』日本評論社
6．シューマッハー，E. F.（1986）『スモールイズビューティフル　人間中心の経済学』小林慶三・酒井懋訳，講談社
7．シューマッハー，E. F.（2000）『スモールイズビューティフル再論』，酒井懋訳，講談社
8．ショシャナ・ズボフ（2021）『監視資本主義：人類の未来を賭けた闘い』（野中香方子訳），東洋経済
9．ジョセフ・スティグリッツ，アマティア・セン，ジャンポール・フィトゥシ（2012）『暮らしの質を測る 経済成長率を超える幸福度指標の提案 スティグリッツ委員会の報告書』（福島清彦訳），金融財政事情研究会
10. スキデルスキー・ロバート（2014）『じゅうぶん豊かで，貧しい社会―理念なき資本主義の末路』村井章子訳，筑摩書房
11. ティム・ジャクソン（2012）『成長なき繁栄―地球生態系内での持続的繁栄のために』（田沢恭子訳），一灯社
12. マウチ・リカール，タニア・シンガー編（2019）『思いやりの経済学―ダライ・ラマ14世と先端科学，経済学者たち』辻村優英訳，ぷねうま舎
13. マット・リドレー（2013）『繁栄　明日を切り拓くための人類10万年史 』（大田直子・鍛原多恵子・柴田裕之訳），早川書房
14. ローマン・クルツナックル（2021）『グッド・アンセスター　私たちはよき祖先になれるのか』（松本招圭訳），あすなろ書房
15. Baddeley, M. (2019) . Behavioural Economics and Finance (Second edition.) . Routledge.
16. Barnosky, A. D., Brown, J. H., Daily, G. C., Dirzo, R., Ehrlich, A. H., Ehrlich, P. R., ... & Mooney, H. A. (2014) . Introducing the scientific consensus on maintaining humanity' s life support systems in the 21st century: Information for policy makers. The Anthropocene Review, 1 (1), 78-109.
17. Hoekstra, R. (2019) Replacing GDP by 2030 : towards a common language for the well-being and sustainability community/. Cambridge: Cambridge University Press.

18. Liu, Q., Tan, Z. M., Sun, J., Hou, Y., Fu, C., & Wu, Z. (2020). Changing rapid weather variability increases influenza epidemic risk in a warming climate. Environmental Research Letters, 15(4).

19. OECD (2018) "Beyond GDP—Measuring What Counts for Economic and Social Performance".
https://www.oecd-ilibrary.org/economics/beyond-gdp_9789264307292-en

20. Ripple, W. J., Wolf, C., Newsome, T. M., Galetti, M., Alamgir, M., Crist, E., ... & 15,364 scientist signatories from 184 countries. (2017). World scientists' warning to humanity: A second notice. BioScience, 67(12), 1026-1028.

21. Steffen, W., Richardson, K., Rockström, J., Cornell, S. E., Fetzer, I., Bennett, E. M., ... & Folke, C. (2015). Planetary boundaries: Guiding human development on a changing planet. Science, 347 (6223).

索引

●配列は50音順，アルファベット順に掲載。

著者紹介

駒村　康平（こまむら・こうへい）

・執筆章→1～5・9～15

1995年　慶應義塾大学大学院経済学研究科博士課程単位取得退学
　　　　博士　経済学
1993年　社会保障研究所（国立社会保障・人口問題研究所）研究員
1997年　駿河台大学経済学部専任講師
2000年　東洋大学経済学部助教授
2007年　4月より現職，慶應義塾大学経済学部教授，ファイナンシャル・ジェロントロジー研究センター長
主な著書　「年金と家計の経済分析」（東洋経済新報社）
　　　　「福祉の総合政策」（創成社）
　　　　「年金はどうなる」（岩波書店）
　　　　「最低所得保障」（岩波書店）
　　　　「日本の年金」（岩波書店）
　　　　「社会政策」（有斐閣）
　　　　「エッセンシャル金融ジェロントロジー」（慶應義塾大学出版会）
　　　　「社会のしんがり」（新泉社）
　　　　「みんなの金融」（新泉社）
受賞　　日本経済政策学会優秀論文賞，生活経済学会奨励賞，吉村賞，生活経済学会賞など

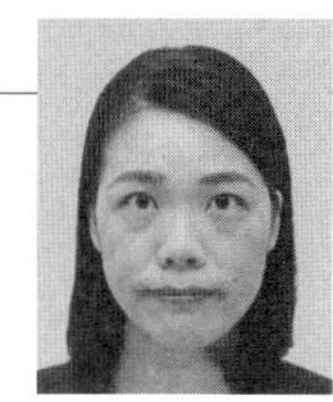

渡辺久里子（わたなべ・くりこ）

・執筆章→6～8

2014年　慶應義塾大学大学院経済学研究科単位取得退学

2014年　国立社会保障・人口問題研究所研究員

2021年　国立社会保障・人口問題研究所室長

現在　神奈川大学経済学部助教

主な著書　Saunders, P. Watanabe, K., Wong, M. (2015) "Poverty and Housing among Older People: Comparing Australia and Japan", Poverty and Public Policy, Vol. 7, Isuue3, pp. 223-239, 渡辺久里子・四方理人（2019）「所得・資産を用いた生活保護基準未満世帯の推移」『三田学会雑誌』111巻4号, pp. 91-113, 渡辺久里子（2021）「住宅費負担と貧困―現役世代へと広がる住宅困窮」国立社会保障・人口問題研究所編著田辺国昭・岡田徹太郎・泉田信行監修『日本の居住保障―定量分析と国際比較から考える』慶應義塾大学出版会等がある。

放送大学教材　1710230-1-2311（ラジオ）

貧困の諸相

発　行　　2023年３月20日　第１刷
著　者　　駒村康平・渡辺久里子
発行所　　一般財団法人　放送大学教育振興会
〒105-0001　東京都港区虎ノ門1-14-1　郵政福祉琴平ビル
電話　03（3502）2750

市販用は放送大学教材と同じ内容です。定価はカバーに表示してあります。
落丁本・乱丁本はお取り替えいたします。

Printed in Japan　ISBN978-4-595-32402-4　C1336